魏晋南北朝史研究

第1辑

中国社会科学院古代史研究所魏晋南北朝史研究室 编
戴卫红 主编

GUANGXI NORMAL UNIVERSITY PRESS
广西师范大学出版社
·桂林·

魏晋南北朝史研究
WEI-JIN NAN-BEI CHAO SHI YANJIU

出版统筹：汤文辉
出 品 人：乔祥飞
责任编辑：王　琦
助理编辑：杨　磊
责任技编：王增元
封面设计：田　洁

图书在版编目（CIP）数据

魏晋南北朝史研究. 第1辑 / 中国社会科学院古代史研究所魏晋南北朝史研究室编 ; 戴卫红主编. --桂林：广西师范大学出版社，2023.12
ISBN 978-7-5598-6330-0

Ⅰ. ①魏… Ⅱ. ①中… ②戴… Ⅲ. ①中国历史－魏晋南北朝时代－文集 Ⅳ. ①K235.07-53

中国国家版本馆 CIP 数据核字（2023）第 159713 号

广西师范大学出版社出版发行
（广西桂林市五里店路 9 号　邮政编码：541004
网址：http://www.bbtpress.com）
出版人：黄轩庄
全国新华书店经销
三河市三佳印刷装订有限公司印刷
（河北省三河市杨庄镇杨庄村　邮政编码：065200）
开本：710 mm × 1 000 mm　1/16
印张：19　　字数：281 千
2023 年 12 月第 1 版　　2023 年 12 月第 1 次印刷
定价：198.00 元

发刊词

《魏晋南北朝史研究》是中国社会科学院古代史研究所重点资助支持的专业性学术刊物，由本所魏晋南北朝史研究室主办。本集刊秉承“百花齐放，百家争鸣”的办刊方针，坚持相互尊重的自由学术讨论，刊发文章以学术质量为首要评判标准。刊物一年一辑，发表魏晋南北朝史研究领域原创性学术成果，时段可上溯秦汉，下及隋唐，空间范围亦可跨越地区国别；内容涉及对具体文献和史事的考据，对魏晋南北朝史、中古史学科建设的理论思考，涵盖政治史、经济史、社会史、文化史、思想史、军事史、法律史、民族史、中外关系史及历史人物研究等各个方面。

我所魏晋南北朝史研究始终站立在学术时代潮流前沿，在中华人民共和国“前十七年”（1949—1966）史学界最引人关注的“五朵金花”理论问题的热烈讨论中，魏晋南北朝社会性质问题、民族融合问题、土地制度问题构成了这些理论问题讨论的重要支撑点。贺昌群先生运用马克思主义理论研究汉唐间封建土地所有制形式；熊德基先生着眼汉末太平道与黄巾军关系，深化了对农民战争与宗教关系的认识，并从当时的社会阶级结构入手，考察土地占有制，进而分析政权结构中各阶级的力量对比与其消长变化；黄烈先生对中国古代民族史进行了理论建设；张泽咸先生对秦汉魏晋南北朝经济史进行了长时段的考察；朱大渭等先生对这一时期的主要文献和考古资料进行了全面收集和考察，揭示了当时社会生活的基本面貌和特征，分门别类论述了当时的物质和精神生活的消费活动。老一辈史学家重视史论结合，论从史出，研究所求真务实的优良学风，为我们积淀了深厚的学术传统。

改革开放之后，学者们自觉地对重大问题保持着关注，代表性成果如李凭对北魏政治史的考索，胡宝国、陈爽、刘驰关于名士、世家大族的探讨，梁满仓、杨英对礼制的探索，李万生关于历史地理的考证，楼劲关于魏晋南北朝隋唐法律体系的论述，侯旭东对5、6世纪北方民众佛教信仰的深入研究等。进入21世纪以来，魏晋南北朝史研究在原有学术积淀下得到长足的发展。研究领域更加细化和立体化，既重视传统优势领域的延续和加强，也注重新领域的开拓和跨学科研究的展开。研究者们在政治制度史、社会经济史等传统研究领域寻找新路径与新方法的同时，也将目光转移到社会史、礼制史、宗教史等方向，并取得一定成果。在研究时段上，不局限于魏晋南北朝这一个时段，而是在汉唐这个长时段中进行论述；在研究空间上，不再局限于传统的中原地区，也将目光投入到西域、东亚；在研究资料上，不仅重视新出墓志、碑刻、简牍等出土资料与传世资料的结合，还主张在辑佚的基础上对传世史料做深度整理和史源核查；在研究方法上，重视考证法、二重证据法之外，也强调个案研究与宏观研究相结合。

2019年1月，中国历史研究院成立后，古代史研究所创建独立的魏晋南北朝史研究室。目前研究室有陈爽、杨英、戴卫红、陈志远、刘凯五位同仁，他们在政治制度史、礼制史、社会史、思想文化与宗教史等领域的研究各具特色，在海内外学术界具有相当的影响力和号召力。研究室同仁深入学习习近平总书记致中国历史研究院贺信精神，牢记新时代史学工作者的使命担当，心怀国之大者，为构建中国史学的学科体系、学术体系、话语体系添砖加瓦。本研究室一向重视发挥团队优势，以及与海内外的学术交流与合作。研究室创办之后，搭建“魏晋南北朝史讲坛”“古代东亚史研究沙龙”等平台，定期邀请国内外魏晋南北朝史研究的知名专家、学者来所做讲座。本研究室也是中国魏晋南北朝史学会秘书处的所在地，研究室成员作为学会秘书处的中坚力量，积极引领和营造全国魏晋南北朝史研究的良好生态。2021年8月，研究室承办了主题为“中古中国制度·礼仪与精神生活”的中国社会科学论坛（2021·史学），来自中国、美国、日本、韩国、德国的62名学者以线上线下相结合的方式参加会议，共提交论文51篇，主要议题包括“中古制度变迁与社会治理”“礼学·礼典·礼制的转型与重构”“中古时期的信仰实践与精神生活”。本次会议聚集了海内外研究魏晋南北朝史的学者，议题涉及范围广，新旧材料运用充分，宏观与精细研究并存，老问题新研究频现，会议论文也凸显出贯通、深刻、前沿三大特点。研究室以此为契机，决定创办《魏晋南北朝史研究》集刊，第1、2辑中收录了部分会议论文。

此次创刊，得到了古代史所领导和研究室同仁的全力支持。我们会努力将本刊打造成一份高水平、国际化的刊发魏晋南北朝史研究成果的专业性刊物，提供一个兼具前沿性、创新性、开放性、包容性的学术平台，促进海内外魏晋南北朝史研究的交流与发展，推动魏晋南北朝史研究走向新的天地。我们期望得到学界朋友们的热心关切与支持，欢迎学界同仁慷慨提供稿件，共同培育好这片园地。

戴卫红

2023年12月

目　录

秦与汉魏都城帝陵的"北"

——以秦雍城、咸阳及汉魏洛阳、邺城及邺南城为例探讨

日本阪南大学国际学院　陈　力

摘　要： 东周时期中国古代都城的轴线发生了一种历史演进，即从注重都城连接天顶的轴线，变为重视都城连接帝星的轴线，这和当时社会天文学的发展有关。东周秦汉典籍中记载了三种测北法以及诸儒对这些记载的注释，可见诸儒注释中的"病灶"及其形成的原因。从秦咸阳、汉魏洛阳、邺城及邺南城及相关帝陵方位中"北"的实际情况，可见秦始皇时期咸阳的北也许来自璇玑四游测北法，而东汉洛阳城（包括北魏洛阳城）的北，则直接继承了韩旗城的北，并非正北。其后的邺城及邺南城完全复制了东汉洛阳城的北，从而形成了汉魏时期中原都城的中轴线偏东4°到5°左右的方位性格局。

关键词： 社会天文学；都城方位；测北法；北

"坐北朝南"是中国古代都城规划的一个重要特征。如《史记》卷二《夏本纪》记载"禹于是遂即天子位，南面朝天下，国号曰夏后，姓姒氏"，《史记》卷六《秦始皇帝本纪》中也记载"秦并海内，兼诸侯，南面称帝，以养四海"。但是到底什么是"北"，学者中深究的人并不多。如下面将详细叙述的那样，黄晓芬等学者对这个问题相当重视，进行了实验考古学的验证，这

是值得重视的研究。但是，这种实验考古学的结果与当时的文献记载如何互相印证，和中国古代的都城、帝陵遗迹的实际状况是否相符呢？这是笔者十分关心的问题。

据笔者的管见，中国古代记述确定“北”之方法的文献，有为大家所熟知的《周礼》中的记载。另外，还有《周髀算经》中记载的测量“北”的方法。《周髀算经》中的记载，与中国古代都城的方位设计有何关系，还没有被详细地分析研究。另外，中华人民共和国成立后的考古发掘已经给我们展现了很多古代都城的规划，其中有严密遵循“坐北朝南”礼制的都城，但是，即使在《周礼》风行于世以后，也有轴线大大偏离正北的都城。特别是东汉魏晋南北朝时期汉族统治者的都城方位并不严密遵循“坐北朝南”的礼制，这是为什么呢？

马克思在《剩余价值学说史》一书中对亚当·斯密的理论进行了批判，他指出：“理解亚当·斯密的自相矛盾之处很重要，因为正是这些自相矛盾让我们看到了他如何通过瞒天过海的方式掩盖了自己无法解决的实实在在的问题。”[①]在马克思看来，文本中那些自相矛盾的部分反而更为重要，利用这些自相矛盾之处，我们才可以发掘文本、意识形态和历史的关系。在第二次世界大战之后，文化理论研究者们愈发重视文化问题中的文本与文化实践的关系问题。威廉斯在其对文化的第二种定义中，明确指出文化可以理解为文本和文化实践这两个重要的部分。[②]汤普森对文化的整体认识和威廉斯完全不同，他在《英国工人阶级的形成》中继承了马克思的一部分观点，进一步指出：通过分析文化的文本形式和有迹可循的文化实践，可以来阐明一个社会乃至全人类的行为规范和观念格式。[③]一般来说，文化理论学者多认为意识形

① ［德］马克思著，郭大力译：《剩余价值学说史》，上海三联书店，2008 年。

② 中译本见薛毅主编：《西方都市文化研究读本》所收《文化分析》，广西师范大学出版社，2008 年，第 201 页。意译翻译较好的译文见［英］约翰·斯道雷著，常江译：《文化理论与大众文化导论》，北京大学出版社，2010 年，第 54 页。

③ Edward Palmer Tompson, *The Making of English Working Class*, New York: Vintage Books,

态是一种国家机器产生出来的东西，被称为经典的文本（即国家机器认可的文本）中包含着三个部分，即意识形态的意味（文本中的“真话”）、现实的结果（对真相的揭露）和文本的无意识。从这三个方面对历史文献的记载进行分析，是切实回归被压抑历史真相的条件之一。

中国古代的都城规划，特别是在西汉中期以后和中世的中国，原本应该是对国家机器认可经典记录的礼制的可视性展现。建造高大的宫殿等都城建筑，从表面上看是“非壮丽无以重威”（《史记》卷八《高祖本纪》）的行为，其深层的含义就是展现一种当时统治者指定的全体性世界观，并通过宣传教化这种世界观，最后达到帝国各种群体在意识形态上的结合。

总的来说，相对黑格尔历史哲学式的地理环境决定论的观点，以及一些强调结构性因素的经济决定论的观点，近年的文化理论研究更重视人的经验和意识形态的作用。基于上述理论研究的成果，我们站在人文科学的角度上来考虑中国古代与中世的都城方位等问题时，也应该更加重视意识形态的作用，虽然经济和地理条件也是非常重要的，但我们不应该在考虑都城选址时过于强调经济条件，或在考虑都城方位特征时将其简单归咎于地理因素。

一、什么是“北”

毋庸置疑，“北”这个概念的最基本要素来自天文学。北就是地球自转轴与地面的交点，地轴的北端与地面的交点称为北极，地球上任何一点，朝着北极的方向就是北方。但是，地轴处于一种如陀螺般的摇摆状态中，2.6万年左右，地轴摇动一周，有人讲地轴北端摇动而形成的范围叫璇玑。所以在公元前1000年前后，地轴的北端正好指向帝星（HIP72607，即小熊星座Kochab）附近，而现在地轴的北端正好转向了北极星附近（即勾陈，也就是

2000. 译文见钱乘旦等译《英国工人阶级的形成》的前言（译林出版社，2001年）。

HIP11767，即小熊星座Polaris，其实北极星的实际方位角为180.76° 左右，并非正北）。真正的地轴北端所指向的地方，在历史时期的大部分时间并不指向可见的星星，而是指向一个“无”的空间，中国古代把这个“无”的位置称为天极。至少在战国时期，中国的天文学家已经知道了这个情况，《吕氏春秋》中就有所记载，下文将会详细叙述。

公元前1000年左右的帝星（即极星），在本文所涉及时代的移动状况如表1所示：

表1　中国古代中世帝星的方位角（正南为0°）

年代	前550	前450	前350	前250	前150	前50	公元50	公元150	公元250	公元350	备注
帝星至天极的角距离	7.0°	7.2°	7.4°	7.6°	7.9°	8.1°	8.4°	8.8°	9.1°	9.4°	根据AstroArst公司StellaNavigator算出
帝星的方位角（在洛阳凌晨4点观测时的结果）	187.48°	187.92°	188.36°	188.79°	189.23°	189.23°	190.11°	190.55°	190.99°	191.43°	
最小方位角发生的时间	约23点				约22点					约22点	

根据表1可知，帝星在中国古代和中世时期，逐渐向东偏移。

因为在人类各个历史时期，人口和先进文明多集中于北半球而非南半球，所以，古代天文学达到一定水平后，地轴的北端更为人们所重视。说到古代的天文学，无论东西方世界都存在着一种所谓“拟似科学性宇宙论”①，这种宇宙论被梅格纳德·德赛（Meghnad Desai）以及黄一农称为“社会天文学”②，在中国古代并没有“太阳中心说”以及地球为球形等知识，而有着当时特有的宇宙观。（图1）在中国古代，“北”并非一个特别科学性的概念，而是一个十分文化

① Rooney Anne, *Mapping the Universe: Exploring and Chronicling the Cosmos*, London: Sirius Publishing (Arcturus Publishing), 2017, p.6.

② Marx's Revenge, *The Resurgence of Capitalism and the Death of Statist Socialism*, London: UK: Verso Books, 2004. p12. 黄一农：《社会天文学十讲》，复旦大学出版社，2004年。我个人认为称之为人文的天文学更为贴切。

性的概念（下文将这种非科学的北加引号表示以作区别），它随着社会天文学的发展而有所变化。

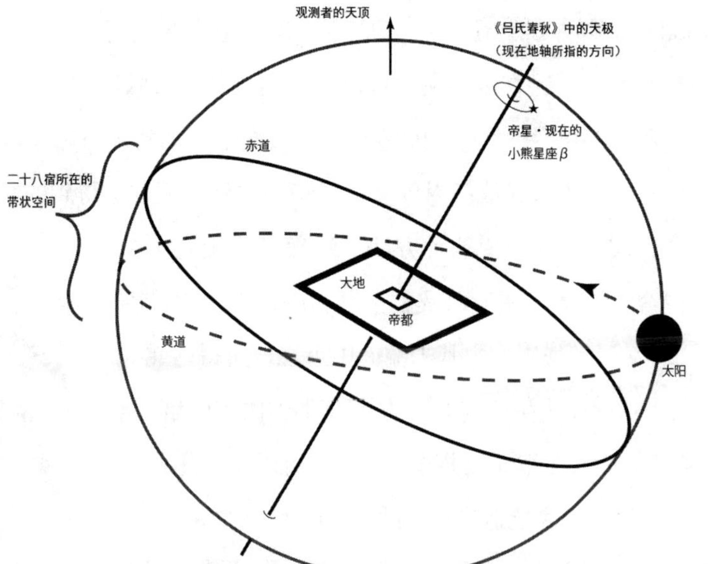

图1　“盖天说”向“浑天说”移行时期的宇宙观

二、中国古代文献中关于测定“北”的记载

如上所述，在中国古代，“北”并非一个特别科学性的概念，而是一个十分文化性的概念，它随着社会天文学的发展而有所变化。战国至魏晋时期测定“北”的方法有以下几种：

（一）太阳测“北”法

《尚书・尧典》中就有关于东西南北的记载，这些记载都与太阳、星宿有关。到了《诗经》的时代，就有了利用太阳测量“北”的记载。

《毛诗正义》卷一七《公刘》，有以下的记载：

笃公刘，既溥既长，既景乃冈，相其阴阳，观其流泉。

此诗的毛传说："《公刘》，召康公戒成王也。"又曰："考于日影，参之高冈。"这是用太阳的影子测量南北的记载，在古代日本建设平安京时仍然使用了日影测北、高山示北的手法。此诗形成于周成王时期，讲的是年代在公元前1600年左右公刘的故事。[①]所以可以说，也许在殷商时期，就已经能利用太阳测定"北"了，在甲骨文中也可以看到这种测量的影像。（图2）

关于这种测量方法（图3）的精确度，天文学家的意见颇有不同。天文学家钱宝琮指出，受天体光线折射等多种影响，这种观测方法得到的结果精度较低。[②]天文史学家陈遵妫说这种方法"的确可以确定天文南北线，但容易受地方环境以及朝夕云雾的影响，很难精确"，但同时又说"晷影，志其末端而中折之，所得南北线较为精确"[③]。这两位先生研究的目的并非讨论中国古代测量"北"的精度，而在于验证《周髀算经》，所以没有用数字表示出这种测量法到底能造成多大的测量误差。

另外，日光照在表上后再投射到地上的影子前端有虚影，（图4）对这种测量的影响更大，虚影造成的误差要到元代郭守敬时才得以解决。《元史》卷一六四云："表高景虚，罔象非真，作景符。"[④]就是指郭守敬制作了景符来校正虚影。此外还有横木法等可以校正虚影造成的测量误差，但这都是中世以后才出现的方法。

图2　甲骨文中的"中"字

① 夏商周断代工程专家组编著：《夏商周断代工程1996—2000年阶段成果报告·简本》，世界图书出版公司，2000年，第86页。

② 钱宝琮：《盖天说源流考》，《科学史集刊》1958年第1期。关于太阳测北法，另有天文史学者高平子著有《论圭表测景》，《宇宙》第8卷第1号，1937年1月，惜未能看到原文，其论文大意见于陈遵妫：《中国天文史》，上海人民出版社，2006年，第104—105页。

③ 陈遵妫：《中国天文史》，第104页。

④ 《元史》卷一六四，中华书局，1976年，第3847页。

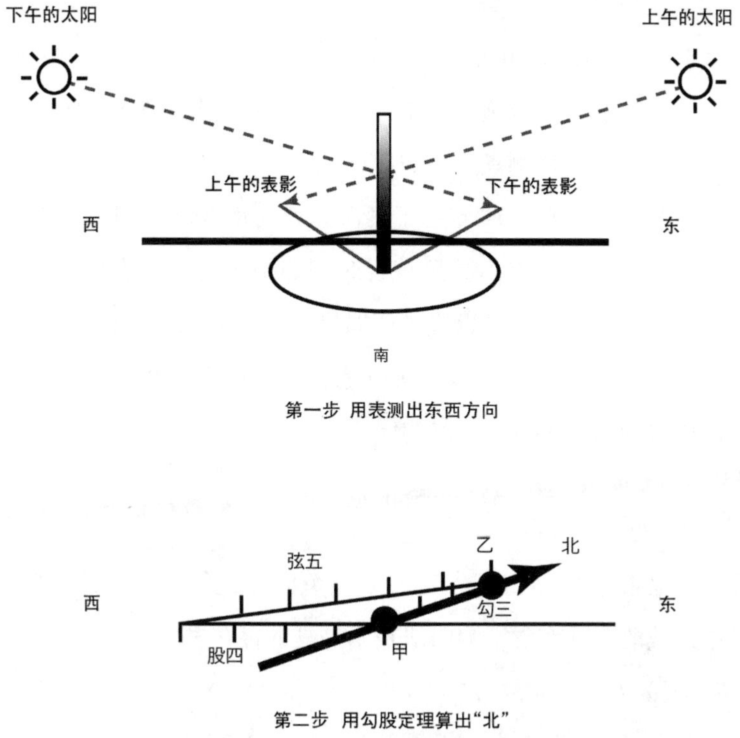

图3 使用太阳测量法测定北

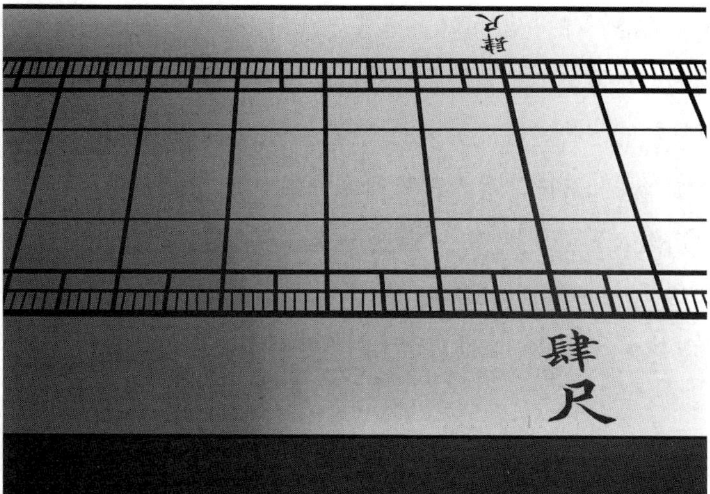

图4 表上的虚影

臼井正、宫原健吾、宇野隆夫、黄晓芬四位学者对太阳测北法进行了实验考古学的验证（2003年10月），他们使用了横木消除虚影的方法减少误差，其观测到的“北”相对正北方偏东7±3分。另外，考虑到赤纬的变化和观测的标准差，他们认为这种测量应该有正北偏东5分的偏差。[①]这个结果是相当精确的，但是，由于这次实验使用了秦汉魏晋时期并不使用的横木消除表的虚影的方法，据此并不能知道秦汉魏晋时期如果用这种方法测北会产生多大的误差。我们可以推测，秦汉魏晋时期如果使用太阳测北法测定“北”，会有比臼井等人实验结果更大的误差。所以笔者同意钱宝琮和陈遵妫的意见，即这种测量法所得的结果应该有一定的误差。

（二）太阳测北后用极星校正测北法

首先，笔者在这里不得不先对一个相关问题进行分析。这个问题就是：一些文献中记载的东壁或营室测向法是不是真的存在过？

《毛诗正义》卷三《定之方中》曰：

> 定之方中，作于楚宫。揆之以日，作于楚室。

这首诗是卫文公末年的诗，内容是赞美卫文公建立新都的往事。据《左传》僖公二年（前658）的记载可知，楚丘城（河南省滑县八里营滑县农场附近）建于正月。《左传》中有周历、夏历混用现象，很难分辨，所以不能简单由“春王正月”的记载进行诸历间的换算。关于《春秋》的历法，从杜预到日本学者新城新藏和薮内清等人都有研究，本文使用较新的关立行、关立言所制《春秋朔闰表》进行推算。[②]根据该表可知鲁僖公二年正月一日为公元前658年1月28日，由此可知诸国是在公历1月下旬到2月开始帮助卫国在楚丘建设了新的都城，测向也应该是在这个时期进行的。

---

① ［日］臼井正：《京都の天文学【1】　平安京の方位はどうやって決められたのか》，https://www.kwasan.kyoto-u.ac.jp/hosizora/astron/astron1/astron1_P11-15.pdf，访问日期：2021年6月17日。

② 关立行、关立言：《春秋时期鲁国历法研究》，电子工业出版社，2007年，第133页。

关于《定之方中》上述四句，毛、郑诸儒之间的解释有所不同，毛传曰：

定，营室也，方中，昏正四方。

揆，度也。度日出日入，以知东西，南视定（定星，即二十八宿中的室宿，也叫“营室”。——撰者注），北准极，以正南北。

而其郑笺云：

定星昏中而正，于是可以营制宫室，故谓之营室。定昏中而正，谓小雪时，其体与东壁连，正四方。

其孔疏曰：

毛以为，言定星之昏正而四方之中，取则视之而正其南、因准极以正其北。……度之以日影，度日出与日入之影，以知东西。以作为楚丘之宫也。……郑以为，文公于定星之昏正四方而中之时，谓夏之十月，……又度之以日影而营表其位，正其东西南北。

也就是说，孔颖达认为，毛亨说卫文公做楚宫时，先使用了日出、日入的影子测量东西方位，又用营室测量正南，再用北极星测量了正北。而郑玄认为卫文公先用营室测准了时间，然后又用日影测量了东西南北。孔颖达的疏竟然完全忽略了郑玄笺里的“其体与东壁连，正四方”这些文字，又附加了郑笺里没有的日出、日入之影测量东西南北的内容。东壁，就是二十八宿里面的壁宿二星（飞马gamma和仙女alpha）[①]，壁宿与室宿连线形成的四边形，现代称其为“秋季大四边形”。也就是说，郑玄认为，卫国第二个首都楚丘的方位，是用室宿（营室）和壁宿的四颗星来测定东西南北方向的。这是一种罕见的测北方法。

现在先来看此诗毛传的部分。对比毛传和上述《公刘》来看，毛亨和郑玄都认为先周时期曾经有过利用太阳的影子测量东西南北方位的事情。而关于上述春秋时期的这个记载，活动于秦末汉初时期的毛亨认为当时已经有了先用观测日影测出东西方向，然后利用营室和北极星测出南北方向的方法。按照上述《左传》僖公二年春王正月建设卫都楚丘的记载推算（姑且按正月中旬的一天，即公元658年2月13日进行推算），此时楚丘的日落时间为18：00，南

---

① 罗竹风主编：《汉语大词典》，汉语大词典出版社，1997年，第2507页。

方天空上营室的出没时间为出05：59、南中12：12、没18：24。可以说整个晚上是无法看到营室的两颗星星的。

郑玄笺中所说的小雪节气这个时间点，与卫国筑城应该完全没有关系。公元前658年的小雪为夏历十月九日（公历11月28日23时59分），我们这里姑且不论二十四节气的形成历史，当年小雪这一天，东壁中星的出没时间为出12：13、南中18：20、没00：32，而当天的日落时间为17：18。同样，当年夏历十月中旬，营室中星的出没时间为出12：01、南中18：14、没00：30。东壁和营室主星是三等星，本来日落后1个小时左右是比较难看到三等星的，但是如果条件很好，也许可以在"昏"时正南方高度56°左右的位置看到营室中星，也可以在正南方55°左右看到壁宿中星。也就是说，如果卫文公是夏历十月筑城，即使非常困难，也是可以看到东壁和营室的。

为何《左传》僖公二年中有明确记载楚丘筑城时间为春王正月，而毛亨和郑玄这两个大儒却非要用夏正十月左右的天象来注释这首诗呢？这就是这些文献中的一个"病灶"，应该说这完全是独尊儒术的一种表现，《月令》中说：

> 仲冬之月，日在斗，昏东壁中，旦轸中。

而《左传》庄公二十九年云：

> 冬，十二月，城诸及防。书，时也。凡土功，龙见而毕务，戒事也。火见而致用，水昏正而栽，日至而毕。

杜预之前关于《春秋》历法的研究很少，儒生认为《左传》用周正，周历十二月为夏历十月，所以他们认为上述《左传》关于筑城的时间记载应该是夏历十月。《左传》和《礼记·月令》流行以后，儒家学派坚信这些文本中记载的筑城礼法，所以用夏历十月的天象对《诗经·定之方中》进行了注释。至于毛亨，我们可以推测他也是受了《月令》一类文本的影响，用史料证明这个推测的工作只能留待经学的大方之家了。

既然知道毛传、郑笺、孔疏这部分注释中的"东壁""营室"皆不可信，那我们就无须考虑在这些文本中用营室和东壁测定方向这个问题了。那么，上述儒家经典《诗经》和《周礼》等文献中记录测定“北”的方法，就大约只有太阳测定与极星校正测北法了，而在其他学派里还有下文要考证的璇玑四游测北法。

太阳测定与极星校正测北法，其实就是在上述太阳直接测定法两个步骤之后，再用北极星来校正测量结果，总共三个步骤。其具体的方法如下所述。

《考工记》卷下《匠人》曰：

> 匠人建国。水地以悬、置槷以悬。视以景。为规识日出之景与日入之景。昼参诸日中之景、夜考之极星，以正朝夕。

其注疏云：

> 于所平之地中央树八尺之臬，以县（悬）正之，视之以其景（影），将以正四方也。《疏》云：置槷（表）者，槷（表）亦谓柱也。云以县（悬）者，欲取柱之景（影），先须柱正，欲须柱正，当以绳县（悬）而垂之于柱之四角四中，以入绳县（悬）之其绳皆附柱，则其柱正矣。然后视柱之景（影），故云视以景（影）也。

由于在公元前1100年前后，帝星（极星）是最接近天象的北极（《吕氏春秋》等称其为天极），所以这个时候用这个方法进行的测量误差最小。

由于帝星一直向东移动，就产生了儒家学派文献中记录的测北法中的第二个“病灶”。太阳测北法虽然有一定误差，其结果基本还是可用的，但是到了东汉时期，洛阳地区所见帝星已经位于北偏东10° 左右的地方，也就是说太阳测北法得出的结果永远与帝星有10° 左右的误差。但是因为当时儒家注重传承，即使他们知道这个误差的存在，也并不对此进行说明，而是用营室东壁测四方的话语进行搪塞。所以，儒家经典和注释中的测北法，没有实用性，完全不能用于实际的都城规划和建设中。所以，当时的都城设计者只好利用古代成周的方位来建设新都城了。

（三）璇玑四游测北法

儒家以外的文献中还有其他的测北法的记录，《吕氏春秋》卷一三《有始览》记载：

极星与天俱游，而天极不移。冬至日行远道，周行四极，命曰玄明。夏至日行近道，乃参于上。当枢之下无昼夜。

记载了帝星（极星）围绕天象北极（天极）旋转的情况。同样非儒家经典的《周髀算经》中有以下记载（“【　】”中内容为注疏）：

冬至日加酉之时，立八尺表，以绳系表颠，希望北极中大星，引绳致地而识之。【颠，首；希，仰；致，至也。识之者，所望大星、表首，及绳至地，参相直而识之也】。又到旦，明日加卯之时，复引绳希望之，首及绳致地而识其两端，相去二尺三寸。【日加卯、酉之时，望至地之相去也】。故东西极二万三千里。【影寸千里，故为东西所致之里数也】。其两端相去正东西。【以绳至地所识两端相直，为东、西之正也】。中折之以指表，正南北。【所识两端之中与表，为南北之正】。

《周髀算经》中有“璇玑四游”之语，故可称这种测定“北”的方法为璇玑四游测北法。这种测量方法如图5所示。在中国上古和中世的各种文本中，这种测量“北”的方法最为科学，不会被帝星的移动以及使用太阳测北法时诸多环境要素所影响。照理说这种方法应该会逐渐普及，应用于帝都和帝陵的建设中。那么实际情况又是怎样的呢？

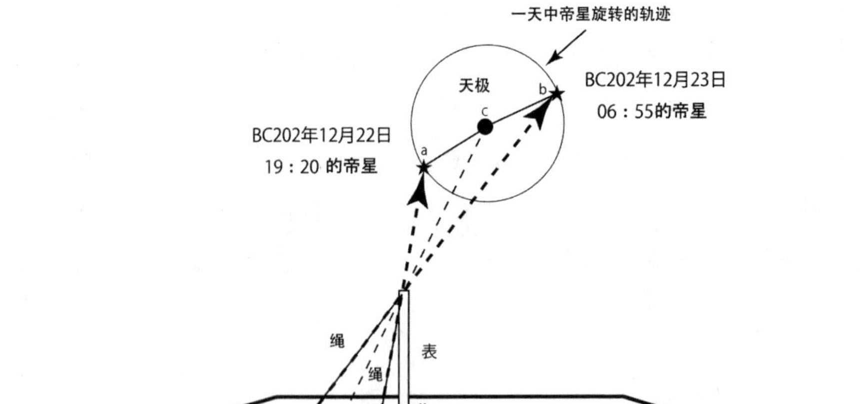

图5　璇玑四游测北法

三、秦时期的都城、陵墓与“北”——以秦雍城、咸阳为例的分析

（一）秦雍城的宫室陵墓与“北”

雍城时期的秦人宗庙和墓葬，方向有一定的规律。但似乎并不能正对东南西北方位。比如，凤翔秦宫大墓M1，墓向东西方向，朝向为287°，也就是说此墓的“北”比正北方向东偏17°。凤翔秦公陵园的墓地朝向基本和M1相同，偏差不大。而马家庄二号遗址轴线也为北偏东17°。①

雍城建城为公元前677年，以当年冬至测算，帝星（极星）在“昏”时（约18：30）的方位角为172°（天文方位角正南为0°），未明时分（05：30）的方位角为188°（正南为0°），使用帝星直接测北误差应该在8°以内，北极星测北法、太阳测北法和璇玑四游测北法都不可能产生17°的偏差。所以我们可以大致推测，雍城的“北”应该是继承了从周王朝代代相传的文化性的“北”。此地本有穆王以来的郑宫，而秦德公命名自己的宫殿为大郑宫，可以从侧面证明这个推断。潘明娟认为中国上古时期有一段时间并不太重视北②，笔者是同意这个观点的。

（二）秦咸阳渭北地区宫室陵墓的“北”

秦孝公于公元前349年迁都咸阳。当时帝星在初“昏”时的方位角为172°（正南为0°），黎明时的方位角为188°（正南为0°）。这个时期，秦人测量方位的方法应该逐渐发生了重大变化。因为调查者没有发表详细的角度数据，笔者用图上作业的方法推测Ⅰ号秦陵（惠文王）和Ⅱ号秦陵（悼武王）的“北”分别偏西9°和13°。这和雍城的“北”偏东的情况完全不同，

---

① 张长寿、殷玮璋主编，中国社会科学院考古研究所编著：《中国考古学·两周卷》，中国社会科学出版社，2004年，第324、326页。

② 潘明娟：《地中·土中·天下之中概念的演变与认同——基于西周洛邑都城选址实践的考察》，《中国史研究》2021年第1期。

反映了秦人在技术和思想上发生了重大的改变。我们更应该注意的是，Ⅲ号秦陵（孝文王）的“北”已经大致是正北方向。

（三）秦咸阳渭水南岸的宫室和陵墓的“北”

秦人渭水南岸的宫室和陵墓，从建造时代上看可以分为秦惠文王到秦王政以前修建的，以及秦王政和统一后修建的两个部分。

关于咸阳原Ⅰ号陵园和Ⅱ号陵园，大部分学者的意见比较一致，认为Ⅰ号陵园为惠文王陵园，Ⅱ号陵园为悼武王陵园。芷阳一号陵园发现的漆器上有“八年相邦薛君造，雍工师效，工大人申”及“八年丞相殳造，雍工师效，工大人申”的铭刻，学者们认为这是昭襄王的陵园，是有道理的。以上这3个陵园的“北”都是偏西的。至于咸阳原Ⅲ号陵园，梁云根据随葬马坑的特点，认为其年代比较接近秦始皇陵，笔者赞同这个对时期的判断。咸阳原Ⅲ号陵园和秦始皇陵方位非常准确，其北轴对着正北。①

从宫室来看，窑店发现的秦宫殿的“北”，一号建筑和二号建筑虽然有所不同，但是这些宫殿的“北”整体是偏西的。到了秦始皇修建阿房宫时，北就十分精确了。公元前221年冬至前后帝星（极星）的方位是188.6°（正南为0°），在没有景符和横木校正的情况下，使用太阳测北法和太阳测北极星校正测北法无法得到这种精确的方位，如此准确的方位只有使用璇玑四游测北法才可以得到。可以推断，在秦始皇时期前后，秦国的天文学有了极大的发展，都城规划中使用了璇玑四游测北法确定方位。不仅如此，这种新的学问已经渗透到了丧葬这种文化习俗较难改变的领域，这说明在这个时期秦国文化发生了移风易俗的变化。《吕氏春秋》中“极星与天俱游，而天极不移”的记录可以和秦始皇时期宫殿陵墓方位出现的新变化之间相互验证，足以证明此时秦国开始接受与秦王政以前完全不同的宇宙观。

---

① 秦陵的研究史可参见耿庆刚、曹龙、赵汗青：《咸阳原三座秦陵墓主考》，《考古与文物》2018年第4期；梁云、王欣亚：《战国秦陵研究》，《故宫博物院院刊》2022年第7期。本文不赘引。

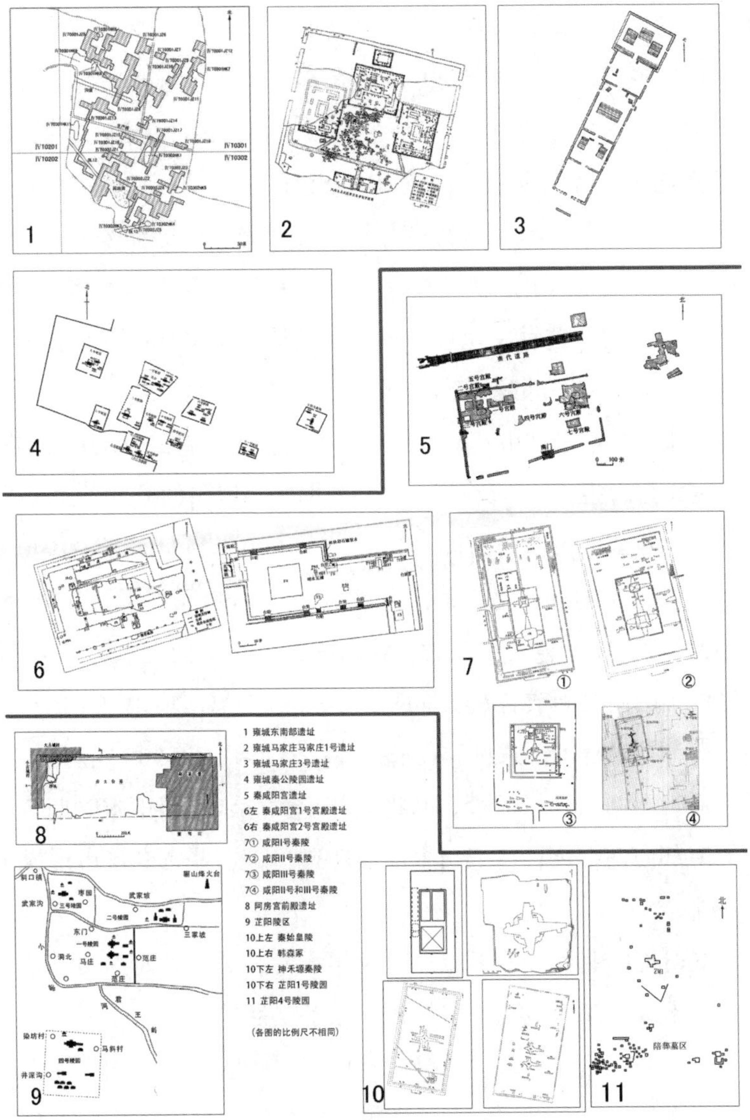

图6　秦宫殿陵墓方向示意

四、汉魏洛阳城以及邺城的“北”

笔者通过图上作业，推测东汉洛阳城的轴线大致为北偏东4°到5°。既然秦朝已经有了精确测北的方法，为何到了更讲究儒家礼法的东汉时期，都城的轴线却发生了如此的偏差，无法做到真正的“坐北朝南”呢？

前文已经说过，一个城市的方位，或者说“北”，应该是一个很文化性的概念。如果在一个空地上建造一个完全崭新的城市，同时又拥有科学测北的技术，其文化中也特别重视建造城市的方位的话，便可以建造出东西南北非常周正的城市。但是，有很多城市是从以前的城市发展而来的。这种城市的“北”，基本是一种文化的概念，或者说是一种社会天文学的概念，而非精密的科学测量的结果。这种文化性的方位和其他城市文化一起代代相传，直到某一个历史节点，在内部或外部的冲击下才突然发生巨变。

东汉洛阳是在古老城市基础上建立起来的城市，它最早的基础应该是韩旗城遗址。据发掘者报告，（韩旗城）春秋晚期扩建以前的城址平面为横长方形，北、东、南、西四面城墙分别长约2600米、1800米、2400米、1940米。夯土中未见晚于春秋早期的遗物，其包含物的年代不晚于西周晚期，城墙的年代下限应为西周晚期。[①]侯卫东认为，韩旗城的始建年代为西周晚期后段。[②]梁云认为建设于两周之间或者春秋早期。[③]关于这个城对应史书中的哪座都城这个问题，学者间尚有不同意见。后来在鲁定公元年（前509）前后，以晋为首的诸侯替周王重新修建了城墙，并将北部扩大。到了秦王政时期，吕不韦又把此城的南部向南扩展，将三川郡治设在这里，这些古老城市形成了东汉洛阳城的基础。

韩旗城遗址的北墙和西墙接近直角相连，这是刻意而为的设计。东墙和南墙相连处不成直角，应该是根据地形做了变通的设计和施工。春秋重修后西墙的角度大约为北偏东4° 到5° 。在洛阳附近，鲁定公时期是184° 弱，如果将图上作业误差考虑进去，可以说鲁定公时期重修的西城墙基本指向帝星，很可能韩旗城遗址的“北”是直接观测帝星来确定的。（图7）

---

① 中国社会科学院考古研究所洛阳汉魏城队：《河南洛阳市汉魏故城M175西周墓发掘简报》，《考古》2014年第3期。

② 侯卫东：《论西周晚期成周的位置及营建的背景》，《考古》2016年第6期。

③ 梁云：《成周与王城考辨》，《考古与文物》2002年第5期。

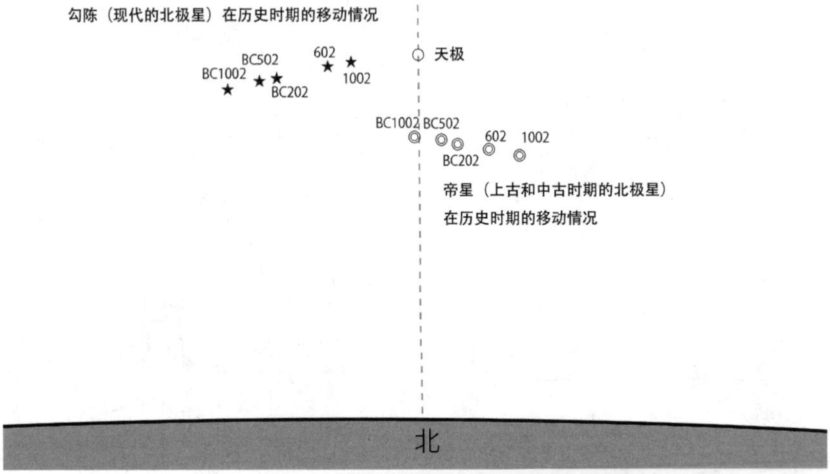

图7　历史时期洛阳城附近所见帝星的移动

东汉洛阳城的主要街道北宫通向小苑门的大道与韩旗城遗址西城墙平行，中东门通往金市的大道与韩旗城的北墙平行，证明东汉洛阳城的方位直接继承自韩旗城，形成东汉洛阳城中轴线的正北偏东4°到5°的整体方位格局。不仅是在古老城市基础上建立起的洛阳城方位格局如此，东汉洛阳附近新建的东汉墓园遗址（最近被认为是汉桓帝墓）的“北”也基本是正北偏东4°到5°，并没有对“北”加以校正。北魏迁都洛阳以后，也是完全沿袭了韩旗城以及东汉洛阳的方位系统，没有对城市轴线进行修正。在旧有城市基础上建立的东汉都城的方位系统，基本上就是这样被沿袭下来的。

但是，从图8可知，虽然邺城、邺南城离洛阳城比较遥远，邺城却精确地沿袭了洛阳城的方位系统。考古发掘的地层资料证明，邺城的城墙建于东汉末期至曹魏时期，十六国和东魏北齐时期有所修补，主要道路也建设于东汉末至曹魏时期。[①]邺南城的城墙经考古发掘证明其建设于东魏北齐时期。[②]

① 邺城考古工作队：《河北临漳邺北城遗址勘探发掘简报》，《考古》1990年第7期。

② 邺城考古工作队：《河北临漳邺南城遗址勘探发掘简报》，《考古》1997年第3期。

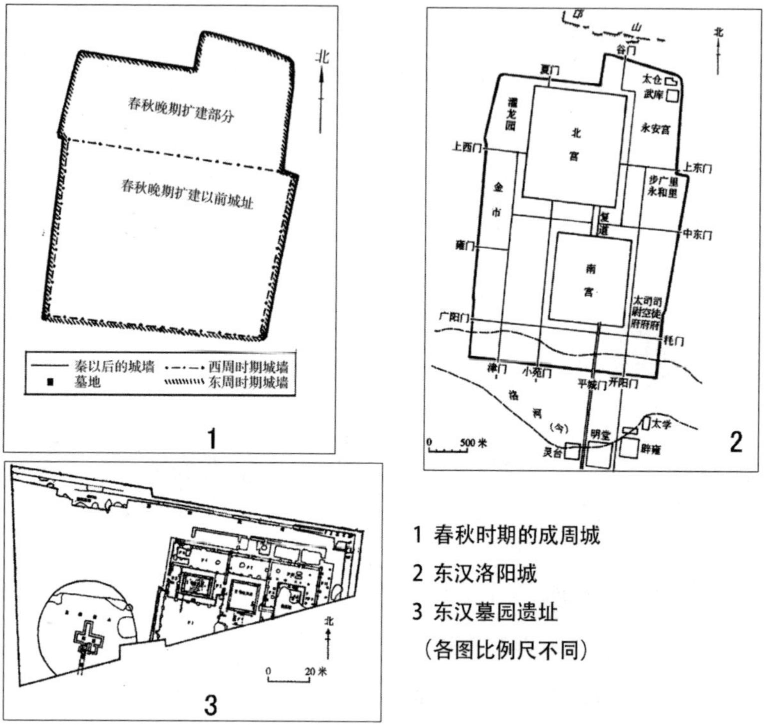

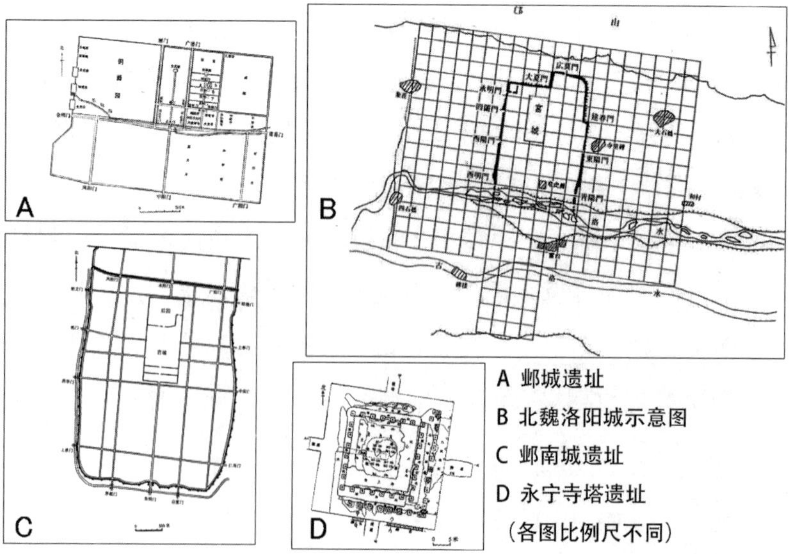

图8　汉魏洛阳城、邺城、邺南城方向示意

建设邺北城的时期，初昏时的帝星已经北偏西11°，夜中的帝星北偏东2.5°，未明的帝星北偏东11°，所以可以说邺城的“北”并非根据当时的帝星测量出来的，邺城的北大约北偏东4°到5°，和东汉洛阳城相同，应该是完全继承了东汉洛阳的方位系统。

将东汉洛阳的“北”移植到邺城，当然也可以使用测量工具站站传递，将洛阳的“北”移植过去，但这种方法会产生很大的误差，无法做到如此精准地移植。所以精确复制这种方位系统也许只有一种方法，就是说东汉末期的天文史官知道“天极”（正北）的准确方位，也知道东汉洛阳城的中轴线为正北偏东4°到5°。那么在邺城用璇玑四游测北法测出“天极”（正北）以后，依照正北偏东4°到5°的角度画出规划基线，就可以精密地将洛阳的“北”复制到邺城。这种既不是根据科学测量测出的正北，也不是根据儒经中记录的方法测出的正北，而直接将洛阳的“北”写放于新筑的都城，是这个时期特有的现象。直到隋唐长安城的时代，才又回到用璇玑四游测北法测量正北确立都城方位系统的路子上去了。

五、结语

通过以上分析可以知道，中国古代和中世都城规划中的“北”，是一个相当文化性的概念。在周代晚期，甚至春秋前期之前，很多地区在修建都城时更注重“极”，也就是天顶之轴接地形成的中心，《诗经·殷武》云“商邑翼翼、四方之极”就是例子。也有将都城建设在天室附近的，比如周武王说：“予克致天之明命，定天保，依天室，……宛瞻过于伊洛，无远天室。”（《逸周书·度邑》）到了西周末年至春秋初期，帝星逐渐被认为是周的主星（殷人的主星是二十八宿中的心宿，见《左传·昭公二十五年》），才产生了重视南北方向的文化，但是由于帝星（极星）不断东移，旧有的测北方法出现了相互矛盾的地方，比如用太阳测北法测出的北，无法与帝星（极星）得到的北相对应，于是在都城设计中，方位出现了混乱。从文献的记录顺序看，到了战国末期在中原中心地区产生了璇玑四游测北法，这个方法很科学，却和传统经学及其解释不相合。战国末期的秦国接受了新的社会天文学，文化发生了巨变，秦人开始使用璇玑四游法测量方位修建都城和陵墓。在秦王政时期以后，秦国都城建筑的方位以及陵墓的方位都相当精准。

到了儒学独尊的东汉时期，由于都城是直接在所谓成周的基础上建立的，连新建的一些帝王陵寝也依照这个“北”确定方位。当时的天文学已经比战国末期更加发达，史官中掌管天文的人完全知道帝星已经离开天极向东偏移，但是东汉末年乃至北朝时期中原地区新建的都城，并不以正北为都城设计的方位基准，而是以东汉洛阳的“北”为标准，也就是放弃正确的北而以文化性的“北”作方位系统的基准，以至于邺城和邺南城的“北”都出现了偏东4° 到5° 的现象。严格遵从儒家经典中记录进行测量来测定都城方位的话，是无法产生这种角度偏差的，所以这种现象应该和守经无关。

儒家经学注重儒家古典中记录的古代测北法，不注重实际测量而更注重文献传承中形成的认识，所以拘泥于太阳测北后用极星校正的测北法，为了掩饰这种测北法在秦汉时期已经无法使用的“病灶”，甚至演绎出用二十八宿中的营室和东壁进行校正的解释。经典里落后于时代的记录反而成了最为正宗的礼制。

在东汉魏晋以及其后的北朝，新都城的建设通过复制东汉洛阳的“北”来确定方位，所以即使时代变迁，帝星（极星）继续向东偏移，中原地区的都城的方位基本还是保持了正北偏东4° 到5° 的状态。而其他地区汉族政权的都城，比如南朝的都城，由于无法在洛阳城进行实测，只能依据儒家经书和注释中记录的方法来确定都城的方位，所以造成都城轴线更加偏东的结果。

《左传·昭公二十五年》云：“夫礼，天之经也。”守经和从权，在董仲舒时期就是儒家经师讨论的一个重要问题。在中国中世以前，儒家学者一般认为反经合道是为权。这种守经和从权，从某种意义上看有些类似于韦伯提出的工具理性和价值理性。工具理性和价值理性是无法切割的，但两者一直处于一种紧张和对立状态中。但是韦伯的理论完全回避了一个问题，就是价值理性更能反映出一个问题的本质。而利用马克思的方法对一个系统文本里的价值理性中的“病灶”进行分析，可以让我们更清楚地理解一个文化的内在特质的某个侧面。

表2 全文所引各图之出处

图序	出处
图1、图3、图4、图5、图7	笔者绘制
图2	《甲骨文合集》1488，“己卯卜：……大庚〔至〕于中（仲）〔丁〕……”
图6-1	田亚岐：《秦雍城城址东区考古调查取得重要收获》，陕西省地方志办公室（http://dfz.shaanxi.gov.cn/sxts/msgj/201610/t20161020_675991.html）（访问日期：2020 年3月20日）
图6-2	滕铭予《秦雍城马家庄宗庙遗址祭祀遗存的再探讨》（《华夏考古》2003年第3期）中标注的秦马家庄宗庙遗址的方向有误，田亚岐在《秦雍城城址东区考古调查取得重要收获》中标注的马家庄一号建筑遗址和马家庄三号遗址轴线方向相同，据此信息与陕西省雍城考古队《凤翔马家庄一号建筑群遗址发掘简报》（《文物》1985年第2期）遗址图中标注的方向校正
图6-3	张长寿、殷玮璋主编，中国社会科学院考古研究所编著：《中国考古学·两周卷》，中国社会科学出版社，2004年，第258页
图6-4	田亚岐：《雍城秦公陵园2009年考古勘探新发现》，《2009年中国重要考古新发现》，文物出版社，2010年，第73页
图6-5、图6-6、图8-2	刘庆柱、白云翔主编，中国社会科学院考古研究所编著：《中国考古学·秦汉卷》，中国社会科学出版社，2010年，第36—39页
图6-7①、②、③，图6-9，图6-10，图6-11	梁云、王欣亚：《战国秦陵研究》，《故宫博物院院刊》2022年第7期
图6-7④	刘卫鹏、岳起：《咸阳塬上“秦陵”的发现和确认》，《文物》2008年第4期
图6-8	阿房宫考古队：《阿房宫前殿遗址的勘探与发掘》，《考古学报》2005年第2期
图7	笔者据StellaNavigator11绘制
图8-1	上引侯卫东：《论西周晚期成周的位置及营建的背景》
图8-3	中国社科院考古研究所洛阳汉魏城队：《汉魏洛阳城西东汉墓园遗址》，《考古学报》1993年第3期
图8-A、B	中国社会科学院考古研究所、河北省文物研究所、河北省临漳县文物旅游局编：《邺城考古发现与研究》，文物出版社，2014年
图8-C	中国社会科学院考古研究所：《北魏洛阳永宁寺1979~1994年考古发掘报告》，中国大百科全书出版社，1996年
图8-D	宿白：《北魏洛阳城和北邙陵墓——鲜卑遗迹辑录之三》，《文物》1978年第7期。又根据朱岩石《中国古代都城的考古发现与研究》，日本东北学院大学亚洲流域文化研究所、中国社会科学院考古研究所主办《中国都城考古の最前線》会议资料综合得出方位

南京大学北园东晋墓整理札记

南京大学历史学院考古文物系　张学锋

摘　要：南京大学北园东晋墓位于该校鼓楼校区北园，1972年发掘，出土文物藏南京大学博物馆。2018年起，南京大学启动该墓出土资料的重新整理工作，编辑出版了《南京大学北园东晋墓》。整理过程中，整理者收获了不少心得。通过对墓室平剖面形制、墓砖尺寸的差异、设祭空间的变化以及该墓出土的几类重要金属器具的分析，可见：该墓为平面近方形的穹窿顶单室墓，东壁外的侧室为后来接续；随葬器物可分为前后两期，前期器物年代可推定为公元4世纪前期，后期器物可推定为公元4世纪中期；与之相应，主室、侧室中遗物的分布特征与甬道内祭台周边的器物，亦可证明主室与侧室的墓主人分别葬于上述两个不同时期。甬道内设置两道门，体现了东晋南朝帝陵的规制。结合历史文献，该墓可推断为东晋成帝兴平陵，主室所葬为晋成帝与杜皇后，侧室所葬为哀帝生母周太妃。

关键词：南京大学北园；东晋墓葬；帝陵

南京大学北园东晋墓位于今鼓楼校区北园北大楼西北，1972年4月在校园防空洞建设中被发现，南京大学历史系考古组在南京博物院考古组的许可下随即对之进行了发掘。发掘清理工作主要由蒋赞初先生负责，学校行政部门的部分工作人员及尚未分配具体工作的历史系新任教师参与。出土资料的整理工作由蒋赞初负责，发掘简报《南京大学北园东晋墓》刊于《文物》1973年第4期（以下简称《简报》）。[1]文物入藏南京大学历史系文物资料室，今由南京大学博物馆收藏管理。

该墓从发掘清理到刊出《简报》，仅历时一年，因此《简报》未能按考古简报体例的要求绘制器物线图；虽然随《简报》刊出的器物照片较多，但受当时摄影、排印技术所限，器物的质地、釉色、纹饰及其他细节未能明晰地显示出来，是为遗憾。

该墓发掘至今50年，虽然公布的资料相对有限，却是研究魏晋南北朝帝陵不可回避的资料。2018年起，由笔者负责对该墓的出土资料进行重新整理，编辑出版《南京大学北园东晋墓》。近半个世纪来，该墓的出土文物历经数次迁移，部分文物，尤其是未经修复的残件混入其他器物组，甚至纷失的情况在所难免，原始发掘记录亦已不存，因此，该书可能称不上是正式的"考古报告"。但是，这次整理，我们严格按照考古报告的基本规范对遗物进行了重新测量，绘制了器物线图，重新绘制了墓室平剖面图，并请发掘主持人蒋赞初先生做了口述史，这一切均旨在为学界提供更加可信的资料信息。报告由南京大学博物馆、南京大学六朝研究所共同编辑，收入"南京大学六朝研究所系列丛刊（资料编）"，2023年10月由南京大学出版社出版。

在数年的整理过程中，笔者收获了不少心得，但为了不影响读者对出土遗物及墓主身份的自主判断，这些心得不便置于报告的结语之中。今择其要，作为私见撰成札记如下。

一、关于墓室形制的讨论

《简报》在第一部分描述墓室形制时称："墓的方向为南偏西9度，是一座

① 南京大学历史系考古组：《南京大学北园东晋墓》，《文物》1973年第4期。

双室的砖墓。”并在第四部分结语中称：“从墓的建筑来看，它与西晋时期流行的穹窿顶墓室有着密切的关系。带有侧室的结构，也与南京地区六朝早期墓葬中带有耳室的作风相仿。”（图1）从以上描述中不难看出，墓葬在发掘清理时并未关注主墓室与侧室之间的差异，而是将之视为一次性完成营建的墓葬。

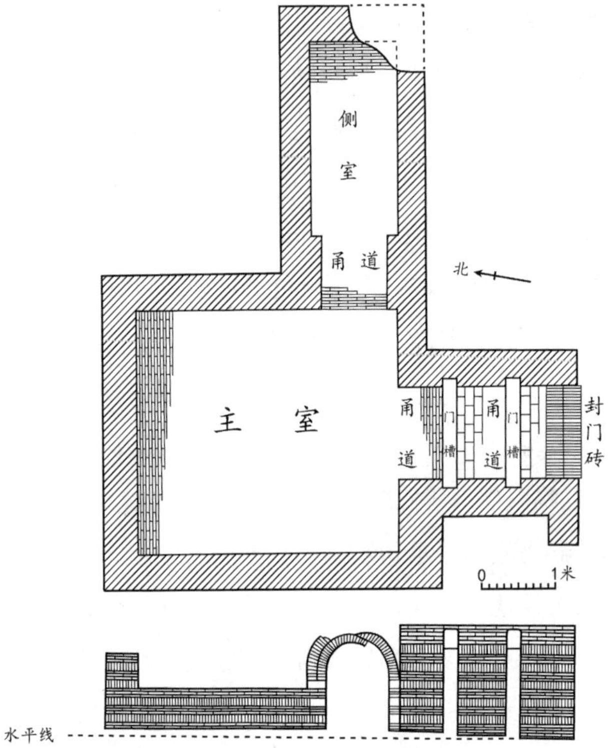

图1 南京大学北园东晋墓平剖面图

2003年，吴桂兵撰写《南京大学北园东晋大墓的形制、墓主及其他——两晋偏室墓研究之一》[1]，试图从偏室墓的角度去分析南大北园东晋墓墓葬形制及墓主等相关问题，因此论文将该墓葬文化因素溯源至西晋洛阳地区的偏室

① 吴桂兵：《南京大学北园东晋大墓的形制、墓主及其他——两晋偏室墓研究之一》，《东南文化》2003年第9期。后在其著《两晋墓葬文化因素研究》第三章第三节《长江下游地区两晋墓葬类型》中，将该墓列为Da型（方形砖墓，侧附长方形侧室），南京大学出版社，2017年，第179页。

墓。作者非常谨慎地质疑，试图否定南京地区偏室墓存在的观点，主要原因是历年两晋偏室墓发现较少。

双室墓也好，带侧室也好，偏室墓也好，其根底是认为这座墓葬从营建当初就规定了这种形制。然而，从墓室结构的实际情况来看，这个观点是值得商榷的。

韦正在其博士学位论文《长江中下游、闽广地区六朝墓葬的分区和分期》中，曾质疑该墓侧室是一座与主墓室无关的南朝墓。①在其正式出版的专著《六朝墓葬的考古学研究》第二章第一节中，韦正将长江下游地区的墓葬形制分为三类，第一类为“宏大的单室墓”，南京大学北园东晋墓被列为这一类墓葬的典型墓例。②同样的认识还见于其著作《魏晋南北朝考古》③。既然墓葬类型是“宏大的单室墓”，那么，该墓的侧室就被排除在外了。虽然在后续的两种专著中未发现作者对侧室时代的探讨，但其将主墓室和侧室分开考虑这一认识，与上述的“双室砖墓”或“偏室墓”相比，无疑有了新的思考。

王志高《南京大学北园东晋大墓的时代及墓主身份的讨论——兼论东晋时期的合葬墓》④一文，焦点亦集中在该墓的墓葬形制与墓主人身份上。王文的切入点是该墓随葬器物的组群及断代。文中将该墓出土的随葬器物，尤其是时代特征明显的陶瓷器分成三组：A组器物数量较多，明显带有孙吴至东晋初年青瓷器最典型的装饰风格，可将之视为东晋早期前段的遗物；B组器物数量较少，鉴于四系盘口壶口沿与肩腹部的褐斑点彩，以及肩部贴塑鸡首并设弧形长鋬的新型鸡首壶等特征，可将之视为东晋早期晚段的遗物；C组为后世

---

① 韦正：《长江中下游、闽广地区六朝墓葬的分区和分期》，博士学位论文，北京大学，2002年，第23—24页，注10。

② 韦正：《六朝墓葬的考古学研究》，北京大学出版社，2011年，第21—22页。

③ 韦正：《魏晋南北朝考古》，北京大学出版社，2013年，第112—113页。

④ 王志高：《南京大学北园东晋大墓的时代及墓主身份的讨论——兼论东晋时期的合葬墓》，《东南文化》2003年第9期。收入氏著《六朝建康城发掘与研究》，江苏人民出版社，2015年。

混入的器物。关于东晋早期的时代断限，王文在刘建国观点的基础上略加完善，称是东晋元帝至成帝之间（317—342），早期前段为元、明二帝时期，早期晚段为成帝时期。基于随葬青瓷器的时代特征，王文指出主室两位墓主当是东晋早期偏早阶段葬入，侧室墓主当是东晋早期偏晚阶段葬入。关于侧室的砌筑，王文认为是成帝时期，并从墓室遗物的分布情况推测，认为砌筑侧室之前将早年葬入的梓棺和随葬物暂时移出，并指出这类现象在东晋时期也有例可循。

从结论上说，侧室是稍后在主室东侧加筑的意见是可信的。那么，作为墓葬最初的形制，就很难泛泛地说它是双室砖墓或带侧室的砖室墓，也不能说是"偏室墓"，应该遵从韦正的意见，认为这是一座"宏大的单室墓"。

该墓南北总长8.04米，东西总长9.9米（含东西长、南北窄的侧室），其中墓门宽1.5米；甬道长3.04米，宽1.5米，内设两道木门；主室南北长4.4米，东西宽4米。这个规制，与南京汽轮电机厂发现的东晋墓（推断为东晋穆帝永平陵）的可比性非常强。[①]后者南北总长9.05米，甬道长2.9米，宽1.56米，内设两道木门，近方形墓室南北长4.98米，东西宽4.24米，同属东晋前期帝陵规制。只是南京汽轮电机厂东晋墓在南北壁及封门墙两侧均加筑了挡土墙，形制与南大北园东晋墓略有差异，韦正将前者列为宏大单室墓Ab型，后者列为宏大单室墓Aa型。

二、墓砖规格反映出来的墓室形制

在上述墓葬形制的讨论中，主要依据的是该墓出土青瓷器的时代差异，并没有涉及墓室的砌筑要素。因此，侧室是否晚于主室砌筑，这个问题依然缺乏决定性的论据。

这次整理工作开始之初，笔者就意识到必须解决这一问题。由于原始发

① 南京市博物馆：《南京北郊东晋墓发掘简报》，《考古》1983年第4期。

掘记录的遗失，在邀请蒋赞初先生做口述史前，就设定了一个问题：主室与侧室的用砖是否完全一致？《简报》中介绍的几种纹饰砖是否同时见于主室和侧室？主室和侧室的砖缝对接是否有特殊迹象？换言之，主室与侧室是否同时砌成？蒋先生的答复如下：据当时观察，主室与侧室砖是一致的，应该是同时建成的。

由于该墓清理完毕后墓砖就地废弃，未能收集，今无实物可供验证，但仔细阅读《简报》，对上述问题依然能够给出一定的解释。

该墓的用砖，大体可分成长方形平砖和券砖两大类。长方形墓砖用于砌筑墓室的四壁，数量最多，其中又可分成两种规格：

（一）大型长方形平砖。长34厘米，宽16厘米，厚5厘米，数量最多。这类砖的两个平面上，多数模印三组或四组复线十字纹间斜线纹图案，少数模印三组以五铢钱纹为中心的直线和斜线纹图案。还有极少数的模印三组以八瓣莲花纹为中心的图案，四角各有一个五铢钱纹，而在莲瓣纹和五铢钱纹之间，则填以密集的直线纹和斜线纹。这极少数模印莲花纹的砖应是后世混入，可以忽视。

（二）小型长方形平砖。长29厘米，宽15厘米，厚5厘米，数量仅次于上一种规格，砖的两面都模印着绳纹。

如果主墓室和侧室同时砌筑，在非特殊情况下，用砖应该是一致的。由于发掘时缺乏这方面的意识，未能第一时间在现场进行确认。然而，主室四壁与侧室四壁的厚度，显示了两者之间的差异。

据《简报》，墓墙的宽度在45厘米至75厘米不等（通过比例尺计算的墓壁厚度与之略有差异）。《简报》虽未明确主室、侧室各墙的具体尺寸，但从所附的墓室平剖面图中，依然可以看得很清楚。（参见图1）主室的东、西、北三壁及南壁的内甬道口以西，侧室甬道南壁与东壁厚度基本一致，主室南壁内甬道口以东与侧室南、北壁厚度基本一致。造成这一现象的原因或许有多种，但主室、侧室用砖上的差异应该是其重要原因之一。设想，主室四壁采用“三顺一丁”砌法，顺砖平砌大型平砖5块，约合75厘米，是《简报》

报道的墓墙最大厚度；丁砖内外竖砌2块，约合68厘米，在《简报》报道的墓墙厚度范围内。侧室亦采用同样的砌法，顺砖平砌小型平砖3块，约合45厘米，与《简报》报道的墓墙窄厚度一致；丁砖内外竖砌2块，约合58厘米，如果竖砌1块，后部平砌1块，则合44厘米，亦在《简报》报道的墓墙厚度范围内。事实上，墓墙外壁参差不齐的现象大量存在。

还有两点值得关注。第一，在修建侧室时，拆下来的部分主室砖用在了侧室东墙，因此侧室东墙的厚度与主室墓墙主体一致。第二，在加筑侧室时，不仅移动了妨碍工程的主室随葬器物，可能还一时拆除甬道东壁和甬道内口以东的主室南壁，复原时，主室南壁东部用小型平砖补砌，形成了与侧室南北壁同样厚度的墓墙。同时，为设置侧室甬道，保留了部分主室东壁作为侧室甬道的南壁，因此，甬道侧室南壁与主室其他四壁厚度一致。

以上虽是纸面上的推演，但不妨提供一个解决这一问题的新视角。此外，墓室内的设祭空间亦能为解决这一问题提供另外一个视角。

三、设祭空间所见墓葬的形制结构

东晋南朝大型单室墓的墓内设祭，总体上而言均位于棺前，部分往前延伸到甬道。由陶榻、陶案及生活用具组成的祭台，是东晋时期大型墓葬的特征。

该墓出土了大型陶榻2件，经修复基本完整，长124厘米，宽100厘米，高28厘米，形制规格完全一致，应该是同时制作的。出土大型陶案几2件，一件经修复完整，长123.4厘米，宽34.5厘米，高27.2厘米。另一件通过对残件进行测量，形制规格亦与上一件完全一致。榻、案的组合使用，可参见南京江宁上坊孙吴晚期大墓出土的青瓷俑。①（图2）榻、案组合使用时，榻在后，供人坐卧，案在前，摆放餐饮用具，两者几乎等高等宽。该墓出土的陶

① 南京市博物馆、南京市江宁区博物馆：《南京江宁上坊孙吴墓发掘简报》，《文物》2008年第12期。

图2　南京江宁上坊孙吴墓出土青瓷坐俑所见榻、案组合

榻和陶案，是专为随葬制作的仿漆木器家具，置于棺前用作祭台，只是榻上的主人变成了象征主人灵魂的三足凭几。2件陶榻规制一致，2件陶案规制一致，陶榻和陶案几乎等高等宽，这些现象无疑证明了这两组榻、案的组合性与共时性，它们分别是给主室内的两位墓主同时准备的。然而，当有第三者葬入时，这样的设祭空间就发生了改变。

墓葬盗扰严重，多数器物都发生了移位。（图3）笨重的陶榻、陶案虽然残碎，但是其分布的位置依然具有重要意义。据《简报》及所附遗物分布图，陶榻2（8042）[①]残片主要分布在主室西南部女棺前，基本符合原始位置。陶榻1（8041）残片主要分布在主室东北部，这完全不符合设祭的理念，应该是加筑侧室之际为便于施工，将男棺前的陶榻移到了主室东北部空隙之地的结果。

① 括号中的数字为南京大学博物馆藏品登录号，下同。

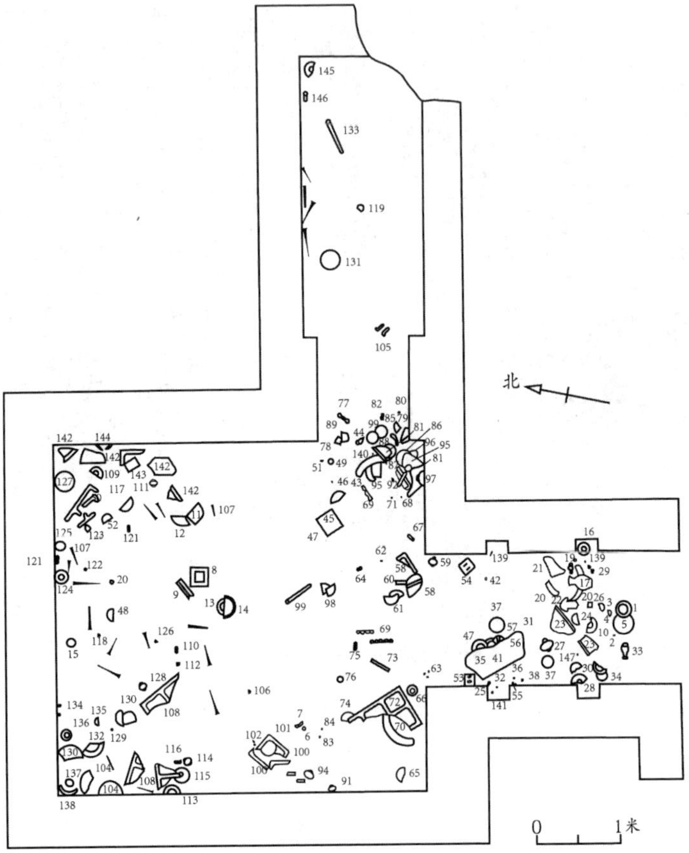

1、98.青瓷鸡头壶　2、32、38、47、62、78、92、102、122、141.花瓣形金片　3、4、15、119、135.青瓷碗　5、66.青瓷盖罐　6、64、75、110、121、146.五铢钱　7.小型陶案足　8、45.方形陶座　9.长方形陶座　10、28、115、132、138.青瓷盘　11、12、50、72、100、108、142.大型陶案碎片　13、24、34、39、57、74、90、101.陶盘　14、40、85.陶果盒　16.青瓷四耳小壶　17、52.青瓷双耳壶　18、19、29、82、134、147.镂金花片　20、43、70、105.陶凭几及几足　21、23、35、58、69、81.中型陶案碎片　22、53、54、123.残陶俑及座　25、51、55、56、63、80、106、118、126、129.桃形金片　26.漆盒的铜盖片　27、114、128.青瓷耳杯　30.青瓷钵　31、120.银环　33.青瓷瓶　36.小金珠　37、86、93、96.陶盆　41、65、79、117.陶三足盘　42.银泡　44.玻璃杯残片　46、61、77、87.陶瓢尊及把手　48、109、113、124.青瓷灯　49.陶钵　59、91、94、97、111.陶耳杯　60、73.长方形陶棒　67、103.错金铜片　68.料珠　71.玛瑙珠　76.青瓷香薰盖　83.小铜帽　84.水晶珠　88、116.青瓷勺　89.浅陶熏　95.方形陶板座　99、133.陶管　104、130.青瓷洗　107.铜棺钉　112.银铺首　125.青瓷辟邪　127.卧龙陶座　131.卧虎陶座　131.陶唾壶　137.卧羊陶座　139.银钉　140.琉璃饰件　143.陶砚　144.铁刀、剑　145.陶烛盘　（图中未注明号码的钉形器均为铁棺钉）

图3　南京大学北园东晋墓随葬器物分布示意

在侧室加筑完毕葬入第三者后，需要重新布置墓内的设祭空间。或许是在移动过程中男棺前的陶榻已经损坏，更大的原因在于葬入第三者时的草率，移到主室东北部的陶榻并没有回归至男棺前，依旧留在了主室东北部。不仅如此，营事人还利用了2件陶案，一件（8043-1、8043-2、8043-3）置于侧室甬道前或甬道中，为新葬入的第三者设祭；另一件（8043）置于甬道第一道门与第二道门之间，对葬入墓室的三人营建共同的祭台，弥补了男棺前没有祭台的缺陷。

众所周知，这是一座东晋帝陵，或许有人会问，对待帝后会如此草率吗？从下述祭台周围的遗物来看，当时的处理确实是草率的。

主室西南部陶榻（8042）上及周边分布陶三足凭几2（8044-1、8044-2）、陶瓢尊1（8046）、陶三足盘1（8047）、陶耳杯3（8051）、陶耳杯4（8051-1）、卧羊陶座（8055）、青瓷盘3（8068）、青瓷耳杯1（8070A）、青瓷耳杯3（8070B2）、青瓷洗1（8071）、青瓷洗2（8072）、青瓷勺2（8073B）、青瓷灯2（8078）等，很明显是一组相对完整的设祭器具（也不排除部分器具原置于男棺前）。这组器物中青瓷器呈现出来的网格带纹、铺首等装饰风格均显示了西晋时期至东晋早期的特征。

主室东北部陶榻（8041）残片，散布着陶三足盘2（8047-1）、陶耳杯2（8050-1）、青瓷盘口壶2（8063）、青瓷六耳小罐（8066）、青瓷灯1（8077）、青瓷灯3（8079）等，与设祭相关的器具相当少，甚至没有陶三足凭几，可见男棺前设祭用品并没有全部移到主室东北部，能利用的器具都用到侧室甬道和主室甬道中去了。

侧室甬道及附近，利用了主室中2件陶案中的1件（8043-1、8043-2、8043-3）作为祭台，周边散布着陶三足凭几3（8045）、陶瓢尊2（8046-1、8046-2、8046-3）、陶三足盘3（8047-2）、陶耳杯1（8050）等。虽器具残存不多，但显然也是一设祭处。

葬入第三者后封闭甬道内的第二道门，面对墓内的三位死者，在第二道门外设置了规格相对较高的祭台。由于两道木门之间的空间有限，因此祭台借用了主室中与榻组合的条形陶案（8043），上置三足凭几1（8044），构成了设祭的基本内容。周边散布的陶瓷器有：陶盘1（8048）、青瓷耳杯2（8070B1）、青瓷鸡首壶1（8060）、青瓷盘口壶1（8062）、青瓷四系壶（8063）、青瓷六耳小罐（8066）、青瓷四系盖罐（8065A、8065B）、青瓷盘（8068）以及陶耳杯残片、陶盆残片、陶槅残片等。这组器物中，既有西晋时期到东晋早期装饰风格的青瓷器，同时也有稍后时期常见的青瓷器，可以认为这是一组前后时代器物混杂的设祭器具，时代特征最晚的青瓷器，是该墓彻底封闭的时间下限。

从上述墓葬用砖的异同及其造成的主、侧室墓壁厚薄差异以及三组设祭器具的变动来看，侧室加砌的可能性似无疑义，作用是埋葬第三者。

四、墓主身份的推定

经半个世纪以上的考古发掘和研究，六朝都城建康地区周围的墓葬等级问题已基本清晰，无须在此做过多说明。[①]南京大学北园东晋墓，关于其墓主，虽然有元、明、成、哀四帝之一，[②]元、明、成三帝之一，[③]元帝[④]等不同意见，但其作为东晋前期的帝陵，自发掘以来就是学界的共识，其中最重要的依据就是甬道内设置的两道墓门。

就目前较多的墓例而言，南京大学北园东晋墓、幕府山南京汽轮电机厂东晋墓、富贵山东晋墓[⑤]，甬道内均设置两道木门。南朝，尤其是齐、梁时期的帝陵，也无一例外地在甬道中设置两道门，只是将木门换成了石门而已。东晋时期甬道内设置一道木门的，有宗室成员和世家大族；南朝时甬道内设

---

① 主要可参见蒋赞初：《南京东晋帝陵考》，初刊《东南文化》1992年第3、4期合刊，收入氏著《长江中下游历史考古论文集》，科学出版社，2000年；王志高：《关于东晋帝陵的两个问题》，初刊《东南文化》2001年第1期，收入氏著《六朝建康城发掘与研究》；王志高：《六朝帝王陵寝述论》，原刊《南京晓庄学院学报》2004年第3期，收入氏著《六朝建康城发掘与研究》；韦正：《六朝墓葬的考古学研究》；等等。

② 蒋赞初：《南京东晋帝陵考》。

③ 罗宗真：《六朝考古》，南京大学出版社，1994年。后出的《魏晋南北朝考古》称“可能是晋陵之一”，文物出版社，2001年。

④ 李蔚然：《南京六朝墓葬的发现与研究》，四川大学出版社，1998年；王志高：《关于东晋帝陵的两个问题》。

⑤ 南京博物院：《南京富贵山东晋墓发掘报告》，《考古》1966年第4期。

置一道石门的，通常都是宗室成员。这些问题的详细资料及相关讨论，可参见拙稿。①

关于东晋诸帝的葬地，唐人许嵩在《建康实录》卷八《穆皇帝》的最后做了总结：“案，晋十一帝有十陵，元、明、成、哀四陵在鸡笼山之阳，阴葬不起坟。康、简文、（孝）武、安、恭五陵在钟山之阳，亦不起坟。唯孝宗一陵，在幕府山，起坟也。”②许嵩意识到穆帝永平陵与其他诸陵在葬地、葬制上的不同，故特意在此加上按语。

鸡笼山诸陵，是元帝建平陵、明帝武平陵、成帝兴平陵和哀帝安平陵。钟山诸陵，是康帝崇平陵、简文帝高平陵、孝武帝隆平陵、安帝休平陵（推定为南京富贵山东晋墓，1964年发掘）和恭帝冲平陵（1960年在富贵山南麓发现晋恭帝玄宫石碣）。元、明、成三帝是嫡长子继承，成帝临终前，权臣庾亮以国有强敌宜立长君为名，责令成帝将帝位传给了弟弟司马岳，即康帝。康帝在位仅3年，死时23岁。康帝死后，帝位并没有回到成帝一脉来，而是由康帝2岁的儿子司马聃即位，是为穆帝，康帝皇后褚氏以皇太后身份临朝称制。康帝崇平陵没有安排在鸡笼山陵区，而是在蒋山之阳新辟了陵区，如此行为，应当是受到皇统思想的影响，意在另外建立起一个皇统来。

始于康帝的新皇统只维持了两代，穆帝死后，因无子嗣，由成帝长子司马丕继位为帝，是为哀帝。正像褚皇太后令文中所说的那样，哀帝是“中兴正统，明德懋亲，昔在咸康，属当储贰，以年在幼冲，未堪国难，故显宗高

---

① 张学锋、陈刚：《孙吴、东晋的都城空间与葬地》，载夏炎主编《中古中国的都市与社会：南开中古社会史工作坊系列文集之一》，中西书局，2019年，第25—88页；张学锋：《南朝建康的都城空间与葬地》，《中华文史论丛》2019年第3期，第77—111页。

② 〔唐〕许嵩撰，张学锋、陆帅整理：《建康实录》卷八《穆皇帝》，南京出版社，2020年，第126页。

让。今义望情地，莫与为比，其以王奉大统”[①]，故哀帝死后在鸡笼山之阳建安平陵。鸡笼山陵区安葬元、明、成、哀四代，是“中兴正统”嫡长子继承制皇统的体现。

《建康实录》叙晋元帝建平陵称“在今县北九里鸡笼山阳”，明帝武平陵“在县城北九里鸡笼山阳，与元帝同”，成帝兴平陵“在县北七里鸡笼山阳，与元帝同处”，哀帝安平陵“在县北九里鸡笼山之阳，元帝同处”[②]。这里所说的“县”，是指唐上元县。明帝武平陵、成帝兴平陵、哀帝安平陵既然均“与元帝同处”，那么，叙述成帝兴平陵时所说的“七里”应该是“九里”之误。李吉甫《元和郡县图志》卷二五《江南道一》叙述元、明、成、哀四陵均在上元县“北六里鸡笼山南”[③]，可见四陵同在一处，举目可望。

鸡笼山的主峰是今南京市偏北的北极阁，作为钟山的余脉，向西南一直逶迤到今北京西路和上海路交界处。由于历代地貌的变化，山体现已基本被削平，成为繁华都市的一部分，但高亢的地势依然明显。然而，这一带从最东边的鼓楼岗开始，往西南经南京大学鼓楼校区北园北大楼（北园东晋墓所在地）、平仓巷与南秀村交会处南侧的南京大学天文台，再到今南秀村西口，与周边原本就高亢的地势相比，显得更加突兀。鉴于发掘过程中确认的明代钟楼建于北园东晋大墓之上这一事实，那么，是否可以推测明代建设鼓楼时也利用了原有高亢的地势？换言之，利用了东晋帝陵所在的高地？西南方向的南大天文台、南秀村西口作为东晋帝陵的可能性亦可顺此推测。如此，在西南至东北直线距离大约500米的范围内的4座东晋帝陵，可以说是“同处”。

建立东晋政权的君臣来自琅邪国，元、明、成三帝的葬仪又都是在琅邪

---

① 《晋书》卷八《哀帝纪》，中华书局，1974年，第205页。

② 〔唐〕许嵩撰，张学锋、陆帅整理：《建康实录》，第82、90、112、130页。

③ 〔唐〕李吉甫撰，贺次君点校：《元和郡县图志》，中华书局，1983年，第597页。《元和郡县图志》所言“六里”或为唐里，《建康实录》所言“九里”或为东晋南朝里，两者不悖。

王导的主持下进行，因此，琅邪国一带的丧葬礼俗对东晋帝陵的选址及墓穴的排序应该有很大的影响。按照南京象山琅邪王氏家族墓的排序，尊者居前居左，即以西南为上。因此，从今南秀村西口、南大天文台、南大北大楼、鼓楼岗这些有可能是东晋四陵的位置来说，南大北园东晋墓不大可能是东晋第一代皇帝元帝的建平陵。

当然，以上只是据南大北园东晋墓周围地势而做的一个推测，缺乏坚实的论据。接下来我们再从南大北园东晋墓的最终形制结构这个角度，结合历史文献的记载，来推论该墓的三位墓主。

笔者曾通过文献记载推论该墓为晋成帝兴平陵，所葬者为晋成帝、杜皇后与周太妃。[①]但没有详细追究墓葬结构、随葬遗物与墓主的关系。吴桂兵在《南京大学北园东晋大墓的形制、墓主及其他——两晋偏室墓研究之一》一文中，基于墓葬形制及出土遗物，结合历史文献记载，赞成成帝兴平陵说。[②]王志高在《南京大学北园东晋大墓的时代及墓主身份的讨论——兼论东晋时期的合葬墓》中，基于对随葬青瓷器的分组，通过对东晋帝后嫔妃关系的整理，力证该墓为晋元帝建平陵，入葬三人为晋元帝司马睿、虞皇后（孟母）与生下太子司马绍和琅邪王司马裒的荀氏。[③]然通观王文的论证过程，觉得文中对史料的取舍过于随意，虽可作为一说，但依然难以令人信服。

渠雨桐广泛收集了两晋时期后妃祔葬、祔庙的文献资料，并在此基础上指出，南大北园东晋墓作为晋元帝建平陵的可能性最大，但入葬的第三者并非荀氏，因为两晋时期后妃的祔葬情况存在很大差异，追赠皇后大多祔葬入

---

① 张学锋：《東晉の哀帝——哀帝を通してみた東晉前、中期の政治と社會》，《古代文化》（日本京都）2000 年第 52 卷第 8 号。中文修订稿《东晋的哀帝——东晋前中期的政治与社会》，载蒋赞初主编《南京大学历史系考古专业成立三十周年纪念文集》，天津人民出版社，2002 年。收入氏著《汉唐考古与历史研究》，生活·读书·新知三联书店，2013 年。

② 吴桂兵：《南京大学北园东晋大墓的形制、墓主及其他——两晋偏室墓研究之一》。

③ 王志高：《南京大学北园东晋大墓的时代及墓主身份的讨论——兼论东晋时期的合葬墓》。

庙，而追赠的侧妃则不具有与皇帝祔葬配食的资格。[①]

渠雨桐“两晋时期后妃的祔葬情况存在很大差异，追赠皇后大多祔葬入庙，而追赠的侧妃则不具有与皇帝祔葬配食的资格”这个结论没有太大问题。然而，面对南京大学北园东晋墓入葬三人的事实，渠雨桐在认可其为晋元帝建平陵，否认侧室所葬者为荀氏之后，也只能给出另外一个无奈且矛盾的推测：“南大北园东晋墓不是元帝建平陵，墓主另有他人。由于墓葬历经多次盗扰，我们并不能根据现有考古证据及史料作出肯定的判断。”

渠雨桐对两晋后妃祔葬、祔庙文献的整理，为我们认识这一问题的复杂性提供了很大的便利。通观相关史料，笔者仍然坚持当初的想法，南京大学北园东晋墓为晋成帝兴平陵，入葬三人为晋成帝司马衍、杜皇后、周太妃。

东晋第三代皇帝成帝司马衍（326—342年在位），5岁即位，虽在位时间不算短，但死时仅22岁。皇后杜氏是西晋著名政治家、学者杜预之曾孙，当时名流杜乂之女，于咸康七年（341）先成帝而死，21岁，无子。贵人周氏为成帝生下了两位皇子，即后来的晋哀帝司马丕和晋废帝司马奕。周氏，汝南人，虽也出自当时的名族，然而是作为美人被选入成帝宫中的，因此在宫中的地位较低。后得到了成帝的宠爱，连续生下两位皇子后才被拜为“贵人”。成帝死时，哀帝才2岁，废帝尚在襁褓之中。

按父子相承的原则，在成帝没有嫡长子的情况下，司马丕再幼小，其生母周氏也不是皇后，但仍然应该是皇位的合法继承人。然而，在权臣庾亮的安排下，他却没有能够被母亲抱着登上皇位，而由成帝之弟司马岳（343—344年在位）继成帝之后登基，是为康帝。两年后康帝卒，康帝之子司马聃继位，是为穆帝（345—361年在位）。升平五年（361）穆帝卒，无子。在褚太后和权臣桓温的安排下，成帝长子司马丕继位，即东晋哀帝。

哀帝即位后，有一个非常值得注目的行动，就是确认自己的昭穆皇统间

---

① 渠雨桐：《南京大学北园东晋大墓墓主身份再探——兼论两晋时期的后妃祔葬与祔庙问题》，载常州博物馆编《常州文博论丛》（第6辑），文物出版社，2020年。

题。尚书仆射江虨等人主张哀帝应作为穆帝之嗣，而王述、谢奉等人则赞扬成帝不私亲爱之举，主张哀帝应直接嗣于成帝。经过争论，多数意见赞成应直接继承成帝，成为“中兴正统”。这也是哀帝卒后葬于鸡笼山之阳，与元、明、成三帝同处的根本原因。

哀帝在位的四年（362—365）中，与大臣们只起过一次争执，就是关于生母周氏的尊号问题。哀帝即位后，诏有司议论周氏的位号。桓温议宜称“夫人”，尚书仆射江虨议宜为“太夫人”，均比原来的“贵人”高得多。但哀帝仍然对此感到不满，最终排除了诸大臣之议论，诏崇周氏为“皇太妃”，仪服与太后同。“皇太妃”之号，东晋此前已经废除不用，而哀帝特地使这一古代的称号再次复活，用于自己的生母，在礼仪服御上一同皇太后，不得不说是个特例。哀帝继位后的次年三月，周氏在埌邪王第死去，哀帝特地为母亲往琅邪王第奔丧，并试图将周氏的服丧期由三个月延长为一年。这次，在江虨的劝谏下，哀帝没有力争。

正像渠雨桐总结的那样，两晋时期后妃的祔葬情况存在很大差异，原则上追赠皇后大多祔葬入庙，而追赠的侧妃则不具有与皇帝祔葬配食的资格，很多追赠者往往在太庙路西立“小庙”以示尊崇。《晋书》卷九九《桓玄传》称，桓玄一时篡权后，撤毁晋小庙以广台榭，于是“其庶母蒸尝，靡有定所”[1]。可见，小庙里供奉的均是皇后（含追赠）以外的“庶母”，即获追赠的嫔妃。

东晋有关皇后以外嫔妃的“葬”事，仅见于《建康实录》，而且就是关于“皇太妃”周氏的。《建康实录》卷八哀皇帝兴宁元年三月条：“皇太妃薨于琅琊第。”同卷七月条：“丁酉，葬皇太妃。妃姓周氏，汝南人，选入成帝宫，有宠，生帝及海西公，拜为贵人。帝即位，诏崇为皇太妃，仪服同于太后，而葬不祔陵庙。”

拥有了“皇太妃”名号，仪服同于太后的当今皇帝生母周太妃，死后是否能祔葬先帝陵墓呢？

---

① 《晋书》卷九九，第2597页。

《建康实录》的叙述中有一句话非常值得推敲，即“而葬不祔陵庙”。遍检六朝史籍，他处从未出现过“祔陵庙”或“不祔陵庙”的用词，而且在“诏崇为皇太妃，仪服同于太后”之后紧跟着“而葬不祔陵庙”的“而”字在文法上也难以解释。因此，此处不妨做一个大胆推测，“而葬不祔陵庙”是“葬陵而不祔庙”之倒误。而且从周太妃薨亡到入葬，前后相差4个月，也许这正好是从朝廷上的礼仪争论到加筑侧室、匆忙入葬的时间。以上论述虽难免改字释义之嫌，但这能够很好地解释南京大学北园东晋墓的各种考古学现象。

由此，南大北园东晋墓最大的可能是东晋成帝兴平陵，入葬的三人分别是晋成帝、杜皇后、周太妃。主室的砌筑时间在公元342年左右，侧室的加筑时间为公元363年。

五、关于该墓出土的几种金属制品

南京大学北园东晋墓还出土了部分金属制品，以饰件为主。其中，桃形金叶片、花瓣形金叶片、圆形金饰片等是南京地区高等级东晋墓葬中常见的种类，但其中的镂金饰片及鎏金铜带具、长条形金饰品，在发掘当初及《简报》撰写之际，人们的认识并不充分，今补述于下。

（一）镂金饰片（金冠饰、金珰）

镂金饰片共发现4件。（图4）经光谱分析主要成分为金，纯度很高，杂质成分有铜、银、铁、硅，皆微量。

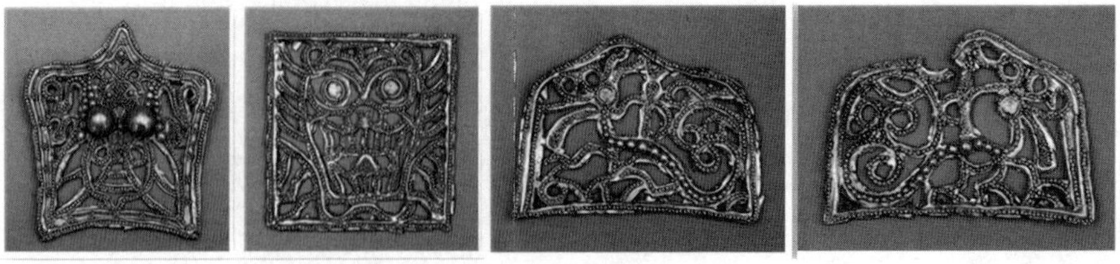

图4　南京大学北园东晋墓出土镂金饰片

镂金饰片1（8103），山形，顶部尖起，圆肩，内饰镂空蝉纹。边缘及纹样主线条上饰连续粟米纹及金珠。背面四周内折，边缘呈锯齿状，残留漆痕。长4厘米，上宽3.9厘米，下宽3厘米。镂金饰片2（8102），方形，内饰兽面，边缘及纹样主线条上饰连续粟米纹，残留漆痕。背面四周内折边缘呈锯齿状。长3.2厘米，宽3.1厘米。镂金饰片3（8100），保存基本完整，山形，纹样近似侧身盘绕的龙形与卷草纹组合。边缘及纹样主线条上饰连续粟米纹及金珠。背部四周内折，边缘呈锯齿状，残留漆痕。长3.9厘米，宽2.8厘米。镂空金饰片4（8101），山形，纹样近似侧身盘绕的龙形与卷草纹组合，与镂金饰片3对称。边缘及纹样主线条上饰连续粟米纹及金珠。背部四周内折，边缘呈锯齿状，残留漆痕。长4厘米，宽2.8厘米。

《简报》关注到了与这4件镂金饰片同出的长条形金叶片、方形盝顶状铜盖片，鉴于这些金属饰件背后均残留漆痕，推测它们同属某件漆器上的装饰，并在此推测之上想象这件漆器的原形应是一个长宽高各6.8厘米、厚1厘米左右的方形木胎漆盒。

在《简报》发表后的进一步整理中，有关人员意识到了将上述金属制品作为漆盒装饰的不妥，1975年编定器物登记号时，将4件镂金饰片命名为“金冠饰”。最新的藏品登录中，依据镂金饰片的主纹样，将镂金饰片1（8103）命名为“蝉纹金珰”，镂金饰片2（8102）命名为“兽面纹金珰”，将镂金饰片3（8100）、镂金饰片4（8101）命名为“神人乘龙纹金珰”。

这类镂金饰片的发现迄今所知已有10余例20余件，除山东东阿曹植墓、辽宁北票冯素弗墓、敦煌新店台氾心容墓、江苏吴县张镇墓、鄂城六朝墓以及南大北园东晋墓等传统事例，山东邹城刘宝墓、南京仙鹤观高氏家族墓、南京郭家山温式之墓、山东临沂洗砚池墓、甘肃高台地埂坡墓、南京江宁上峰墓、邳州煎药庙晋墓等新发现屡见报道。出土这类镂金饰片的地点无一例外均为魏晋十六国墓葬。

镂金饰片的研究，在沈从文[①]、孙机[②]之后，近20年来亦屡见不鲜[③]，焦点大多集中在出土镂金饰片墓葬的等级及使用镂金饰片适用的身份、性别等问题上，虽然取得了不少成果，然而问题并没有完全解决。由于墓葬盗扰严重，加之黄金制品又是盗掘的重点对象，因此，镂金饰片的原始位置、不同形状镂金饰片的组合、不同形状不同纹样镂金饰片的适用对象等问题，一时尚无法解决。即使同为山形蝉纹金珰，其尺寸大小、蝉纹形象、装饰手段以及制作工艺、适用对象等问题的探讨，依然留有巨大空间。

由于南大北园东晋墓是帝陵，因此，帝后适用金珰是可以确定的。此外，西晋刘宝、东晋张镇、东晋温式之、北燕冯素弗这几座时代与墓主身份明确的墓主，他们生前均带有侍中或散骑常侍号，因此可以与文献所载“貂蝉”相互印证，侍中、散骑常侍是蝉纹金珰的适用对象。以下引数例以明其要。

1. 适用于侍中、散骑常侍

《汉官仪》：“侍中，左蝉右貂，本秦丞相史，往来殿内，故谓之侍中。”

《后汉书·舆服志》：“武冠，一曰武弁大冠，诸武官冠之。侍中、中常侍加黄金珰，附蝉为文，貂尾为饰，谓之‘赵惠文冠’。”

《晋书·舆服志》：“武冠，……侍中、常侍则加金珰，附蝉为饰，插以貂毛，黄金为竿，侍中插左，常侍插右。”

从以上数条记载中不难看出，东汉魏晋时期，“附蝉为文”的金珰与貂尾匹配，是侍中、中常侍、散骑常侍的标志性冠饰。魏晋时期，侍中为门下省长官，三品，定员四人，但作为高官的加官则无员数限定。侍中可以随时出入宫闱，侍从皇帝左右，侍奉生活起居，出行则护驾。常侍是散骑常侍之简

---

① 沈从文：《中国古代服饰研究》，商务印书馆香港分馆，1981 年。

② 孙机：《进贤冠与武弁大冠》，初刊于《中国历史博物馆馆刊》总 13/14 期，1989 年。收入氏著《中国古舆服论丛》，文物出版社，1993 年。

③ 如张学锋：《山东临沂洗砚池晋墓墓主身份蠡测——以随葬品的考察为中心》，《文史》2008 年第 1 辑；韦正：《金珰与步摇——汉晋命妇冠饰试探》，《文物》2013 年第 5 期；吴爱琴：《古代冠蝉考释》，《中原文物》2013 年第 2 期；等等。

称。常侍、散骑均设于汉代，曹魏文帝时合为“散骑常侍”，为散骑省长官，三品，位比侍中，定员四人，但作为加官亦无员数限定，侍从皇帝左右，谏诤得失，顾问应对。

2. 适用于宗室成员

侍中和散骑常侍，除了作为高官的加官，另一群重要的授予对象就是宗室成员。检索《晋书》中的宗室诸王公传可以发现，绝大多数宗室成员都带有侍中或散骑常侍的官号，不带者仅为极少数。通常情况下，与在位皇帝血缘稍疏远者，先拜次一级的黄门侍郎或散骑侍郎，然后依次升为散骑常侍，再升为侍中；而与在位皇帝血缘极近者，如子弟叔侄之类，则直接授予散骑常侍，然后依次升为侍中。鉴于此，出土蝉纹金珰且墓主人为未成年者，其身份可考虑为宗室成员，典型者如临沂洗砚池1号墓。

3. 适用于皇帝

《晋书·舆服志》载天子所戴通天冠：“其朝服，通天冠高九寸，金博山颜，黑介帻，绛纱袍，皂缘中衣。……高九寸，正竖，顶少斜却，乃直下，铁为卷梁，前有展筒，冠前加金博山述，乘舆所常服也。”

天子在举行郊祀天地明堂宗庙或元会等重大礼仪的场合下，通天冠可以与黑介帻、平冕组合；同时通天冠又是天子朝服的重要组成部分。所谓“金博山述”“金博山颜”，应该指装饰于通天冠正面的山形金饰片。传为唐人阎立本所绘的《历代帝王图》中，服用冕服的吴主孙权、魏文帝曹丕、晋武帝司马炎、隋文帝杨坚的画像上，冠冕的正面都绘有山形冠饰，而晋武帝像和隋文帝像的山形冠饰中能够清晰地看出“蝉纹”的形象。因此可以推断，天子通天冠上的“金博山颜”就是山形“蝉纹金珰”。

上述三类蝉纹金珰适用者之外的情况相对复杂，有待今后的进一步探讨。

（二）鎏金铜带具

南大北园东晋墓出土的另一种金属制品（8091），（图5）《简报》名“错金铜片”，推测其亦为漆器的缘饰。然而，随着相关出土资料的增加及视野的

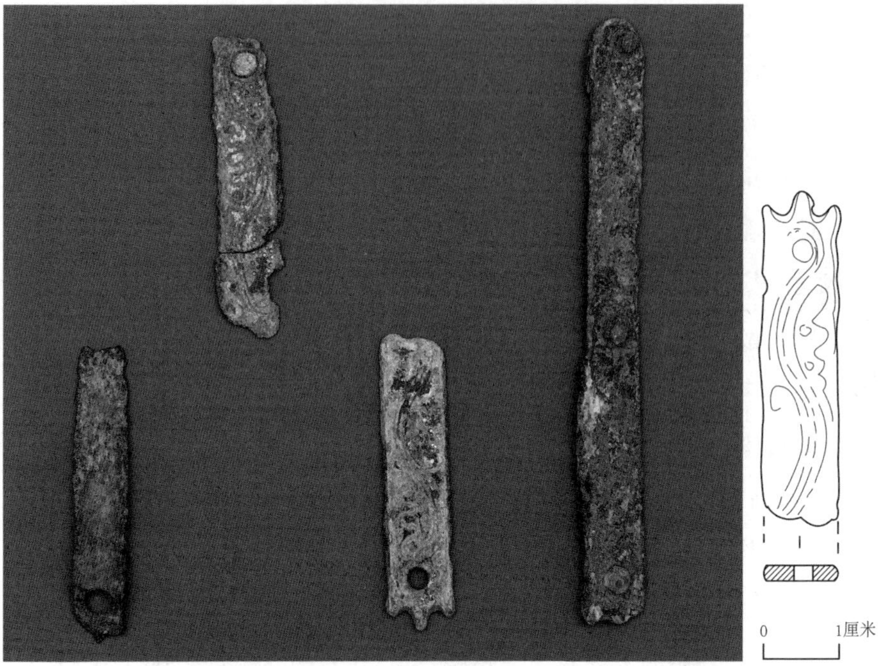

图5　南京大学北园东晋墓出土鎏金铜带具及线图

扩大，这个命名及用途的推测有必要改正。

首先，经仔细辨认，铜片表面的金色不是错金，是鎏金。其次，其用途并非漆器缘饰，而是革带上的附属用具，本文将之命名为“鎏金铜带具”。

该墓出土的鎏金铜带具，《简报》报道3件，现存残件4件，均有残损。长条形，正面鎏金，錾刻缠枝纹及葡萄纹（或荔枝纹）。两端及中段有相距3厘米左右的卯孔，部分尚存铆钉。背面平整，素面，未鎏金。残长3.2厘米至8.8厘米，宽1厘米，厚约0.2厘米。

中国最早发现的这类金属带具，见于1931年发掘的广州大刀山东晋墓（太宁二年，324），[①]但长期以来并未引起人们的重视。南大北园东晋墓出土的这4件，虽然《简报》予以了公布，但因数量较少，残损严重，加之图片欠

① 胡肇椿：《广州西郊大刀山晋冢发掘报告》，《考古学杂志》创刊号，黄花考古学院，1932年。

清晰，也没有受到相应的重视。1987年武汉汉阳熊家岭14号墓出土了数量较多的金属带具，这批资料经整理于1994年公刊后，[①]才引起长期以来关注金属带具研究的日本和韩国学界的重视。2002年，日本学者东潮来新成立的南京大学考古与艺术博物馆参观，在展柜中看到南大北园东晋墓出土的这件遗物，认定其为3—4世纪的“晋式金带具”[②]。

武汉熊家岭14号墓是一座晋墓，出土的金属带具附件有10件：带扣，1件，透雕龙凤纹；带头，1件，透雕对虎纹；琵琶形莲花銙，1件，在六瓣莲花纹的圆座上装饰三叶卷草纹，其上部顶端亦呈圆形，长3.8厘米；圭形銙，7件，与心形垂饰相配，表面上雕出缠枝纹，间饰葡萄纹或荔枝纹，枝茎的端部为波状纹或联点纹，铜片上有将其固定在革带上的两个卯孔，两孔相隔2.7厘米。（图6）

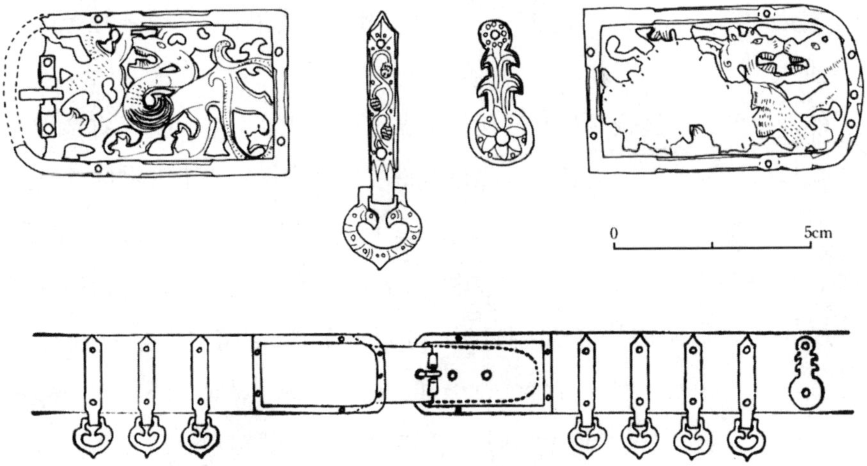

图6　武汉熊家岭晋墓出土金属带具（上）及复原示意（下）[③]

① 刘森淼：《湖北汉阳出土的镀金带金具》，《考古》1994年第10期。

② ［日］东潮：《晋式帯金具と馬韓・百済》，《地域と古文化》，地域与古文化刊行会，2004年3月。

③ 此图引自［日］藤井康隆：《中国江南六朝の考古学研究》第八章《晋式帯金具の研究》图67，东京：六一书房，2014年。

与武汉熊家岭晋墓出土金属带具的多种类型相比，南大北园东晋墓出土的4件圭形銙虽残损严重，但不难发现其形制、纹饰以及上下卯孔之间的间距，与熊家岭晋墓出土的几近一致，是金属带具无疑。

金属带具的形制有多样，但从考古出土的实物和部分馆藏品来看，其时代主要集中在两晋时期，因此又有“晋式带具”“晋式带扣”等名称，[①]日本、韩国学界则多称其为“晋式金属带具”。

晋式金属带具一般指由前部边缘呈弧状、后部边缘平直且透雕龙虎凤鸟等变形纹的长方形金属带扣、金属带头，与不同形状、不同纹饰的銙为主构成的金属制革带附件。这类金属带具均出土于中国两晋时期（265—420）及同时期周边地区的墓葬中，是由晋王朝确立的、样式独特的带具，是一种展现制度文化的服饰要素。晋式金属带具最初形成于中原王朝，并被分赐给周边的国家、集团，在这一过程中，晋式金属带具得以在东亚范围内广泛传播。[②]

然而，晋式金属带具虽然以西晋都城洛阳为中心分布，但是有别于中原及三燕地区，带具中的圭形銙，迄今为止仅发现于中国南方地区的武汉、南京和广州，即武汉熊家岭晋墓、南京大学北园东晋墓和广州大刀山东晋墓。此外，1985年在韩国首尔郊区的梦村土城也发现过一例。[③]以上四例属同一系统，不仅圭形銙是其特点，且圭形銙上的纹饰亦相近，以缠枝纹配葡萄纹或荔枝纹为主要特征。首尔梦村土城，被认定为马韩至百济前期的都城遗址，时代在3世纪末至4世纪。该遗址还出土了不少钱纹罐、青瓷器等两晋时

---

① 参见孙机：《中国古代的带具》，收入氏著《中国古舆服论丛》（增订版），上海古籍出版社，2013年。又见其《我国古代的革带》，收入氏著《文物考古论集》，文物出版社，1987年。

② 参见［日］藤井康隆：《中国江南六朝の考古学研究》第五章《晋式带金具の研究史》、第六章《晋式带金具の動向》相关论述。

③ ［韩］朴淳发：《汉城时期（早期）百济与中国交往之一例——对梦村土城出土金属带饰的考察》，载南京师范大学文博系编《东亚古物》（B卷），文物出版社，2007年。相关的资料介绍亦可见上引东潮、藤井康隆论著。

期中国南方地区的手工业产品，可见其与中国南方地区的交往相当频繁。梦村土城出土的圭形銙金属带具，亦当从中国南方所获。

对南方系统“晋式金属带具”的研究，近期见有刘德凯《广州大刀山与武汉熊家岭东晋墓出土鎏金铜銙带的比较研究》一文，[①]通过对广州大刀山晋墓和武汉熊家岭晋墓所出銙带的比较分析，力图揭示两者在带具形制和组合等方面所具有的同一性。该文同样认识到，这种同一性，在两晋时期的金属带具中具有鲜明的地域特征，是晋式金属带具发展演变的一个支系，是两晋时期南方地区产生的新范式。这种新范式，一方面继承了西晋金属带具的制作工艺，另一方面在新的社会格局中酝酿出了具有南方地域特征的支系。这种制作范式在带具形制上以圭形銙和琵琶形銙为显著特征，在纹样上创造了单瓣莲花纹和葡萄纹，在錾刻技法上出现了不同于其他晋式金属带具的加工方式。刘德凯的论述，如果加上南大北园东晋墓和韩国首尔梦村土城出土的同类资料，则能更具说服力。

通过以上论述，南京大学北园东晋墓出土的鎏金铜饰片的性质得以大白，不仅如此，同墓出土的几件长条形金饰片（8082）的性质与用途亦可由此推定。（图7）

长条形金饰片现存5件，长条形，背面残留漆痕。4件完整者，长6.7厘米，宽0.3厘米，两端均有卯孔，其中一个卯孔内还存有长0.9厘米的银合金铆钉。正面等距离有圆形凹槽，用于镶嵌宝石类饰件。1件残损，残长3厘米，仅留两处圆形凹槽。长条形金饰片的一侧边缘和圆形凹槽周围饰粟米纹。这几件金饰片还有一个重要特征，这就是长边的一侧明显向内弯折，可见是包裹器物边缘的条状饰件，即缘饰。综合这类长条形金饰片合理的长度，粟米纹、镶嵌宝石等装饰，两端供固定的卯孔、合金铆钉等要素，推测其与鎏金铜带具一起作为革带上下缘饰的可能性最大。

---

① 刘德凯：《广州大刀山与武汉熊家岭东晋墓出土鎏金铜銙带的比较研究》，载朱岩石主编《考古学集刊》（第23集），社会科学文献出版社，2020年。

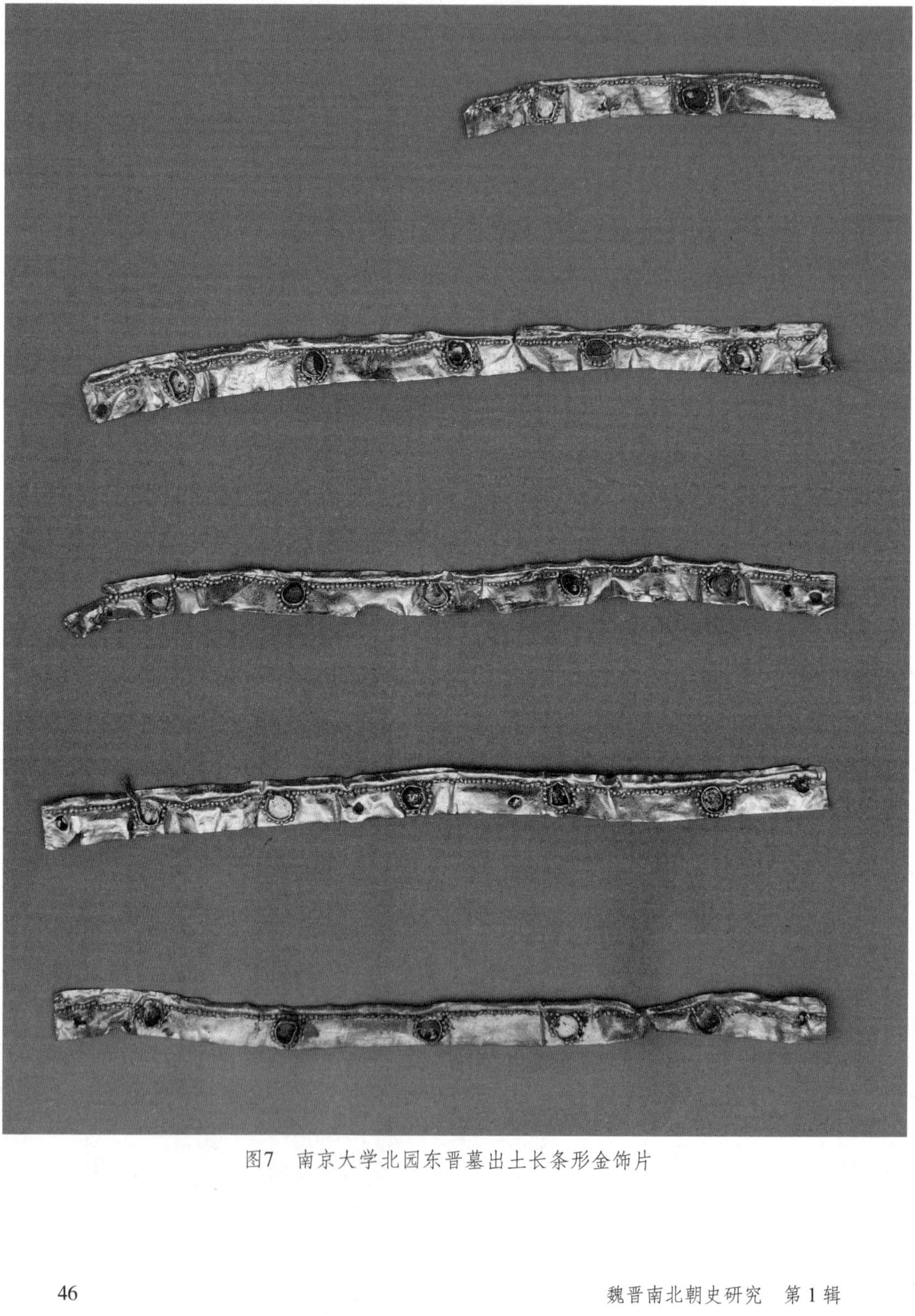

图7　南京大学北园东晋墓出土长条形金饰片

青衣行酒亡天下？

——“单于无北顾之怀，猃狁有南郊之祭”析论

清华大学历史系　侯旭东

摘　要：分析刘渊建国中以及刘聪在汉赵国时期的各种礼仪活动，包括在仪式场合羞辱被俘晋朝皇帝的两段插曲，结合汉晋以来四夷首领或质子参加汉晋王朝仪式活动的历史传统，重新思考仪式在王朝天下秩序建构中的作用，以及刘渊建汉在中国历史中的意义，指出这一建国活动从当时角度看，是天下秩序的颠倒与重建，就国史全局而言，则是其漫长一翼的起点。跳出20世纪初产生的民族史、事件史或制度史以及对汉赵国的既有认识，从参与者角度考察例行化礼仪活动的意义，特别是与国家建构、秩序维系的关联，有助于反思礼制研究的局限、现今流行的狭窄的政治概念，以及中国古代王朝建设与存续的机制。

关键词：刘渊；刘聪；颠倒的天下秩序；礼仪；国家建构

西晋惠帝永兴元年（304）八月，匈奴左贤王刘渊在并州离石起兵，自号大单于，迈出了反晋的第一步。十一月（一说“十月”）辛丑，称汉王，开始

建立自己的政权。[①]永嘉二年（308），刘渊称帝。到刘曜时，迁都长安，并改国号为赵，史称汉赵国。刘渊死于永嘉四年（310），既没有看到国号的变化，更没有料到他起兵所开启的前仆后继的五胡起兵建国的历史，这段历史后来被称为十六国时期。刘渊起兵的过程，我曾撰文从新角度加以剖析，[②]这里主要围绕起兵后刘渊与刘聪父子的国家建设做些分析。不妨先从后人如何看待汉赵国说起。

刘渊起兵与汉赵国的历史，最早见于和苞《汉赵记》，此书或南宋时尚存，见录于《宋史·艺文志二》[③]。此外，北魏崔鸿的《十六国春秋》吸收《汉赵记》等书，系统记述汉赵国以下主要兴灭于北方的十六国历史，成为《晋书·载记》的主要来源，司马光撰《通鉴》时也广泛吸收了其中内容。值得注意的是，在唐宋以降史家的心目中，汉赵国以及随后的十六国诸国史是被放在史部的“僭伪”或“偏霸”部中，与《华阳国志》等并列。史家虽然也清楚刘渊的匈奴背景，但并没有因此按族属分类，依然从正统角度划分，将汉赵国与记梁元帝子萧谞据湘州事的《天启纪》十卷视为同类。[④]

20世纪以后，基于王朝正统地位而生的分类方式被扫进了垃圾箱，代之而起的是按照统治者血统的“民族史”，因此，汉赵国就不再有机会和《华阳国志》或《天启纪》比邻而居了，其历史大都归入“匈奴史”“中国古

① 《晋书》卷四《惠帝纪》，中华书局，1974年，第103—104页。关于刘渊即汉王位的时间与地点，刘兵有新的看法，见所著《〈猗㐌碑〉的真伪与刘渊创业史的书写》，待刊稿，第20—23页，可备一说。

② 侯旭东：《天下秩序、八王之乱与刘渊起兵：一个“边缘人”的成长史》，《史学月刊》2021年第8期，第16—36页。收入氏著《汉家的日常》，北京师范大学出版社，2022年，第515—558页。

③ 《宋史》卷二〇三《艺文志二》，中华书局，1977年，第5166页。马楠指出《宋史·艺文志》内容多来自《中兴馆阁书目》，见所著《离析〈宋史艺文志〉》，收入氏著《唐宋官私目录研究》，中西书局，2020年，第135—180页。感谢华迪威同学的提示。

④ 《隋书》卷三三《经籍志二》，中华书局，1973年，第964页。

代北方民族史”或“中国民族史”，成为民族史大家庭中不可缺少的一员。

上述两种分类方式的具体情况以及变化的背景与意义，另文详论。这里则集中于与之相关的另外一种论述，即将刘渊起兵与汉赵国的出现视为“亡天下”的象征说。借助对此说的梳理，反观史实，来认识刘渊起兵后的国家建设及其渊源，为更全面地认识汉赵国，以及认识中原王朝在东亚历史中的地位略做贡献。

“天下兴亡，匹夫有责”是句耳熟能详的口号，经学者考证，此言最早出自清末维新思想家麦孟华之手。1900年他发表在《清议报》第38册上的文章《论中国之存亡决定于今日》出现此句，后被梁启超引述，从而广泛流行。[①]此言化用了明末清初思想家顾炎武（1613—1682）在其名作《日知录》卷一三“正始”条中的论述。顾炎武感伤时事，高度重视风俗教化在王朝中的作用，尤其看重士人的引导，认为明代因心学与清谈而亡国，对于魏晋清谈，他也大加贬斥，云：“演说老庄，王（弼）、何（晏）为开晋之始，以至国亡于上，教沦于下，羌氐互僭，君臣屡易，非林下诸贤之咎而谁咎哉？”将西晋亡国的责任追到王弼、何晏以及王衍诸人身上，并视他们导致了亡天下。接着便阐发了他关于亡国与亡天下之别的论述：

> 有亡国，有亡天下。亡国与亡天下奚辨？曰：易姓改号，谓之亡国；仁义充塞，而至于率兽食人，人将相食，谓之亡天下。魏晋人之清谈，何以亡天下？是《孟子》所谓杨、墨之言，至于使天下无父无君而入于禽兽者也。

下面则举了魏晋禅代后山涛劝嵇康之子嵇绍出仕晋廷为例，认为“自正始以来，而大义之不明，遍于天下”，山涛乃是“邪说之魁”，而“邪正之说，不容两立。使谓绍为忠，则必谓王裒为不忠而后可也。何怪其相率臣

① 张锡勤：《“天下兴亡，匹夫有责”小考》，《道德与文明》2000年第6期，第22—23页；张泓：《谈“天下兴亡，匹夫有责”的来历及其含义》，《华夏文化》2019年第1期，第28—29页。

于刘聪、石勒，观其故主青衣行酒而不以动其心者乎？”最后慷慨陈词：“是故知保天下，然后知保其国。保国者，其君妻臣肉食者谋之；保天下者，匹夫之贱与有责焉耳矣！”[①]学界对于亡国与亡天下的分别，讨论很多，这里不拟涉及。值得注意的是，顾炎武特别提到了刘聪俘获了西晋怀帝后，于永嘉七年（313）正月在平阳举行大会，当着晋朝旧臣的面，让怀帝青衣行酒一事作为“使天下无君无父而入于禽兽”而“亡天下”的具体表现，等于将汉赵国与西晋王朝置于对立的两端，亦包含了对晋朝故臣的斥责，抨击他们默许乃至纵容了汉赵国“无父无君”的野蛮状态。这种极端化的区分自然与顾炎武当时对明末风俗败坏、对异族主政的清朝、对降清贰臣的态度密不可分，不能不说投注了很多现实感受。无论是顾炎武所面临的清朝，还是寄寓其感情的汉赵国，实际情况都要比他所做出的非此即彼的决然二分复杂得多。国与天下之间并非简单的二取一，国包含天下，天下同样内化在异族建立的汉赵国或清朝中。[②]换言之，顾炎武眼中的无父无君与青衣行酒并不意味着亡天下，而是以一种颠倒的方式重构了

① 〔明〕顾炎武：《日知录》卷一三，《顾炎武全集》第18册，上海古籍出版社，2012年，第526—527页；类似的表述又见同书卷七“夫子之言性与天道”，第307—308页。钱穆也主要是从名教鄙视君臣男女的角度来看待此事，见氏著《国史大纲》（修订本）上册，商务印书馆，1996年，第232—234页，感谢童岭君提示。关于明末清初“清谈误国论”，可参黄振萍：《明清之际王学“清谈误国”论质疑》，《清华大学学报》（哲学社会科学版）2022年第3期，第116—124页。

② 认识此问题上，渡边信一郎称中国王朝为“天下型国家”，以与近代民族国家（日语的“国民国家”）相区别，见氏著：《中国古代的王权与天下秩序：从日中比较史的视角出发》（增订本），2003年日文初刊，中译增订本，增订版自序，上海人民出版社，2021年，第1—5、75—77、82—86页；甘怀真提出的“天下国家”说以及天下作为政体的看法对此问题颇有帮助，见氏著：《从天下国家的观点论中国中古的朝代》，载徐冲主编《中国中古史研究》（第2卷），中华书局，2011年，第3—22页。关于先秦秦汉时期天下观的演变，可参游逸飞：《四方、天下、郡国——周秦汉天下观点变革与发展》，硕士学位论文，台湾大学，2009年。

天下。[①]下面围绕汉赵国历史中如何重构天下做些初步分析。

关于汉赵国史的研究，20世纪以来从民族史或政治史、制度史角度开展的为多，近来则多侧重政治文化的分析，多集中在政治符号，如德运、正统、天王或皇帝名号、流行的谶语等，[②]对于见于行事的仪式活动，仅有个别问题曾有学者涉及。[③]伴随刘渊起兵后开展的诸多仪式性活动，几乎都是汉晋王朝

---

① 关于“青衣行酒”在古人心目中的意涵，曹天江同学做过初步梳理，归纳起来有二层：一是表现亡国之君的凄凉、惨痛以及改朝换代的物是人非；二是表现君王（或大臣）无骨，甘愿受辱而不能奋起一搏或慷慨就义，其中就往往包含对“华夷倒置”甚至“亡国灭种”的愤慨。这类用法是最为常见的，而且多出现在明末、清末这样的时期。从这个意义上说，青衣行酒已经超出了它在《晋书》最初记载里的意味，这个典故之上可说是不断附着有一代代遗老的恨意。顾炎武的理解没有超出第二层含义。正是刘渊、刘聪的民族身份，使汉人认为他们在“本性”上就是无父无君、“未辨君臣之位”的，因此他们制造出来的秩序也是无父无君的，他们还强迫晋朝君臣也进入这个无父无君的秩序以达到侮辱的目的。来自曹天江同学的私人通信，2022年5月30日。

② 如方诗铭：《“汉祚复兴”的谶记与原始道教：晋南北朝刘根、刘渊的起义起兵及其他》，《史林》1996年第3期，第1—8页；罗新：《十六国北朝的五德历运问题》，2004年初刊，收入氏著《王化与山险——中古边裔论集》，北京大学出版社，2019年，第273—286页；瞿林东：《十六国时期的政治文化倾向——重读〈晋书·载记〉》，《安徽师范大学学报》（人文社会科学版）2007年第3期，第298—306页；钱国盈：《十六国时期的符瑞、灾异思想研究》，《嘉南学报》（人文类）第35期（2009年12月），第652—666页；彭丰文：《试论十六国时期胡人正统观的嬗变》，《民族研究》2010年第6期，第67—74页；王安泰：《皇帝的天下与单于的天下——十六国时期天下体系的构筑》，载童岭主编《皇帝·单于·士人：中古中国与周边世界》，中西书局，2014年，第82—98页；童岭：《“五牛旗建”与“赤牛奋靷”——文本视域下南匈奴汉赵时代的预言与谶纬》，《文学遗产》2016年第6期，第170—186页；［日］小野响：《五胡十六国时期“天王”号的意义——以石虎与冉闵为中心》，《南京晓庄学院学报》2018年第2期，第31—39页；郭硕：《五德历运与十六国北魏华夷观的变迁》，《中央民族大学学报》（哲学社会科学版）2018年第5期，第20—28页；李磊：《历史论述与地域统合：刘曜的国号选择与十六国新法统之创建》，《中国史研究》2021年第4期，第79—91页；董刚：《释汉赵刘曜光初四年玉石谶——兼论刘、石之争》，《学术月刊》2021年第8期，第195—205页。

③ 陈琳国：《中古北方民族史探》第五章第一节《汉、前赵：汉化政治制度的先驱》，商务印书馆，2010年，第314—318页；陈金生：《质子与民族融合问题研究》，甘肃文化出版社，2016年，第135页。

类似举动的翻版，没有什么新意，大概是过于稀松平常，没有引起学者们的注意。实际这些看似普通的仪式活动为何一再发生，连同上举“青衣行酒”插曲，以及后来发生在愍帝身上的类似插曲，恰提供了观察汉赵国与汉晋王朝、与后者所营造的天下秩序之间关系的一扇窗口。借助这扇窗户，可以在过去所聚焦的刘渊出身、族属以及战事、制度等问题之外，窥见汉赵国历史以及刘氏父子身心的复杂性，也可为认识从汉赵国到清朝这类由非中原居民所建立的王朝发展路径提供新的认识方向，甚而也能体会到古人心目中的政治与今人所理解的政治之间的差别，帮助我们反省现代政治观念带给我们的无意识与盲区。

一、南郊之祭、行酒与汉赵国颠倒的天下

认识这一问题，还是先从《晋书·载记》“序”以及《刘曜载记》结尾的“史臣曰”说起。《载记》“序”开篇云：“古者帝王乃生奇类，淳维，伯禹之苗裔，岂异类哉？”[①]据《史记·匈奴列传》，淳维乃匈奴的始祖，是“夏后氏之苗裔也”，夏后氏即大禹，因此“序”标点本在淳维与伯禹中用了顿号并不确，当是逗号。这句实际暗示匈奴也是三代圣王之后，也有成为帝王的血统上的根据。后面虽然指出了匈奴风俗异于中原人，且不时进犯中原，为中原所一再防范，最后“胡人利我艰虞，分镳起乱；晋臣或阻兵遐远，接武效尤”，在按时序列举了刘渊开启的诸国立国时间后，概括道：“提封天下，十丧其八，莫不龙旌帝服，建社开祊，华夷咸暨，人物斯在。或篡通都之乡，或拥数州之地，雄图内卷，师旅外并，穷兵凶于胜负，尽人命于锋镝，其为战国者一百三十六载，抑元海为之祸首云。”[②]承认这些国家“龙旌帝服，建社开祊，华夷咸暨，人物斯在”，且将其比之为“战国”。

说到“战国”，自然会想到连绵不绝的战事与生灵涂炭，从情感上将这

① 《晋书》卷一〇一《刘元海载记》，第 2643 页。标点有改动。

② 《晋书》卷一〇一《刘元海载记》，第 2644 页。

段历史视为灾难（“祸”），也会与秦统一之前的战国时代挂上钩。熟悉《史记》的读书人自然也不会忘记，按照司马迁的记述，《世家》中所述战国时期诸国君主的祖先除了齐国的姜姓为炎帝之裔，其余均可以追溯到黄帝。[①]这种观念与《载记》“序”的首句前后呼应，在同出一源的前提下指出风俗上的异，以及与中原系王朝的关系，以迂曲的方式承认了十六国建立者们立国的正当性。这或与唐王朝杂糅胡汉的背景与气象分不开，自然也和顾炎武的态度拉开了距离。

正是在这样的基础上，《晋书》勾勒了刘渊起兵以及立国发展与衰亡的历史，《刘曜载记》末尾的“史臣曰”对刘氏三代君主的行为加以评判，史家总的看法不过是些陈词滥调的“彼戎狄者，人面兽心，见利则弃君亲，临财则忘仁义者也”，对于刘渊的评价则充满了矛盾性：一方面承认他以及匈奴领袖的才干“算强弱，妙兵权，体兴衰，知利害，于我中华未可量也。况元海人杰，必致青云之上，许以殊才，不居庸劣之下”，继而概括了他起兵后颇为矛盾的举动：

> 单于无北顾之怀，猃狁有南郊之祭，大哉天地，兹为不仁矣！若乃习以华风，温乎雅度；兼其旧俗，则罕规模。虽复石勒称藩，王弥效款，终为夷狄之邦，未辩君臣之位。至于不远儒风，虚襟正直，则昔贤所谓并仁义而盗之者焉。[②]

“猃狁”在《史记·匈奴列传》中被认为是对匈奴祖先的称呼，《集解》引晋灼的说法，周代称“猃狁”[③]。这两句指出了刘渊起兵后看似多方面与其匈奴出身相违之处。首先是虽号称匈奴单于而起兵，却没有任何返回匈

---

① 参王明珂：《英雄祖先与弟兄民族》第三章《〈史记〉文本与华夏帝国情境》，中华书局，2009 年，第 49—55 页。

② 《晋书》卷一〇三《刘曜载记》，第 2702 页。

③ 《史记》卷一一〇《匈奴列传》（修订本），中华书局，2014 年，第 3461 页。关于匈奴是否夏后氏之后，以及“猃狁”是否是匈奴的祖先，古人与今人有不同看法。清代以前，多信从司马迁所云，清代以后则开始有怀疑者，此问题与本文的主旨关系不大，不拟详论。有关研究可参舒振邦：《“匈奴，其先祖夏后氏之苗裔也”考异》，《内蒙古社会科学》1989 年第 6 期，第 60—66 页。“匈奴”之称的来历，学界研究甚久，迄今无一致意见，新近研究可参李焕青、张宇、李月新：《匈奴名号考》，《中央民族大学学报》（哲学社会科学版）2019 年第 3 期，第 122—128 页。

奴故地的打算，而是采取了很多中原王朝立国的举措，如南郊祭天之类；其次，虽深受华夏之风的影响，但依然不忘匈奴传统。在史臣看来，君臣之位不分，还只能归入夷狄之国。他身上的那些儒风，只能算是盗取的外表名义而非内化到骨髓中。史臣也注意到他身上的两面性，称之为“习以华风”与“兼其旧俗”，但显然是对其所采撷的《十六国春秋》之类的史书中对刘渊娴熟儒家经史著作以及起兵后的举动困惑不解，故产生了如此大段感慨。

困扰史臣的不只是刘渊，继位的其子刘聪也多有乖张的举动。不只是战场上的各种行为，更多的笔墨放在了如何对待西晋亡国之君上，甚至从上古“归诸有德”讲起，对照三代的“乃用干戈”，下及魏晋对前朝末主如何形式上尊崇，每况愈下。到了刘聪，则是“胡寇不仁，有同豺豕，役天子以行觞，驱乘舆以执盖”，认为“自古篡夺，于斯为甚”，这种倒行逆施带来“灾气呈形”“政荒民散”，但“刘聪竟得寿终”，不能不让史臣们的这套解释大打折扣。

史臣评论刘渊父子出身、行径与结果之间诸多难以理解之处显示了他们史观上的局限自不待言，同时也提示我们，《载记》正文所摘录的种种行为，并非唐人的杜撰，而是来自他们所能看到的前史记录。除了军事行动，特别引起史臣关注的是那些仪式性活动，无论是“南郊之祭”还是“役天子以行觞”，这些恰恰也是过去研究汉赵国史时不甚在意的。这些却使唐代史臣，以及清初的顾炎武都深感痛心疾首。在关注攻城略地之外，我们也应顺着他们的目光，去看看这些仪式活动对于汉赵国国君们的意义，或许会发现些以往的观察中被遮蔽的面向。

关于“单于无北顾之怀”，笔者曾借助发掘的东汉时期南匈奴墓葬以及刘猛起兵失败的案例做过分析[①]，无须赘述。唐代史臣的观察的确敏锐，刘渊虽然号称要复呼韩邪之业，真正起兵之后，却全无北归之意，所有心思都放在

---

① 侯旭东：《天下秩序、八王之乱与刘渊起兵：一个“边缘人”的成长史》，第28—29页。此前，黄烈已指出，东汉南匈奴入塞后“总的趋势是来附者多，叛离者少，愈到后来去者日少，即使叛离也仍在塞内或附塞活动，而不远去”，见氏著《中国古代民族史研究》上编第三章《南匈奴的变化和消失》，人民出版社，1987年，第176—179页。引文见第176页。

与西晋政权的争夺上。若不考虑其匈奴贵族的血统，所为与历代王朝中出现的起兵造反势力，如陈胜吴广、绿林赤眉之类的做法，实无差别，但我们为何执念于其匈奴出身，而忽略其更为重要的面向呢？

与“单于无北顾之怀”相连的是“猃狁有南郊之祭”，指的是刘渊起兵后于“永兴元年（304），元海乃为坛于南郊，僭即汉王位”一事。《惠帝纪》记日期为该年十一月辛丑①,《通鉴考异》发现诸书说法不一，改为十月②，今人亦从此说③。《刘元海载记》详细抄录了刘渊即汉王位时颁布的文书，其中详述两汉历史，以及自己为何起兵，关于后一点，他指出：

> 今天诱其衷，悔祸皇汉，使司马氏父子兄弟迭相残灭。黎庶涂炭，靡所控告。孤今猥为群公所推，绍修三祖之业。顾兹尪暗，战惶靡厝。但以大耻未雪，社稷无主，衔胆栖冰，勉从群议。④

强调自己是上续两汉的法统，因司马氏内乱而起兵，被众人推举走上此路。于是大赦改元，追尊汉帝，立后设官。⑤按照胡三省的观察，“刘渊皆用汉官制”⑥，这的确与他绍续汉室的追求以及“《史》、《汉》、诸子无不综览”的知识储备相符合。值得玩味的是，司马光在记述刘渊立国时，有意略去了《刘元海载记》中“为坛于南郊”一句，仅云“即汉王位”，大赦与改元⑦，或与司马光十分看重君臣名分有关⑧。

---

① 《晋书》卷四《惠帝纪》，第104页。

② 《资治通鉴》卷八五《晋纪七》，中华书局，2011年，第2702页。

③ 方诗铭编著：《中国历史纪年表》（修订本），上海人民出版社，2007年，第49页。

④ 《晋书》卷一〇一《刘元海载记》，第2649—2650页。

⑤ 《晋书》卷一〇一《刘元海载记》，第2650页。

⑥ 《资治通鉴》卷八五《晋纪七》胡注，第2702页。

⑦ 《资治通鉴》卷八五《晋纪七》，第2702页。

⑧ 司马光此处与刘渊即皇帝位时的记载均删去与南郊有关的内容，相比之下，后赵石虎称天王于邺，《资治通鉴》卷九五“咸康三年”条书之曰“辛巳，（石）虎依殷、周之制，称大赵天王。即位于南郊，大赦”（第3010页）。此种书法上的差别，颇可玩味。感谢顾涛兄提醒我注意这一问题。

“为坛于南郊”，做与不做、记与不记、记之后的态度，牵动着历史行动者与记述者的心。对今人而言，此事也就具有了不一般的意义，值得加以剖析。

“为坛于南郊”五字实际包含的内容应更丰富，随后那一道篇幅不短的“令”很可能就是在此仪式上宣读的。南郊在中原王朝的话语中表示“祭天”，是只有皇帝才能进行的祭祀活动，刘渊没有接受刘宣等的建议即刻称帝，这也是模仿刘邦的做法。[①]不过，刘渊读的《史记》与《汉书》均没有提到立坛即位。按郦道元所见，到西晋人卢谌才有此说，卢谌生年晚于刘渊，东晋南朝以后人才将此说坐实，实为误解，[②]今天所知即位坛所在最早的记录出自唐初的《括地志》。汉魏之际，曹丕因出兵在既非汉都也非魏都的繁阳修了个受禅台，祭祀天地五岳四渎即帝位，[③]明帝时还曾遣大臣去祭祀过该坛，因不合礼制而遭到后代史家的讥笑。[④]刘渊为坛之举，当是仿自魏晋禅代。

---

① 崔鸿《十六国春秋·前赵录》：“渊云‘今晋氏犹在，四方未定，可仰遵汉高初法，且称汉王，权停皇帝之号，听宇宙混一，当更议之’。十月为坛南郊，僭汉王位，改晋永兴元年为元熙元年，大赦天下，追尊刘禅为孝怀皇帝，立三宗五祖之神主而祭之。置百官……”见《太平御览》卷一一九《偏霸部三》“前赵刘渊”条引，影印本，中华书局，1960年，第574—575页。文字与《载记》有出入。或疑刘渊是否进行了南郊祭天？从改年号、大赦、追尊祖先、祭祖等一系列活动看，他应该是举行了祭天仪式，只是没称帝而已。从起兵前刘宣动员时所言以及刘渊的反应看，天在其心目中地位颇重，即便只是称王，若不能从上天获得些安慰或祐助，他内心也会缺乏足够的支撑。从《载记》“史臣曰”看，唐人也是认为刘渊进行了南郊之祭，而他们录入文中的也只有即汉王位时这次“为坛于南郊”。关于十六国诸国南郊即位仪式的简略梳理，可参赵永磊：《争膺天命：北魏华夏天神祭祀考论》，《历史研究》2020年第4期，第79—80页。

② “又东过成皋县北，济水从北来注之”，见〔北魏〕郦道元著，陈桥驿校证：《水经注校证》卷五《河水》，中华书局，2007年，第131页。

③ 《三国志》卷二《魏书·文帝纪》，中华书局，1959年，第78页。

④ “（太和）四年（230）八月，（魏明）帝东巡，过繁昌。使执金吾臧霸行太尉事，以特牛祠受禅坛。《后汉纪》，章帝诏高邑祠即位坛。此虽前代已行之事，然为坛以祀天，而坛非神也。今无事于上帝，而致祀于虚坛，未详所据也”，《宋书》卷一六《礼志三》，中华书局，1974年，第420页。

这一举动，从秦汉以来起兵造反者的经历看，也是极为独特的，所以为崔鸿等所注意，更为唐初史家所瞩目，写到了“史臣曰”中，司马光也因其僭越而将其删除。

从秦末起兵的陈胜、项羽和刘邦，以及建立南越国的尉佗，到王莽末年各路起兵的首领，包括刘秀，乃至东汉末年的张角、董卓，甚至曹丕，只有称帝才会进行告天仪式，地点更不一定在南郊。实际在西汉元成以前，大家看重的是宗庙和祖先，对在哪里祭天，天神有几位，都没有什么固定下来的看法。当初刘邦连儒生都很鄙视，更不会按照他们的说法去费心举行什么符合儒家规矩的祭天大典了。《史记·高祖本纪》只是说刘邦“即皇帝位氾水之阳”[①]，刘秀也只是进军到了鄗，禁不住诸将反复劝进，在鄗南筑土为坛，除地为场，“燔燎告天，禋于六宗，望于群神”[②]，即皇帝位，算是有些模样。

刘渊应该是进行了祈祷上天的仪式，以宣示其得到上天的眷顾与受命。令文中确有“今天诱其衷，悔祸皇汉”以及“社稷无主”两句。刘渊虽只称汉王，但也大赦并改元元熙，这也均是另立天下才会采取的措施。司马光删去这五个字，恐也是因为不承认其皇帝的身份。

刘聪即位后俘获了西晋的怀帝与愍帝，分别在不同的仪式场合羞辱两人，一次是在正旦的元会中让怀帝“青衣行酒”，一次是让愍帝“行酒洗爵”。关于怀帝行酒，史书中的记述如下：

> （永嘉）七年（313）春正月，刘聪大会，使帝着青衣行酒。侍中庾珉号哭，聪恶之。……（二月）丁未，帝遇弑，崩于平阳，时年三十。[③]

《刘聪载记》更为详尽：

> 正旦，聪宴于光极前殿，逼帝行酒，光禄大夫庾珉、王儁等起而大哭，聪恶之。会有告珉等谋以平阳应刘琨者，聪遂鸩帝而诛珉、儁，复

① 《史记》卷八《高祖本纪》，第474页。

② 《后汉书》卷一《光武帝纪上》，中华书局，1965年，第22页。

③ 《晋书》卷五《孝怀帝纪》，第125页。

以赐帝刘夫人为贵人，大赦境内殊死已下。[①]

此事应发生在一年一度的正旦朝会上，《通鉴》记日期为“丁丑朔”[②]，刘聪让被俘的西晋怀帝身穿青衣来为汉国的君臣斟酒，招致一些晋朝旧臣伤心而号哭，引起刘聪的不满，不仅是这些晋朝旧臣被告发遭诛杀，怀帝也被毒死。在这样一个喜庆的场合，突然爆发的痛哭拂了刘聪胜利者的愉悦。晋泰始四年（268）八月诏书按场合详述“车服之饰”，提到“又以法冕五彩缫，玄衣绛裳，乘金路，祀太庙，元正大会诸侯”[③]；《晋书·舆服志》则云“天子……元会临轩，黑介帻，通天冠，平冕。/……衣皂上，绛下……素带广四寸，朱里，以朱绿裨饰其侧。中衣以绛缘其领袖。赤皮为韨，绛袴袜，赤舄”[④]，外衣是上身为黑色，下身为深红色，腰带是素面红里，红绿色装饰周边。中衣则用深红色做衣领与袖子的边饰。据《通典》卷五七，后说乃过江后元帝所改。在衣与裳上，两说并无差别，均是上黑下红，但无论哪说，皇帝的服冕均并未遵照月令的要求。

“青衣”的来源恐有二。一是《礼记·月令》，孟春天子衣青衣，服仓玉。东汉时立春迎气，百官服青衣，秋夏悉如其色，北魏时礼官的观察是“自汉逮于魏晋，迎气五郊，用帻从服，改色随气。斯制因循，相承不革，冠冕仍旧，未闻有变”[⑤]。皇帝的服冕未必依照《月令》，执事的大臣们要按照时令

---

① 《晋书》卷一〇二《刘聪载记》，第2663页。又见《魏书》卷九五《匈奴刘聪传》（点校修订本），中华书局，2017年，第2216页，记述较简。《庾珉别传》记述的细节则有别。当时的情境，究竟如何，已难考知。见《太平御览》卷四一八《人事部五十九》“忠贞”条引《庾珉别传》曰：“珉字子居，位列侍中。刘曜作乱，京都倾覆。珉时直在省，谓僚佐曰：‘吾必死此屋内。’既天子蒙尘，珉与许遐等侍从。曜设会，使帝行酒，珉至帝前，乃慨然流涕，曜曰：‘此动人心。’即时遇害。”第1929页。《通典》卷三一《职官三》“门下省·侍中”条小注亦引此事，见《通典》，中华书局，2016年，第547页。

② 《资治通鉴》卷八八《晋纪十》，第2791页。

③ 《宋书》卷一八《礼志五》，第525页。

④ 《晋书》卷二五《舆服志》，第765—766页。

⑤ 《魏书》卷一〇八之四《礼志四》，第2817页。

变化，在仪式活动中服当时颜色的朝服。春季对应的正是青色，其余则穿绛（深红）色的常服。[①]这一年的正旦，对应的是公历的313年2月12日，立春节气已过，按照时令，正该服青衣。参加正旦朝会且给了四时朝服的大臣，元会时要穿着青色的朝服。[②]

二则是百姓所服。按照西汉成帝永始四年（前13）六月诏书“青绿民所常服”[③]，青色与绿色亦是百姓衣服通常的颜色，东汉末年以降，青色在诸色中的地位逐渐下降，青衣亦成为下等人的代称。《初学记·器物部》“履”条引《晋令》中甚至规定“士卒百工履色无过绿、青、白，奴婢履色无过纯青”，青色的鞋子已经只是百姓甚至是奴婢所穿的了。[④]

---

① 参杨英：《祈望和谐——周秦两汉王朝祭礼的演进及其规律》第四章第三节《东汉〈月令〉礼典中的礼俗、乡俗与巫术》，商务印书馆，2009年，第601—603页；薛梦潇：《早期中国的月令与“政治时间”》第四章《从“迎四时”到“五郊迎气”》，上海古籍出版社，2018年，第146—155页。

② 《艺文类聚》卷三九《礼部中·朝会》引西晋人挚虞《决疑要注》云：“宴之与会，威仪不同也。会随五时朝服，……宴则服常服。”上海古籍出版社，1999年，第710页。晋宋时期的大臣有给“四时朝服”与“五时朝服”之制，按《宋书》卷一八《礼志五》：“朝服一具，冠帻各一，绛绯袍、皂缘中单衣领袖各一领，革带袷袴各一，舄、袜各一量，簪导饷自副。四时朝服者，加绛绢、黄绯、青绯、皂绯袍单衣各一领；五时朝服者，加给白绢袍单衣一领。”第518页，标点有改动。北齐立春日朝会，皇帝“服通天冠，青介帻、青纱袍，佩苍玉，青带、青袴、青袜舄，而受朝于太极殿”，见《隋书》卷九《礼仪志四》（点校修订本），中华书局，2019年，第205页。研究可见［日］小林聡：《「朝服」制度の行方—曹魏～五胡東晋時代における出土文物を中心として—》，《琦玉大学紀要（教育学部）》59（1），2010年，第70—72页；杨懿：《“五时朝服”、“绛朝服”与晋宋齐官服制度——〈唐六典〉校勘记补正一则》，《中国典籍与文化》2014年第3期，第148—154页。

③ 《汉书》卷一〇《成帝纪》，中华书局，1962年，第325页。

④ 关于“五行说”中颜色分类的来源，以及中外颜色史研究，可参见［日］清水茂：《说青》，载香港中国语文学会编《王力先生纪念论文集》中文分册，三联书店香港分店，1987年，第141—162页，清水茂认为此处的青衣指皂隶的衣服，可能是皂衣，就是黑衣，见第156页。“青”的确可以表示黑色，但这里应非此意。汪涛：《颜色与祭祀：中国古代文化中颜色涵义探幽》，1993年英文博士论文，中译本，上海古籍出版社，2018年，第1—14、191—208页；郭静云：《幽玄之谜：商周时期表达青色的字汇及其意义》，《历史研究》2010年第2期，第4—24页；郭冬霞统计汉代随葬服饰中出现的颜色，青

怀帝当时究竟所服是臣下的春季青衣，还是百姓的青衣，已难确认。刘聪要求怀帝“衣青衣”就是将其视为参会的大臣甚至是普通百姓，而非享受不臣待遇的国宾，[①]借此来羞辱晋朝皇帝，并显示汉晋之间的主从关系。

按照西晋的咸宁仪注，元会上行酒的也是太官令，由他给皇帝斟酒，经侍郎进献给皇帝，再给在场的百官轮流倒酒，皇帝乃是接受大臣献礼与上寿的对象。[②]刘聪俘获了很多西晋的朝臣，他自己年轻时在洛阳应该也参加过西晋的元会，在平阳模拟举行一场元会应不困难。这场元会中等于是让晋怀帝身着臣子的青衣充当了斟酒的太官令的小角色，人、服色、职责之间的错位集于一身，在看惯了皇帝接受臣下贺寿献酒的晋廷近臣心里，产生难以抑制的酸楚甚至痛哭，也不奇怪。平时宴饮场合，行酒者与被行者之间并无绝对的尊卑差别，尊者亦可为卑者斟酒，[③]元会则是个相当特殊的

色仅次于白色，居第二位，见氏著《汉代随葬服饰研究》，硕士学位论文，河南大学，2018 年，第 18—23 页；唐顺瑶：《中国传统服用色彩中的青色文化及应用研究》，硕士学位论文，北京服装学院，2019 年；肖世孟：《中国色彩史十讲》第四讲《色彩体验：秦汉定型的五色知识》，中华书局，2020 年，第 82—104 页；黄仁达编著：《中国颜色》（修订版），江苏凤凰美术出版社，2020 年，第 82 页；包岩：《青色极简史》第二章《青色文化寓意的潜藏轨迹》，现代出版社，2022 年，第 59—120 页；赵德波：《蔡邕〈青衣赋〉与中国古代的青衣意象》，《中山大学学报》（社会科学版）2019 年第 4 期，第 38—39 页，此文承张欣毓君示知；《初学记》资料承徐畅君检示，谨谢。

而在匈奴人眼中，“青色”未必带有低贱的含义。童岭曾指出，匈奴五部中屠各的左部最强大，所用为“青色牛旗”。至少在南匈奴的一般意识看来，“青”可能并不特别含有鄙视色彩。青，有蓝之意，可能游牧民族在草原上看到蓝天即生崇拜之情。今日语“あおい”（青）就是中文“蓝”之意。此后突厥亦崇拜“青－蓝”色。见氏著《“五牛旗建”与“赤牛奋靷”——文本视域下南匈奴汉赵时代的预言与谶纬》，第 177 页，以及 2022 年 8 月 19 日来信，谨谢！

① 西晋对被封为陈留王的魏末帝曹奂的礼制上的安排，见《晋书》卷三《武帝纪》，第 52 页；《通典》卷七四《沿革三十四 · 宾礼一》“三恪二王后”，第 2011 页。

② 《宋书》卷一四《礼仪志上》，第 344 页；陈戍国：《中国礼制史·魏晋南北朝卷》，湖南教育出版社，2002 年，第 183 页。

③ 曹操征荆州，张绣投降，“太祖甚悦，延（张）绣及其将帅，置酒高会。太祖行酒，韦持大斧立后，刃径尺，太祖所至之前，韦辄举斧目之。竟酒，绣及其将帅莫敢仰视”。见《三国志 · 魏书 · 典韦传》，中华书局，1982 年，第 544 页。感谢顾涛兄示下此条资料。

场合，尊卑内外差别在此要特别加以强调。

带头痛哭的庾珉亦值得多说几句。其身份，本纪与载记所述不同，《魏书·匈奴刘聪传》[1]与《载记》同。光禄大夫是庾珉入汉国后所得的官职。珉为庾峻子，颍川鄢陵人，见《晋书·庾峻传》，传云“珉字子琚。性淳和好学，行己忠恕。少历散骑常侍、本国中正、侍中，封长岑男”[2]。据同传所附其弟《庾敳传》记“石勒之乱，与（王）衍俱被害，时年五十”[3]，此乱发生在永嘉五年（311）四月，因而作为兄长的庾珉当年也必在50岁以上，被杀时至少52岁。本传称庾珉“少历散骑常侍”，至其被刘聪虏获，中间相距二三十年，他自然参加过不少次晋廷正旦的元会，相当熟悉其中的礼仪，清楚皇帝与大臣、外国侍子、太官令等各自的角色与举止。加上其父“潜心儒典”，参加过《晋礼》的刊定，临终前将后事托付给庾珉，[4]不只是因庾珉为长子，亦是源于庾珉在为学取向上更为接近，幼子庾敳早就追随王衍，转向了时髦的玄学。庾珉不只是熟稔礼制，史称“行己忠恕”，对儒家伦理纲常颇为执着。因此，对于刘聪让怀帝青衣行酒一事愤极而哭，引来杀身之祸，并牵连怀帝。

关于愍帝，受辱的经历更多样。《晋书·愍帝纪》：

> （建兴五年，317）冬十月丙子，日有蚀之。刘聪出猎，令帝行车骑将军，戎服执戟为导，百姓聚而观之，故老或歔欷流涕，聪闻而恶之。聪后因大会，使帝行酒洗爵，反而更衣，又使帝执盖，晋臣在坐者多失声而泣，尚书郎辛宾抱帝恸哭，为聪所害。十二月戊戌，帝遇弑，崩于

---

① 《魏书》卷九五《匈奴刘聪传》，第2046页。

② 《晋书》卷五〇《庾峻传》，第1395页。

③ 《晋书》卷五〇《庾峻传》，第1396页。

④ 《晋书》卷五〇《庾峻传》，第1392、1394页；同书卷一九《礼志上》，第581页；卷三九《荀顗传》，第1151页。《南齐书》卷九《礼志上》，中华书局，1972年，第117页。

平阳，时年十八。[1]

按《十六国春秋·前赵录》，出猎发生在十一月，大会则云十二月大飨，“行酒洗爵更衣”三者相连，均是对愍帝的要求，[2]恐应从《晋书》。《资治通鉴》亦作“十二月，聪飨群臣于光极殿”，“反而更衣”作“已而更衣”[3]。辛宾出自陇西，为当地大族，他乃辛勉族弟，辛勉曾任侍中，而原为秦王的愍帝正是在关陇大族拥护下建立自己的小朝廷，[4]双方的感情恐不一般，见到愍帝受辱而痛哭，也不意外。《晋书·刘聪载记》：

聪校猎上林，以帝行车骑将军，戎服执戟前导，行三驱之礼。粲言于聪曰：“今司马氏跨据江东，赵固、李矩同逆相济，兴兵聚众者皆以子邺为名，不如除之，以绝其望。”聪然之。[5]

对于投降的愍帝，刘聪也是利用公开的场合加以羞辱。一是在去上林校猎的队伍中，让愍帝临时充当车骑将军，手持戟作为先导。关于西晋皇帝出行的大驾卤簿，《晋书·舆服志》有详细记载，随从出行的众多官吏中并无车骑将军。[6]校猎当无须动用讲究排场的大驾，导从随行的官吏应较少，但让愍帝在前充当执戟的导从，尽管身份是车骑将军，也是威风扫地，尤其是在那些沿途围观的百姓面前。执戟的形象，可参下图：

---

① 《晋书》卷五《愍帝纪》，第 132 页。

② 《太平御览》卷一一九《偏霸部三》“前赵刘聪”条，第 575、576 页；又见卷三五二《兵部八三》“戟上”条引崔鸿《前赵录》，第 1620 页。

③ 《资治通鉴》卷九〇《晋纪十二》，第 2851 页。

④ 牛敬飞：《地方大族与王朝扩张：论汉隋间陇西辛氏之发展》，《中国社会历史评论》2017 年第 19 卷，第 10 页。感谢徐畅检示此文并提示相关意见。

⑤ 《晋书》卷一〇二《刘聪载记》，第 2675 页。

⑥ 有关其中涉及禁卫武官部分的分析，见张金龙：《魏晋南北朝禁卫武官制度研究》（修订本）第八章《〈中朝大驾卤簿〉所见西晋禁卫武官制度》，中国社会科学出版社，2020 年，第 202—231 页。

1　2　3

图二//　执戟武士画像

1.仙塘湾墓西壁　2.金家村墓东壁　3.金家村墓西壁

图1[1]

当然，这是南朝的图像，且并非戎装。“三驱之礼”是王者田猎之制，指田猎时须让开一面，三面驱赶，以示好生之德。典出《易・比》：“九五，显比，王用三驱。”孔颖达疏：“褚氏诸儒皆以为三面著人驱禽。必知三面者，禽唯有背己、向己、趣己，故左右及于后，皆有驱之。”唐吴兢《贞观政要・君道》云“乐盘游则思三驱以为度，忧懈怠则思慎始而敬终”，戈直注“三驱者，围合其三面，前开一路，使之可去，不忍尽物，好生之仁也”。此外，亦有不同的解释[2]，不过，上面所引在此语境下，当是确解。围猎动物需动用众多兵力，愍帝应只是临时充当车骑将军，带领士卒来三面合围猎物而已。[3]

---

① 张今：《南京狮子冲南朝墓出土散砖画像研究：以卤簿画像为切入点》，《东南文化》2020年第2期，第98页。

② 三驱尚有不同解释，或云田猎一年以三次为度。陆德明《经典释文》引马融云：“三驱者，一曰干豆，二曰宾客，三曰君庖。”《汉书》卷二七《五行志上》：“故行步有佩玉之度，登车有和鸾之节，田狩有三驱之制。”此谓田猎以三驱为度，见颜师古注，第1319页。在此当指三面合围无疑。

③ 关于猎围中动用兵力的情况，北魏时成书的《张邱建算经》卷上有一道题提到“今有猎围，周四百五十二里一百八十步，布围兵十步一人”云云，下一题则云“围兵二万三千四百人以布围周，各相去五步”，见钱宝琮点校：《算经十书》，中华书局，2021年，第335、336页。十步或五步一人，当是常见的布围方式。汉国与北魏相去不远，情况可大致推知。愍帝则临时充当率领围兵的统帅。

据《愍帝纪》，这次外出校猎后不久，又是在一次君臣共同在场的大会上，再次上演了让愍帝行酒的安排，且还增加了洗爵一幕。这也是宴会敬酒中卑者要完成的，《仪礼》所述的士人之间的饮酒礼是需要敬者与被敬者饮尽后都去洗爵。[①]在强调尊卑秩序的朝廷大会上，皇帝应该无须自己洗爵，向皇帝敬酒的臣下们则要循古礼，完成一献后来洗爵。这也体现了尊卑关系。刘渊起兵反晋后不久，王弥攻洛阳失败，欲归附刘渊，刘渊遣使郊迎并致书曰“孤今亲行将军之馆，辄拂席洗爵，敬待将军”[②]，刘渊在此用“拂席洗爵”来体现如何敬待王弥，当时人心目中，这两种行为已经成为大家公认的带有自卑而尊人的意义。刘聪让原为天子的愍帝洗爵，卑之取辱之意，尽在其中。

此外，刘聪还让愍帝“执盖”，所谓“反而更衣，又使帝执盖”，“反而更衣”当指皇帝下殿“中场休息”后的再次出场，这当是模仿西晋元会的咸宁仪而来。出场时要求愍帝像侍从一样举着伞盖，随侍在刘聪身旁。不过既然行酒洗爵在先，可能汉国的元会、大会颠倒了西晋元会上下半场的次序，先是上寿酒，然后才是其他节目。

这种尊贵者出场，身后有人举华盖、曲盖的场面，各类绘画中常见，如江西南昌火车站M3出土的东晋永和八年（352）漆盘像、摹本《洛神赋图》、河南巩县石窟第1窟南壁窟门东侧与西侧的北魏晚期《皇帝礼佛图》《皇后礼佛图》以及北朝佛教造像供养人之类。“华盖”为皇帝专用，“曲盖”为一品至五品官员所用，初期组合只有“曲盖”+旗、旄，4世纪晚期后发展出盖与扇的组合，学者根据图像指出北魏末年皇帝与皇后的仪仗组

① 参钱玄：《三礼通论》“礼仪编”“盥洗之仪”“饮食之仪”，南京师范大学出版社，1996年，第538—539、546—549页；杨华：《杯酒释礼：中国古代礼制中的饮酒》，2017年初刊，收入氏著《古礼再研》，商务印书馆，2021年，第382—383页。

② 《晋书》卷一〇〇《王弥传》，第2610页。此条史料承刘兵兄检示，谨谢！

合是1华盖+2雉尾扇，规格最高。[①]

图2[②]

上图中曲盖下的人物，孙机考证为汉惠帝，可备一说。[③]无论如何，执盖都是随从所为，体现在图像上，执盖者的尺寸也要小于盖下的人物，这种尺寸大小的不同，与人物在图像中的重要程度成正比，是汉代画像石就已广泛存在的绘画表达方法。[④]另外，现实中的盖颇为高大，便于观瞻，常作为仪仗赐给大臣，因而具有了更为不一般的象征意义。刘聪让愍帝执盖所包含的

① 赵永洪：《由墓室到墓道——南北朝墓葬所见之仪仗表现与丧葬》，载巫鸿主编《汉唐之间文化艺术的互动与交融》，文物出版社，2001年，第430—460页；刘未：《魏晋南北朝图像资料中的伞扇仪仗》，《东南文化》2005年第3期，第68—76页；陈开颖：《北魏帝后礼佛仪仗规制及场景复原推想——以巩县第1窟为中心的考察》，《敦煌研究》2014年第6期，第7页；焦琳：《帝后礼佛图研究》第二章《帝后礼佛图的样式特征》，博士学位论文，中央美术学院，2015年，第25—49页。

② 此图采自南昌火车站东晋墓M3出土的永元八年（352）漆盘，见江西省文物考古研究所等：《南昌火车站东晋墓葬群发掘简报》，《文物》2001年第2期，第15页图六。

③ 孙机：《翠盖》，《中国文物报》2001年3月18日，第6版。

④ 参信立祥：《汉代画像石综合研究》，文物出版社，2000年，第56—59页。只是在摹本《洛神赋图》可见大小几乎一致的尊者与侍从，这或是六朝皇帝与士族之间关系在绘画上的一种显现吧。

意义，就更为复杂。按《晋书·忠义传》，“刘聪使帝行酒洗爵，欲观晋臣在朝者意。（辛）宾起而抱帝大哭。聪曰：‘前杀庾珉辈，故不足为戒邪！’引出，遂加害焉”[①]。史家转述，指出刘聪此举意在检验晋臣对愍帝的态度。前次出猎，随从的大臣有限，大会则是难得的聚集，可以了解更多晋臣们的表现。果不其然，虽有庾珉之死在前，这次依然让在座的晋臣们悲愤难耐，不仅众人失声哭泣，甚至还有一位抱住愍帝恸哭，瞬间将欢乐的聚会气氛扭转成悲伤与痛苦，让刘聪有些措手不及。他也意识到晋臣虽降，仍不忘旧主，无法令他放心，恼羞成怒，最终导致了辛宾与愍帝相继被杀，君臣欢聚变为人头落地的悲剧。按《刘聪载记》，大会前刘粲就劝说刘聪杀愍帝，只是没有合适的机会。辛宾抱头痛哭则推动刘聪下了决心。

上述几个看似孤立的事件，前后相隔数年，实际并不孤立，和刘渊建汉之后一系列仿照两汉、西晋王朝开展的制度文化建设直接联系，或者说是嵌入其中的。两个插曲本来也是希望通过让两位西晋皇帝在体现更新的时刻，群臣参与的盛大场合中的积极参演，彰显刘氏天下及其胜利，不料被那些看不下去的晋朝故臣们搅了局，自己命丧黄泉，也搭上了两位故主的性命。同时，也因此获得了值得记述的价值，不然只会在《汉赵记》《十六国春秋》或《载记》中轻描淡写地留下一笔，甚至完全被忽略。当然，没有这种看似激烈的冲突，也无法激起顾炎武们的关注与愤慨，与自己当时的经历勾连，激发出“亡天下”的联想。

既往关于南匈奴与汉赵国的研究虽多，但对于刘渊建汉直至汉赵国灭亡的20多年中采取的多种中原王朝的礼制措施甚少措意[②]，因此对于上述事件也难有恰切的把握，或无视之或生“亡天下”之叹，都不免疏离于刘氏政权自己的态度。下面先梳理一下刘渊建国后采取了哪些中原王朝的礼制措施，再

---

① 《晋书》卷八九《忠义·辛勉传》，第2311页。

② 牛敬飞注意到刘聪祭嵩山及屠各匈奴的山岳崇拜，见氏著《古代五岳祭祀演变考论》，中华书局，2020年，第53—57页。

分析何以如此。最后对其意义做些剖析。

《晋书·载记》的作者们在“史臣曰”中说的“猃狁有南郊之祭”，某种意义上可以说是个概括性的表达，所指不限于南郊祭天，还包括了建国后采取的各种中原王朝的礼制性措施。有些看似只是委任要职，按照汉魏以来的做法，实际也要有册命仪式。梳理史料，按照史书记述的先后，大致有如此一些：

> 永兴元年，元海乃为坛于南郊，僭即汉王位，下令曰：……乃赦其境内，年号元熙，追尊刘禅为孝怀皇帝，立汉高祖以下三祖五宗神主而祭之。立其妻呼延氏为王后。置百官，以刘宣为丞相，崔游为御史大夫，刘宏为太尉，其余拜授各有差。[①]

这些做法几乎就是司马炎即位典礼的微缩版。《晋书·武帝纪》：泰始元年十二月丙寅，设坛于南郊，百官及南单于四夷数万人参加，柴燎告类于上帝，文多不录。大赦，改元，赐天下爵、鳏寡赐谷。丁卯，告太庙，封魏帝为陈留王，追尊宣王、景王、文王为皇帝。尊太妃王氏曰皇太后，封皇叔祖父孚以下为王。以石苞等为大司马等，并封为县公。其余增封进爵各有差。[②]除了赐爵赐谷、告庙与封前朝末帝没有出现，其余可谓照单全收。

《续汉书·礼仪志》有东汉“拜诸侯王公之仪”，具体内容不赘述，涉及诸侯王与三公，皇帝要出席，[③]与注重形式及文辞的册书相配。册立皇后、太子等更是如此。西晋自也有相应的仪式。[④]这些在《开元礼》卷九三、九四、

---

① 《晋书》卷一〇一《刘元海载记》，第2649—2650页。此段记述或有汉赵国史家的改动，如即位的地点以及改元的名称等，但这些仪式举行过，当无疑问，见刘兵《〈猗㐌碑〉的真伪与刘渊创业史的书写》，待刊稿，第20—24页。

② 《晋书》卷三《武帝纪》，第51—52页。

③ 《续汉书》志五《礼仪志中》，第3120—3121页。〔唐〕虞世南等纂：《北堂书钞》卷五〇《设官部二》“总载三公三”条引《汉官仪》：“凡拜，天子临轩，六百石以上悉会，知（陈本做“直”）事卿赞，御史授，公三让，然后乃受之。”影印南海孔氏刊本，中国书店，1989年，第146页。具体事例见东汉灵帝时崔烈为司徒，天子临轩，百官毕会，见《后汉书》卷五二《崔寔传》，中华书局，1965年，第1531页。曹魏末刘禅投降后，被封为安乐县公时也是如此，见《三国志》卷三三《蜀书·后主传》，第901页。

④ 《晋书》卷四四《郑袤传》，第1250页；同书卷四五《任恺传》，第1287页。

一〇五至一〇八载之甚详，不具引。四年后：

永嘉二年（308），元海僭即皇帝位，大赦境内，改元永凤。……（封官、封王名单。——引者略）宗室以亲疏为等，悉封郡县王，异姓以勋谋为差，皆封郡县公侯。[①]

应该又是一连串的仪式活动。按《十六国春秋·前赵录》，当又进行了一次南郊祭天，[②]而《载记》未录。唐朝史臣称“有南郊之祭”，而在《载记》正文中略去即皇帝位这次南郊，恐怕在他们看来，永兴元年那次“为坛南郊”，应该就是一次实实在在的祭天活动吧。迁都平阳后在汾水中得王莽时玉玺，得者因增“泉海光”三字，元海以为己瑞，“大赦境内，改年河瑞”，封两子为王。后派刘聪等攻洛阳，先胜，后遭大败而还，元海“素服迎师”[③]。后拜刘欢乐为太傅，还有三公，赦其境内，立其妻单氏为皇后，子和为皇太子，子乂为北海王。[④]

刘渊病重，又委任了好几位辅佐太子的太宰、太傅与太保等，应该是无法举行仪式了。他死后谥光文皇帝，庙号高祖，墓号永光陵。[⑤]

其子刘和即位，很快被杀，除了即位，可能还来不及举行什么仪式。另一子刘聪杀刘和后即皇帝位，“大赦境内，改元光兴，尊元海妻单氏曰皇太后，其母张氏为帝太后，乂为皇太弟，领大单于、大司徒，立其妻呼延氏为皇后”，并封其诸子为王。[⑥]

（永嘉五年六月，刘曜）迁（怀）帝及惠帝羊后、传国六玺于平阳。

---

① 《晋书》卷一〇一《刘元海载记》，第2651页。

② 《太平御览》卷一一九《偏霸部三》“前赵刘渊”条引崔鸿《十六国春秋·前赵录》云“永凤元年秋七月，凤凰集于蒲子，丞相刘宣等六十四人上尊号，十月僭即皇帝位于南郊，大赦改元”云云，第575页。

③ 《晋书》卷一〇一《刘元海载记》，第2651页。

④ 《晋书》卷一〇一《刘元海载记》，第2652页。

⑤ 《晋书》卷一〇一《刘元海载记》，第2652页。

⑥ 《晋书》卷一〇一《刘聪载记》，第2658页。

（刘）聪大赦，改年嘉平，以（怀）帝为特进、左光禄大夫、平阿公。[1]

（永嘉六年）正旦，聪宴于光极前殿，逼（怀）帝行酒……复以赐帝刘夫人为贵人，大赦境内殊死已下。立左贵嫔刘氏为皇后。[2]

聪以其太庙新成，大赦境内，改年建元（315）。[3]

立（靳）月光为皇后。[4]

聪自去冬至是，遂不复受朝贺。[5]

（刘）聪立上皇后樊氏，……时四后之外，佩皇后玺绶者七人。[6]

刘曜陷长安外城，愍帝使侍中宋敞送笺于曜，帝肉袒牵羊，舆榇衔璧出降。及至平阳，聪以帝为光禄大夫、怀安侯，使粲告于太庙，大赦境内，改年麟嘉。[7]

中常侍王沈养女年十四，有妙色，聪立为左皇后。[8]

太兴元年，聪死，在位九年，伪谥曰昭武皇帝，庙号烈宗。[9]

以上只是见于刘渊与刘聪父子《载记》的明确记述，实际更多。《刘聪载记》记郭猗因对刘乂不满，对刘粲构陷刘乂，说刘乂“许以三月上巳因宴作难”[10]，这虽是污蔑之词，但此刻有宴会，当不假。这一天曲水流觞，以除祓，本是东汉王朝也有的活动，见于《续汉书·礼仪志》，今天最熟悉的莫过于王羲之的《兰亭序》，正是参加东晋永和九年（353）的活动写下

---

① 《晋书》卷一〇二《刘聪载记》，第2659页。同书《怀帝纪》作“会稽公”。

② 《晋书》卷一〇二《刘聪载记》，第2663页。

③ 《晋书》卷一〇二《刘聪载记》，第2666页。

④ 《晋书》卷一〇二《刘聪载记》，第2667页。

⑤ 《晋书》卷一〇二《刘聪载记》，第2671页。

⑥ 《晋书》卷一〇二《刘聪载记》，第2773页。

⑦ 《晋书》卷一〇二《刘聪载记》，第2773页。

⑧ 《晋书》卷一〇二《刘聪载记》，第2676页。

⑨ 《晋书》卷一〇二《刘聪载记》，第2677页。

⑩ 《晋书》卷一〇二《刘聪载记》，第2669页。

的。[1]管中窥豹，可知《载记》所收并未全部。

这些与战事经过、内政，尤其是朝廷内部的纷争，还有各种异常的天象交织构成整个叙述，而且所占篇幅并不多，更多篇幅给予了后面几项。篇幅上的多寡体现的是史家的注意力，不应成为我们判断其在当时轻重的唯一标准。

仔细分析见于记载的这些仪式活动，如果不去关注措施是由谁来推动或发起的，很难与中原系王朝区分开，换言之，刘渊父子所建立的是一个以中原王朝为模仿对象的汉国，就像其宣称继承的是刘邦所创建的汉朝一样，体现其匈奴特色的大单于台实际出现于刘渊晚年，而这种被习称为"胡汉分治"的统治策略，其实也是中原系王朝所一贯坚持的。如何看待这一问题，需另文讨论。只不过在模仿的同时，他们也采取了颠倒的方式来呈现，即君臣/主从易位的方式来模仿并构建了刘渊父子的天下体系，两位晋朝的皇帝在其中充当了原先臣子的角色，当然是带有几分蒙羞的成分。[2]天下体系是原先西晋与匈奴共同栖身其中的秩序架构，刘渊起兵建国之前，一直是司马氏的西晋王朝在其中居于主导地位，刘渊和鲜卑族的沙漠汗等一干外国质子与朝贡者只是充当烘托盛世的配角，现在虽主从变换，双方仍是在天下秩序中思考与活动。进言之，顾炎武从青衣行酒中感受到了"亡天下"的味道，其实他只看到了主从易位，而没有意识到司马氏与刘氏共同参与营造进而共享的天下秩序（结构）更为强大的规范意义。这种情况不仅见于刘渊立汉，他所亲见的满人建立清朝也是如此。所谓不同族群建立的王朝之间表面上的断裂之中

① 关于此节日，可参劳榦：《上巳考》，《民族所集刊》第 29 本，1970 年，第 243—262 页，收入氏著《劳榦学术论文集甲编》，艺文印书馆，1976 年，第 1211—1230 页；［美］德克·卜德著，吴格非等译：《古代中国的节日：汉代（公元前 206—公元 220 年）的新年和其他年庆活动》第十二章《上巳节》，1975 年初刊，中译本，学苑出版社，2017 年，第 291—306 页；蒲慕州：《追寻一己之福：中国古代的信仰世界》第六章第一节第四小节《三月上巳》，上海古籍出版社，2007 年，第 121—123 页。蒲慕州否认上巳日在去除不祥秽气之外的其他意义，可从。

② 这方面可以对照曹魏对待汉献帝、西晋对待魏元帝的规定，分见《三国志》卷二《魏书·文帝纪》，第 76 页；《晋书》卷四《武帝纪》，第 51、52 页。

依然存在着颇为重要的连续性。

这种连续性来自个人的经历与感受，具体而言，是刘渊刘聪父子在西晋一朝生活的经历与感受，以及他们熟读经典所获得的认知。当然，他们身边的西晋士人官员肯定也有贡献，如刘渊的同学，后来在西晋担任过博士的朱纪，还有范隆[①]之类，但居于主导的，还是刘氏父子自己。

二、汉晋朝廷礼仪中的四夷

为何刘渊起兵称王时要为坛于南郊？为何刘聪会在正旦大会或校猎出行的队伍中迫使西晋皇帝充当差事？这些今人眼中纯属无意义的举动为何对时人而言充满了意义，以至于各方因此而形成感情爆发，并不断引起后世史家、学者们的关注？

值得注意的是，至少东汉以来，外国朝贡者、匈奴侍子作为朝廷各种仪式大典的固定参与者，已经成为惯例，即便到了魏晋时期，也是如此。甚至这些活动成为这些长期滞留都城的外国贵族们生活中最重要的内容，在被送回部落或故国前，应该并无其他的差事。这些反复参加的仪式活动在他们心灵上留下深刻的印记，因而当他们有机会建立自己的国家时，自然而然地将这些印记转化为实践，特别是当他们推翻了原先的宗主国时，俘虏了高高在上的皇帝，更是激发了他们的野心，出现一些颠倒原先秩序的举动，也就并不稀奇了。这种颠倒了原先结构关系的关系依然形成一种结构，这种新关系并没有打破原先的结构，只是调换了位置的重构。

关于朝贡者与质子们参与各种朝廷典礼，《续汉书·礼仪志上》云：

> 正月上丁，祠南郊。礼毕，次北郊，明堂，高庙，世祖庙，谓之五供。五供毕，以次上陵。西都旧有上陵。东都之仪，百官、四姓亲家妇

---

① 《晋书》卷九一《儒林·范隆传》，第2352—2353页；同书卷一〇二《刘聪载记》，第2665、2677页；同书卷一〇三《刘曜载记》，第2684页。

女、公主、诸王大夫、外国朝者、侍子、郡国计吏会陵。[1]

这段文字又见蔡邕的《独断》与《汉杂事》。[2]“外国朝者、侍子”，《独断》与《汉杂事》均作“匈奴朝者、西国侍子”。蔡邕更强调与先帝先后有瓜葛者，司马彪未及。司马彪所述或是依据蔡邕并略有调整。具体的仪节，《礼仪志上》云：“昼漏上水，大鸿胪设九宾，随立寝殿前。钟鸣，谒者治礼引客，群臣就位如仪。乘舆自东厢下，太常导出，西向拜，（止）〔折〕旋升阼阶，拜神坐。”所谓“九宾”，依照刘昭注补引薛综的说法“谓王、侯、公、卿、二千石、六百石下及郎、吏、匈奴侍子，凡九等”[3]，包含匈奴侍子。关于“九宾”，有不同解释。[4]所谓九位宾者，指引导宾客确立站位的官员，甚至可能变成引导众臣按序站位的基点，身

---

① 《续汉书》志四《礼仪上》，第 3102—3103 页。

② 后者见《太平御览》卷五三一《礼仪部十》“宗庙”条引，第 2409 页。牛敬飞最近撰文分析“五供”的来历，认为其不是常祀，而是安帝亲政后的一次非常规的郊庙祭祀，以及这一记载如何进入《续汉书》，见氏著《东汉郊祀新论》，《社会科学战线》2022 年第 2 期，第 108—110 页，不过北郊之外的 4 种祭祀，是东汉朝廷反复进行的。感谢赵永磊兄检示此文!

③ 《续汉书》志四《礼仪上》，第 3103 页。

④ 《史记》卷八一《廉颇列传》“今大王亦宜斋戒五日，设九宾礼于庭，臣乃敢上璧”，裴骃《集解》引韦昭曰“九宾则《周礼》九仪”，中华书局，1959 年，第 2441 页；《周礼·秋官·大行人》郑玄注：“九仪谓命者五：公、侯、伯、子、男也；爵者四：孤、卿、大夫、士也。”亦有认为指九位礼宾人员的。《汉书·叔孙通传》“大行设九宾，胪句传”，王先谦《汉书补注》引刘攽曰“宾，谓传摈之宾。九宾，摈者九人，掌胪句传也”，影印本，下册，中华书局，1983 年，第 1020 页。当以后说为是。感谢张欣毓与范云飞君的提示与讨论。新近公布的张家山 336 号汉墓出土的《朝律》中已出现了“九宾”（如“典客设九宾随立殿下，北面”，见简 337—338、“典客宾九宾及朝者”，见简 347），应该就是负责确定各类参与朝会者分类位置的一列 9 位执事官吏，这些人均面朝北，即面向皇帝而立，距离皇帝最远的称为“末宾”，他们负责传递命令（胪传），见简 348 等多枚简，原释文做“来宾”，据朱亦文的意见改，见彭浩主编《张家山 336 号汉墓》上册，文物出版社，2022 年，第 69—70、212 页；放大图版见下册，第 175—184 页。参与西汉初年朝会的就有蛮夷，亦见该律。杨勇《谈谈张家山 336 号汉墓竹简〈朝律〉中的“九宾”和“末宾”》，简帛网 http：//www.bsm.org.cn/?hanjian/8961.html，访问日期：2023 年 3 月 31 日。

后则是九类官员。薛综注概括的则是随立宾者之后的九类官员，刘昭也是据他的观察与理解而择取的。对照一下东汉皇帝死后大殓时臣下的安排，彼时亦有“大鸿胪设九宾，随立殿下”的要求。按《续汉书·礼仪志下》，所指就是诸侯王以下到博士的“群臣陪位者”，后文又说“大鸿胪设九宾，随立陵南羡门道东，北面；诸侯、王公、特进道西，北面东上；中二千石、二千石、列侯直九宾东，北面西上”[①]，按照九宾确立的位置，分别在羡门道的东西排列，以距离道的远近来排列地位高低。由此可知两种解释的关系。按《续汉书·百官志二》“大鸿胪”条，大行令下有治礼郎47人，注引《东观书》云“主斋祠傧赞九宾”，另引卢植《礼注》“大行郎亦如谒者，兼举形貌”[②]，各种考虑颇有意思。匈奴侍子名列九宾队伍之中，值得注意。

按照上述说法，外国朝者与侍子们似乎只是参加上陵，但我们知道，他们还要参加正旦的元会活动。蔡质的《汉仪》言之凿凿[③]，西晋的元会、萧梁时元会也是如此[④]。还有进一步的证据。东汉人班固的《东都赋》与张衡写的《东京赋》中均有相关描述。班固云：

> 春王三朝，会同汉京。是日也，天子受四海之图籍，膺万国之贡珍。内抚诸夏，外绥百蛮。尔乃盛礼兴乐，供帐置乎云龙之庭。……歌九功，舞八佾。《韶》《武》备，泰古毕。四夷间奏，德广所及。《僸》《佅》《兜离》，罔不具集。

“三朝”即岁首朔日。“《僸》《佅》《兜离》”，李善注引《孝经钩命决》云“东夷之乐曰《佅》，南夷之乐曰《任》，西夷之乐曰《株离》，北夷之乐曰《僸》”，毛苌《诗传》则有不同的说法。李善总结说“然说

---

① 《续汉书》志六《礼仪下》，第3142、3145—3146页。

② 《续汉书》志二五《百官志二》，第3583页。

③ 《续汉书》卷五《礼仪志中》注引，第3131页。

④ 《隋书》卷九《礼仪志四》梁元会之礼“群臣及诸蕃客并集，各从其班而拜”，第182页。

乐是一，而字并不同，盖古音有轻重也”[①]。元会当天，不仅百蛮贡使要参加，还要演奏四夷的代表性音乐，以显示万国来朝，天下大同。此时南匈奴已南迁入塞，当是少不了的参与者。稍后的张衡也有类似的描述：

> 于是孟春元日，群后旁戾，百僚师师，于斯胥洎，藩国奉聘，要荒来质。具惟帝臣，献琛执贽，当觐乎殿下者，盖数万以二。尔乃九宾重，胪人列，崇牙张，镛鼓设。

这是对正旦元会参与者与现场活动的概括。“藩国奉聘，要荒来质”即指来朝贡的外国以及居住在洛阳的各国质子也参加这一盛会，并要献礼及觐见皇帝。赋的末尾云：

> 惠风广被，泽洎幽荒，北燮丁令，南谐越裳，西包大秦，东过乐浪。重舌之人九译，佥稽首而来王。[②]

将幽荒之地来朝贡视为统治成功的重要标志。此赋作于安帝永初初年（107年或稍后），被视为汉代大赋的最高成就。以往研究更多的是从文学角度，特别是赋的劝谏意义上去理解，这仅是其中一面。此赋带有强烈的夸饰意义，按照时序展示洛阳城里皇家的活动来宣示汉家天下所取得的成就，是其创作的另一层用心。[③]其中四夷就是烘托这一旷世伟业的重要支

---

① 〔梁〕萧统编，〔唐〕李善注：《文选》卷一《东都赋》，上海古籍出版社，2019年，第36—37页。《后汉书》卷四〇下《班固传》亦有注释，引郑玄注《周礼·春官》“鞮鞻氏掌四夷之乐”来说明所指，见第1364页。

② 〔梁〕萧统编，〔唐〕李善注：《文选》卷三《东京赋》，第109—110、130页，又见张震泽：《张衡诗文集校注》，上海古籍出版社，2009年，第116、152、156页。

③ 关于《东京赋》的研究很多，但几乎都是从文学角度立论，强调其讽谏的目的。这只是两赋附带的用意，而其主体则是铺陈东汉王朝的盛世，其中四夷来朝是重要的证明。有关分析见赵坚：《张衡主要赋系年》，《上海师范大学学报》（哲学社会科学版）1984年第1期，第151—152页；曹道衡：《略论〈两都赋〉〈二京赋〉》，《文学评论》1992年第3期，第70—77页；李炳海：《四海一家、华夷同风——古代文学一统观与民族观的交织》，《社会科学战线》1997年第1期，第101—111页；蒋晓光：《月令之学与〈二京赋〉的论述》，《南京大学学报》（哲学·人文科学·社会科学）2013年第4期，第115—122页；陈望衡：《大汉帝国的壮丽赞歌——张衡〈二京赋〉中的主题辞》，《人文杂志》2019年第10期，第74—79页。

柱，左思的《魏都赋》中也有类似的描述，尽管具体的时空并不清楚，但其围绕天子所居的都城展开，就具有丰富的暗示，甚至也带有超越时空的永恒意义[1]，元会与正殿是最重要的时刻与场所。显然不能将此简单视为文学作品，更应将其视为现实的一部分，亦实亦虚，是时人心目中世界秩序的呈现。尽管文中不无铺陈夸耀之处，每次实际到场的人物有很多随机的变化，更不可如赋中所述最远端的四夷齐聚，但其描写也确非全然虚张声势，而总会有些四夷贡使与侍子参加，至少南单于是可以随叫随到的。四夷作为秩序的一种结构性配置，是不可或缺的，甚至是必不可少而刻意加以强调或突出的，用以衬托中原王朝声威远布、德泽无外。这来自经典的叙述，也是汉宣帝以来朝廷与周边互动中出现的，并呈现在仪式中，成为仪式安排者以及大赋作者们共享的秩序意识。在现实的仪式中，以及文字编织的世界中同时出现，相互映衬与支撑，并规范着未来的实践与思考，无法将两者简单地视为一种直接对应的反射关系。

东汉朝廷与郡国官员一直将蛮夷向化作为重要的政绩。明帝永平中西南夷归化，就是件大事，甚至还流传下《白狼槃木诗》。[2]到了都城后，参加各种典礼则成为朝者与侍子们的重要工作。魏晋以后的元会依然承担此功能。东晋成帝咸康七年（341）大臣们讨论要在八年举办的元会是否要在鼓吹钟鼓之外的演奏伎乐，顾臻上表反对，原因是他认为“四海朝觐，言观帝庭，耳聆《雅》《颂》之声，目睹威仪之序”，而那些伎乐“反天地之顺，伤彝伦之大方”[3]，并得到成帝的认可，所言体现了元会承载的展示与规范意义。这一场合的总体基调，则如东晋穆帝永和中（345—356）王彪之所说，是“大飨华夷，君臣相庆”[4]。

---

① 见〔梁〕萧统编，〔唐〕李善注：《文选》卷六，第 287 页。类似的表述也出现在西晋人应贞写的《公宴诗》中，以及西晋的《明堂飨神歌》（傅玄作）、《祠庙飨神歌》（傅玄作）中，分见李善注《文选》卷二〇“诗甲 · 公宴”，第 971—972 页；《宋书》卷二〇《乐志二》，第 567—568、576 页。后二首用于朝廷祭祀配乐，更体现了朝廷的秩序构想。

② 详情见《后汉书》卷八六《西南夷传》“莋都”，第 2854—2855 页。

③ 《宋书》卷一九《乐志一》，第 546 页；《晋书》卷二三《乐志下》，第 729 页。

④ 《三国志》卷二一《魏书 · 刘劭传》裴注，第 617 页。

上陵本是汉明帝为表达孝思而增加的祭祀，原先自西汉元成以后沿袭下来的正月里主要祭祀是之前的“五供”，应是在五天中分别进行的祭祀。[①]既然正旦的元会与上陵外国朝者与侍子均要参加，中间的“五供”若进行的话，也没有理由缺席。东汉明帝永平二年（59）春正月辛未，宗祀光武皇帝于明堂，礼毕所颁的大赦诏书中提到“群僚藩辅，宗室子孙，众郡奉计，百蛮贡职，乌桓、濊貊咸来助祭，单于侍子、骨都侯亦皆陪位。斯固圣祖功德之所致也”[②]，这当是延续西汉平帝中王莽在长安南郊修建明堂的祭典。[③]明堂是

---

① 据《南齐书》卷九《礼志上》引尚书陆澄议，转述东汉陈忠《奏事》云：“延光三年正月十三日南郊，十四日北郊，十五日明堂，十六日宗庙，十七日世祖庙”。……尚书令王俭议“前汉各日，后汉以不共辰”，见《南齐书》（修订本），中华书局，2019 年，第 135 页。

② 《后汉书》卷二《明帝纪》，第 100 页。高二旺略及明帝祀明堂与上陵时质子参加祭祀等礼仪活动，见氏著《两汉魏晋南北朝人质现象研究》，河南大学出版社，2012 年，第 53 页。黎虎在分析汉代大鸿胪外交职能时亦提及四夷参与元会及上陵，见氏著《汉唐外交制度史》（增订本），中国社会科学出版社，2019 年，第 67—68 页。关于质子在京的作用以及东汉朝礼的内涵和变化，分见氏著《汉代外交体制研究》，商务印书馆，2014 年，第 549—556、863—907 页。陈金生则扼要分析了质子参加上述仪式活动及其在匈奴与汉族融合中的作用，见氏著《质子与民族融合问题研究》，第 135—137 页。苏家寅注意到东汉以后形成了南匈奴每年更换质子的做法，单于的子嗣数量有限，势必充当质子者会隔几年就要到洛阳居住一年，曹魏以后则改为长住。关于质子年度轮替的分析见氏著《汉、匈关系中的侍子》，《内蒙古社会科学》2022 年第 1 期，第 88—89 页。

③ 见《隋书》卷六八《宇文恺传》炀帝时上书引《黄图》：“元始四年八月，起明堂、辟雍长安城南门，制度如仪。……五年正月六日辛未，始郊太祖高皇帝以配天，二十二日丁亥，宗祀孝文皇帝于明堂以配上帝，……因班时令，宣恩泽。诸侯王、宗室、四夷君长、匈奴、西国侍子，悉奉贡助祭。”见《隋书》，第 1591—1592 页。此处所言有误。据《汉书》卷一二《平帝纪》“（元始）五年春正月，祫祭明堂。诸侯王二十八人、列侯百二十人、宗室子九百余人征助祭”（第 358 页），未提及四夷与匈奴参与。而“宗祀孝文以配上帝”，则见于元始四年春正月（第 356 页），据同传，安汉公奏立明堂、辟雍在“夏”（第 357 页）。《汉书》所言当可靠。《三辅黄图》误将两事合为一。不过五年正月二十二日丁亥“祫祭明堂”时四夷与匈奴来助祭，以王莽的想法，当可从。今本《三辅黄图》亦无此条。此事的考证，可参牛敬飞：《在经学与故事之间：北魏历代庙制再复原》，《文史哲》待刊。

关于两汉明堂祭祀，可参［日］金子修一：《古代中国与皇帝祭祀》第三章《汉代的郊祀、宗庙、明堂与封禅》，2001 年初刊，肖圣中等译中译本，复旦大学出版社，2017 年，第 87—94 页。

"五供"之一，既然如此，其他"四供"中四夷与单于侍子们去助祭陪位，应该是很自然的。章帝元和三年（86）幸泰山，柴告岱宗，宗祀于汶上明堂后颁发的大赦诏书云：

> 朕巡狩岱宗，柴望山川，告祠明堂，以章先勋。其二王之后，先圣之胤，东后蕃卫，伯父伯兄，仲叔季弟，幼子童孙，百僚从臣，宗室众子，要荒四裔，沙漠之北，葱岭之西，冒耏之类，跋涉悬度，陵践阻绝，骏奔郊畤，咸来助祭。祖宗功德，延及朕恭。……大赦天下……[①]

此次祭祀地点重要，所祭对象多，规模盛大，皇帝治下的各类代表均参加，要荒四裔也有很多到场。是否如诏书文辞所言，如此广大范围内的各类人等悉数莅临，恐未见得，但确有不少四夷出席，一定是不错的。平时的祭祀，未必会特意广邀各路代表，长住洛阳的质子与恰好在京的贡使们做代表参加一下，恐是相当正常的。

西晋的司马氏本是诸生出身，极力倡导儒学，在遵照儒家理想构建天下秩序上更是积极。[②]《魏书·礼志四》记录了北魏天赐二年（405）夏四月西郊祭天的安排："祭之日，帝御大驾，百官及宾国诸部大人毕从至郊

---

① 《后汉书》卷三《章帝纪》，第 149—150 页。此诏被称为"后汉章帝郊庙大赦诏"，收入〔唐〕许敬宗编，罗国威整理：《日藏弘仁本文馆词林校正》卷六六五"诏三五赦宥一"，中华书局，2001 年，第 257 页。个别文字有出入。

② 见《晋书》卷九一《儒林传》"序"，第 2346 页；〔清〕皮锡瑞：《经学历史》，中华书局，2008 年，第 160、163—164 页；章太炎：《五朝学》，收入《太炎文录初编》，《章太炎全集》（第 1 辑），上海人民出版社，2014 年，第 66—71 页；钱穆：《略论魏晋南北朝学术文化与当时门第之关系》，1963 年初刊，收入氏著《中国学术思想史论丛》卷三，安徽教育出版社，2004 年，第 125—186 页；章权才：《魏晋南北朝隋唐经学论略》，《学术研究》1990 年第 2 期，第 51—54 页；夏增民：《儒学传播与汉魏六朝文化变迁》，博士学位论文，复旦大学，2007 年，第 70—77、100—107 页；邹志远：《经典与社会的互动：两晋礼学议题研究》，博士学位论文，湖南大学，2010 年；李中华：《中国儒学史·魏晋南北朝卷》第三章《西晋时期的儒学》，北京大学出版社，2011 年，第 58—65 页；童岭：《晋初礼制与司马帝室——〈大晋龙兴皇帝三临辟雍碑〉胜义蠡测》，《学术月刊》2013 年第 10 期，第 148—160 页；李彬源：《汉晋经学思潮与杜预春秋左传学研究》，博士学位论文，福建师范大学，2015 年，第 104—107 页。

所。"[①]西郊祭天是鲜卑族的传统，但也未见得没有中原王朝的影响，甚至很可能就是来自晋朝，[②]毕竟曹魏景元二年（261），力微之子沙漠汗就到了洛阳，[③]按《三国志·魏书·鲜卑传》及裴注引《魏书》，鲜卑人与中原王朝的交往，始于东汉。[④]以上也是一个旁证。

唐代这方面的证据的确不少，《大唐开元礼》中就有明确的记载，不过要求蕃客参加的场合委实太多，站位方向大同小异，无须备举。这里仅详录首见的卷四"吉礼皇帝冬至祀圜丘"中的规定：

> 凡预祀之官，散斋四日，致斋三日……。近侍之官应从升者及从祀群官、诸方客使，各于本司及公馆清斋一宿。无本司者，各于正寝。
>
> 陈设
>
> 前祀三日……设诸祀官次于东壝之外道南。从祀文官九品以上于祀官之东，东方、南方朝集使于文官之东，东方、南方蕃客又于其东。俱重行，每等异位，北向西上。介公、酅公于西壝之外道南，武官九品以上于介公、酅公之西。西方、北方朝集使于武官之西，西方、北方蕃客又于其西。俱重行，每等异位，北向东上。
>
> …………

---

① 《魏书》卷一〇八之一《礼志一》，第 2736 页。

② 康乐：《从西郊到南郊：国家祭典与北魏政治》，稻禾出版社，1995 年，第 165—178 页；罗新：《拓跋祭天方坛上的木杆》，收入氏著《黑毡上的北魏皇帝》（增订本），上海三联书店，2022 年，第 67—118 页。鲜卑族首领神元帝力微三十九年（258）迁都盛乐，"夏四月，祭天，诸部君长皆来助祭"，《魏书》卷一《序纪》，第 3 页。这究竟是鲜卑人自有的传统（北亚祭典），还是掺杂了中原王朝的影响，抑或是政治体发展中普遍存在的现象，还需要作更进一步的研究，可参［日］佐川英治：《从西郊到圆丘——〈文馆词林·后魏孝文帝祭圆丘大赦诏〉所见孝文帝的祭天礼仪》，《中古中国研究》（第 1 卷），中西书局，2017 年，第 20 页。最后一文承刘兵兄示知，谨谢！

③ 《魏书》卷一《序纪》，第 4 页。

④ 《三国志》卷三〇《魏书·鲜卑传》，第 835 页。拓跋早期与乌桓、与中原王朝的往来，可参田余庆：《代北地区拓跋与乌桓的共生关系》，2000 年初刊，收入氏著《拓跋史探》（修订本），生活·读书·新知三联书店，2019 年，第 103—112、126—134 页。

> 前祀一日奉礼设御位于坛之东南，西向设望燎位，当柴坛之北，南向。设祀官公卿位于内壝东门之外道南。分献之官于公卿之南。执事者位于其后。每等异位，俱重行，西面北上。……设从祀文官九品以上位于执事之南，东方、南方朝集使于文官之南，东方、南方蕃客又于其南。俱每等异位，重行，西面北上。介公、酅公位于中壝西门之内道南，武官九品以上位于介公、酅公之南，西方、北方朝集使于武官之南，西方、北方蕃客又于其南。俱每等异位，重行，东面北上。

这些官员要在祀日未明三刻服其服，未明一刻“谒者赞引各引祀官及从祀群官客使等俱就门外位”。司空就位后，则“谒者、赞者各引祀官及从祀群官客使等次入就位”，这应是进入东壝外之位。皇帝到了大次门，停半刻顷，通事舍人“各引从祀文武群官、介公、酅公诸方客使皆先入就位”，这次应是最后引导入最终从祀的位置。冗长的奠玉帛、进熟与柴燎环节中，从祀众官、客使的任务主要是站立于位，并一而再、再而三地听从赞者的呼喊来“拜”。等皇帝望燎毕，离开中壝门，通事舍人分引从祀群官、诸方客使以次出。等皇帝起驾还宫后，才能最终离开，诸方客使们“还馆”，最后皇帝回宫，解严，才算结束。[①]唐代的圜丘遗址已发现，在今天陕西师范大学雁塔校区内，详情可参发掘报告与后续研究，[②]兹不赘述。

《开元礼》既包含了五礼的一般原则规定，也提供了相当多的具体行事

---

① 《大唐开元礼》卷四，影印本，民族出版社，2000 年，第 36—44 页。关于唐代蕃客的管理，详见黎虎：《汉唐外交制度史》（增订本）第八章第一节《鸿胪寺及其外交职能》，第 336—369 页；［日］石见清裕：《唐代北方问题与国际秩序》第三部第三章《鸿胪寺与迎宾馆》，1998 年初刊，胡鸿译，复旦大学出版社，2019 年，第 273—293 页。

② 安家瑶、李春林：《陕西西安唐长安城圜丘遗址的发掘》，《考古》2000 年第 7 期，第 29—47 页；［日］渡边信一郎：《中国古代的王权与天下秩序》（增订本）第六章《古代中国的王权与祭祀》，第 190—202 页；赵永磊：《隋唐圜丘三壝形制及燎坛方位探微》，《考古》2017 年第 10 期，第 114—120 页。

要求，供有司准备“仪注”参考，因而也呈现了丰富的细节。[①]除了祭祀圜丘，还有很多皇帝出席的仪式提到需要蕃客参加，大多数是在“陈设”中提到蕃客的位次与朝向。学者分类统计为吉礼24种，军礼1种，嘉礼10种，合计41种。[②]出席的场合中，蕃客均排在距离皇帝最远的位置，多半会按相对于长安的方位来排位，各仪式是一致的。这与他们所在的政治体在王朝的位置是对应的。

上述要求蕃客参与各种仪式的规定，并非《开元礼》中突然出现的，至少太宗以来就有过先例。贞观五年（631）正月“大蒐于昆明池，蕃夷君长咸从”[③]；贞观十三年（639）正月，唐太宗朝献陵，“七庙子孙及诸侯百僚、蕃夷君长皆陪列于司马门内”[④]；永徽六年（655）十月，高宗临轩册立武则天为皇后时“文武群官及番夷之长”便“奉朝皇后于肃义门”[⑤]，即是早先的事例。据《旧唐书·礼仪志四》，武周的垂拱四年（688）十二月“则天亲拜洛受图，为坛于洛水之北，中桥之左”，参加者除了皇太子、内外文武百官，还有“蛮夷

---

① 关于《大唐开元礼》的性质，可参刘安志：《关于〈大唐开元礼〉的性质及行用问题》，收入氏著《新资料与中古文史论稿》（修订本），上海古籍出版社，2021年，第11—18页。

② 石见清裕曾列表做过统计，见氏著《唐代北方问题与国际秩序》第三部第四章《藩望》，第300—301页，作者绘制了元日、冬至朝贺席次的站位图，可参，见第303页。作者还详细分析了外国使节谒见唐代皇帝以及皇帝宴请外国使节的仪式，见该书第三部第五、六章，第319—382页。关于“宾礼”的研究，日本的成果颇多，不备引。对于蕃客参加其他礼仪及参与的意义，似乎关注者不多。

唐代将到长安的四夷君长根据“蕃望高下”划分为等位，分级穿插到朝见官员的品阶队伍中，对蕃客次序的管理更为精细化，也更好地与唐朝的品阶衔接起来，形成一个华夷兼顾、尊卑井然的秩序。这套做法或许承袭自萧梁，更早的西晋是否已有类似的规定，限于史料，尚不清楚，详参［日］石见清裕：《唐代北方问题与国际秩序》，第297—317页；王义康：《覃于风教：唐王朝的政治秩序》第四章《唐代册封与授受四夷官爵》，社会科学文献出版社，2020年，第216—273页。

③ 《旧唐书》卷三《太宗纪下》，中华书局，1975年，第41页。

④ 《旧唐书》卷二五《礼仪志五》，第972页。

⑤ 《旧唐书》卷四《高宗纪上》，第74页；《新唐书》卷七六《后妃传上·则天武皇后》，中华书局，1975年，第3475页。

酋长"[1]。如上文所述，甚至还可追溯到东汉。最早见于记载的则是西汉宣帝时匈奴单于的来朝。外夷入质，则可以早到武帝元封三年（前108）楼兰王

① 《旧唐书》卷二四《礼仪志四》，第925页。除了现实中的仪式参与，唐太宗昭陵与高宗乾陵以及其他10座帝陵前石人像中的众蕃客，章怀太子墓墓道东西壁壁画的客使图等，更是以图像呈现了唐人所热衷的这一场景。有关报道与研究见陕西省博物馆等：《唐章怀太子墓发掘简报》，《文物》1972年第7期，第16—17页，图版贰；陈国灿：《唐乾陵石人像及其衔名的研究》，《文物集刊》（第二集），1980年，第189—203页，修订稿载林幹主编《突厥与回纥历史论文选集》，中华书局，1987年，第375—407页（感谢孙梓辛君示下此书）；孙迟：《昭陵十四国君长石像考》，《文物》1984年第2期，第56—63、5页；章群：《关于乾陵石人像问题》与《附录八：高宗乾陵蕃臣像事迹》，收入氏著《唐代蕃将研究续编》，联经出版事业有限公司，2000年，第85—95、155—161页（感谢孙梓辛君示下此文）；王维坤：《唐章怀太子墓壁画"客使图"辨析》，《考古》1991年第1期，第65—74页；张建林、史考：《唐昭陵十四国蕃君长石像及题名石像座疏证》，载西安碑林博物馆编《碑林集刊》（第10辑），三秦出版社，2004年，第82—90页；张建林：《腰刀与发辫——唐陵陵园石刻蕃酋像中的突厥人形象》，载樊英峰主编《乾陵文化研究》（第4辑），三秦出版社，2008年，第77—84页；沈睿文：《唐陵的布局：空间与秩序》"伍 昭陵六骏与十四国君长像"，北京大学出版社，2009年，第227—246页；毕德广：《唐章怀太子墓"东客使图"新论》，《考古与文物》2020年第5期，第96—101页；赵超：《唐章怀太子墓壁画〈客使图〉补考》，《考古》2020年第6期，第108—120页。这些像与画的意义当如赵超所云"表现唐朝该帝王在世时代表国家进行的外交活动与对外武功，彰显大国威仪……它的象征意义是十分明显的，将其解读为在某一地点、某一时间举行的具体礼仪活动都是不适当的"，见该文第114页。这方面的新近研究还可参李丹婕：《太宗昭陵与贞观时代的君权形塑》，《中华文史论丛》2019年第1期，第245—258页；耿朔：《昭陵十四蕃君长像的形塑》，载巫鸿、郑岩、朱青生主编《古代墓葬美术研究》（第5辑），湖南美术出版社，2022年；刘子凡《"天可汗"称号与唐代国家建构》，《历史研究》2021年第6期，第193—194页。感谢徐畅检示三文！

亦有学者强调其背后的"突厥化"倾向，应该说这只是从形象上看而已，内在精神上依然是与皇帝生前反复举行的仪式中蕃客的到场一样，体现了不分华夷、天下一家的追求。此说见岑仲勉：《隋唐史》第九节《昭、乾二陵及其特点》，河北教育出版社，2000年，第135—138页；葛承雍：《唐昭陵、乾陵蕃人石像与"突厥化"问题》，载余太山、李锦绣主编《欧亚学刊》（第3辑），商务印书馆，2002年，第150—161页。

类似的图像作品甚多，从南朝的《职贡图》开始，到唐代《历代名画记》卷九上中提及的颇多，不详举。这些绘画与上述蕃客石像以及壁画，当放在彰显协和万邦、华夷一家的脉络下去把握。

遣子质汉。[①]而文献的记述，更可上溯到《国语·周语上》“穆王将征犬戎”中的描述。

当然，这些十分烦琐的仪式如果年年均要皇帝亲力亲为，皇帝也会陷入不停的斋戒与循规蹈矩的活动中，多数情况下实际是有司摄事，[②]因而《开元礼》中也同时提供了“有司摄事”下的仪注，此种情况下，蕃客们均无须到场。虽然有司会分担大部分的仪式活动，皇帝以及蕃客们因而不用出席，但有些还是必须要皇帝亲自到场的，如元会、加元服、纳后、册命皇太子之类。其他活动，如果总不出席，也会招致大臣们的批评，皇帝也会选择象征性地出席几次，南郊至少要亲祭一次，最多的是玄宗，亲祭过五次，《唐会要》中有很多记载，[③]不详述。为此，蕃客们也要随之到场。这虽是唐代的情形，西晋也相去不远。包括匈奴南单于、刘渊之类的侍子在内的四夷们，会反复出现在这类仪式的场所，甚至可以说这是他们最频繁参与的活动，因为他们在洛阳并无其他实质性的工作。

各种朝廷的礼仪活动十分重视因循传统，特别是经书的说法，尽管在很多问题上争论不断，但实际上延续的成分更多。总体上看，自元成王莽时期所奠定的礼制格局（日本学者所说的“古典国制”）基本沿用到清末，其间只是在具体的细节上不时产生些讨论。第一次有完整的礼仪活动的记述保留下来，当属《大唐开元礼》。虽说该书成书于唐玄宗朝，与唐初比，已有不少

① 《汉书》卷九六《西域传上》，第 3877 页。

② ［日］金子修一：《古代中国与皇帝祭祀》，第 18—21、39—55、128—146 页。其中表 14、15 统计了唐代皇帝郊庙亲祭的情况。如他所言，当时有司摄事是常态。他认为《开元礼》并没有行用，见第 146 页。另有学者认为得到颁行，但到唐后期在实践中逐渐被取代，见刘安志：《关于〈大唐开元礼〉的性质及行用问题》，第 18—35 页；吴丽娱：《礼与中国古代社会·隋唐五代卷》，中国社会科学出版社，2016 年，第 84—105 页。另从杜佑将《开元礼》节略抄入《通典·礼典》，亦可证明并非没有行用的具文。因而后说更符合实际，可从。

③ 《唐会要》卷一〇上“亲拜郊”、卷一〇下“藉田”、卷一三“亲飨庙”，中华书局，1960 年，第 201—204、243—247、254—256、301—303 页。

改动，若从延续性角度看，可以说是主流。据此逆推，甚至可以帮助我们了解西晋的大概情况。《宋书》以下诸书《礼仪志》只是对有变动的部分加以记载，《南齐书·礼志上》开篇所说“宋初因循改革，事系群儒，其前史所详，并不重述。永明二年，太子步兵校尉伏曼容表定礼乐。于是诏尚书令王俭制定新礼，……因集前代，撰治五礼，……文多不载。若郊庙庠序之仪，冠婚丧纪之节，事有变革，宜录时事者，备今志”[①]，因此《礼志》中充斥的是各种祭祀中有争论或变动的方面，而像元会以及各种典礼中四夷侍子参加一类，当属其中因循未改者，因而没有提及。《开元礼》性质不同，属于指导实践的仪注，要详细说明各礼如何操作，无法省略。这些要求恐非先秦礼书所有，而是西汉以后，特别是宣帝及元成以降随着匈奴入朝而添益，并为王莽以后各朝所继承的。

不难推知，西晋时期刘渊父子在洛阳做质子的20多年中，会反反复复参加朝廷周期性举行的各种重大仪式性活动。此外，临时性的重大仪式他们也不会缺席。汉魏禅代这样的开国大典，匈奴南单于就的确出席了。《三国志·魏书·文帝纪》注引《献帝传》：“（建安二十五年，改元延康、黄初，220年，十月）辛未，魏王登坛受禅，公卿、列侯、诸将、匈奴单于、四夷朝者数万人陪位，燎祭天地、五岳、四渎。”[②]表明南单于与朝贡的四夷都到场参加。见证这一历史盛况的《受禅表》石碑尚矗立在河南临颍县繁城镇的汉献帝庙，碑文中记载：“匈奴南单于、东夷、南蛮、西戎、北狄，王侯君长之群，入自旗门，咸旅于位。”此前魏国众公卿的“上尊号表”也被刊石立碑，保留在同地。碑阳第五行也有“匈奴南单于臣泉”的题名，列在“使持节后将军、华乡侯臣（朱）灵”与“奉常臣（邢）贞”

① 《南齐书》卷九《礼志上》，中华书局，2019年，第128页。

② 《三国志》卷二《魏书·文帝纪》，第75页。

之间，[1]此人即是文献中出现的南单于呼厨泉，史书所述确非虚妄。[2]40多年后的魏晋禅代则是汉魏禅代的重演。咸熙二年（后改元泰始元年，265）十二月丙寅，“设坛于南郊”，并“柴燎告类于上帝”，参与的除百僚在位者，史书还特别提到匈奴南单于、四夷，合计有数万人之多，[3]可惜没留下类似的碑刻。至于其他仪式性的场合，如军队出征、胜利归来的献俘，估计也少不了他们。[4]

西晋建立后，类似的典礼并不少见，以下据《晋书》中的《武帝纪》与《惠帝纪》胪列如下，至刘渊起兵时止。为免文繁，个别引文有压缩与节略，用“*”标注：

---

① 拓片、释文与注释分见［日］三国时代出土文字资料班：《魏晉石刻資料選注》，京都大学人文科学研究所，2006年，第6—7、2—5、87—101、69—85页；拓片已残泐，据〔宋〕洪适：《隶释》卷一九“魏公卿上尊号奏”补，影印本，中华书局，1985年，第188—189、186—188页。比对《三国志》卷二《文帝纪》注引《献帝传》，后一表文大体对应于己巳日相国歆、太尉诩、御史大夫朗及九卿奏，第73—74页。但《献帝传》中文字更多。《上尊号碑》更早的拓本见上海图书馆藏珍本碑帖丛刊第七辑《上尊号碑受禅表合册》（金农藏本），上海古籍出版社，2022年，不过，此拓本为割裱本，疑中间残损部分未拓，现存题名与京都大学所用的整拓本不同，“匈奴南单于泉”见第14—15页。感谢童岭君提示此拓本。

② 当然，此碑是将一封魏国公卿的上奏刊刻于石，作为纪念。碑文云“臣谨拜表朝堂”，题名者仅是参与了联署的公卿，有些当时可能并不在邺城。汉代以来文书上的代笔签署并不罕见，这是一份表明自身立场的上奏，期待魏国代汉的诸臣恐怕不愿错过这样一个表功的好机会。此外，南单于没有什么职事，且颇具象征意义，随行外出应该也是有意安排的。感谢孙正军兄的提示。

③ 《晋书》卷三《武帝纪》，第50页。仪式过程的分析，见陈戍国：《中国礼制史·魏晋南北朝卷》，第101—102页。

④ 东汉延康元年（220）六月曹丕率军南征，八月在谯县举行大飨，并立碑纪念。此碑今不存，唐大中五年（851）曾重刻，见〔宋〕赵明诚撰，金文明校证：《金石录》卷二〇，广西师范大学出版社，2005年，第339页。按宋人洪适录的释文，匈奴单于、乌桓鲜卑，引弓之类，也随军参加，见《隶释》卷一九《魏大飨碑》，第185页。此事见《三国志》卷二《魏书·文帝纪》延康元年七月甲午，第61页。关于三国时期的祭天仪式，可参钱国盈：《三国时期的祭天礼仪》，《嘉南学报》2008年第34期，第503—514页。

*泰始元年（265）十二月丙寅，设坛于南郊，百僚与匈奴南单于四夷数万人会，柴燎告类于上帝，大赦，改元，赐天下爵、赐鳏寡等谷，复天下租赋及关市税一年。丁卯，遣太仆告太庙。封魏帝为陈留王。追尊祖、伯父、父帝号，尊太妃，封宗室为王，封大臣为县公，增封进爵，改历。

（二年正月）辛丑，尊景皇帝夫人羊氏为景皇后……丙午，立皇后杨氏。（二月）丁丑，郊祀宣帝以配天，宗祀文皇帝于明堂以配上帝。

初，帝虽从汉魏之制，既葬除服，而深衣素冠，降席撤膳，哀敬如丧者。（八月）戊辰，有司奏改服进膳，不许，遂礼终而后复吉。及太后之丧，亦如之。

十一月己卯……并圜丘、方丘于南、北郊，二至之祀合于二郊……己丑，追尊景帝夫人夏侯氏为景怀皇后。辛卯，迁祖祢神主于太庙。

（三年春正月）丁卯，立皇子衷为皇太子。

*四年春正月辛未，以尚书令裴秀为司空……丁亥，帝耕于藉田。戊子，因藉田下诏大赦。三月戊子，皇太后王氏崩……（四月）己亥，祔葬文明皇后王氏于崇阳陵……（七月）己卯，谒崇阳陵。

六年春正月丁亥朔，帝临轩，不设乐。

冬十一月，幸辟雍，行乡饮酒之礼，赐太常博士、学生帛牛酒各有差。立皇子柬为汝南王。

七年春正月丙午，皇太子冠，赐王公以下帛各有差……五月，立皇子宪为城阳王。……闰月，大雩，太官减膳……十二月，以光禄大夫郑袤为司空。

（八年春正月）癸亥，帝耕于藉田……秋七月，以车骑将军贾充为司空。

（九年）三月，立皇子祗为东海王。十一月丁酉，临宣武观大阅诸军，甲辰乃罢。

十年春正月辛亥，帝耕于藉田……八月，戊申，葬元皇后于峻阳陵……（冬十一月）庚午，帝临宣武观，大阅诸军。

咸宁元年（275）春正月戊午朔，大赦，改元……十一月癸亥，大阅于宣武观，至于己巳。十二月丁亥，追尊宣帝庙曰高祖，景帝曰世宗，文帝曰太祖。

（二年五月）庚午，大雩。六月癸丑，荐荔支于太庙……（八月）己亥，以太保何曾为太傅，太尉陈骞为大司马，司空贾充为太尉，镇军大将军齐王攸为司空……（十月）丁卯，立皇后杨氏，大赦，赐王公以下及于鳏寡各有差。

（三年冬十一月）丙戌，帝临宣武观大阅，至于壬辰。

（四年）秋七月己丑，祔葬景献皇后羊氏于峻平陵……九月，以太傅何曾为太宰。辛巳，以尚书令李胤为司徒。

［太康元年（280）］五月（当为“六月”）丙寅，帝临轩大会，引（孙）晧升殿，群臣咸称万岁。丁卯，荐酃渌酒于太庙。

（三年十二月）甲申，以司空齐王攸为大司马、督青州诸军事，镇东大将军、琅邪王伷为抚军大将军，汝南王亮为太尉，光禄大夫山涛为司徒，尚书令卫瓘为司空。

（四年）冬十一月戊午，以尚书左仆射魏舒为司徒。十二月庚午，大阅于宣武观。

（六年）十二月甲申，大阅于宣武观。

（九年）三月丁丑，皇后亲桑于西郊，赐帛各有差。壬辰，初并二社为一。

（十年四月）太庙成。乙巳，迁神主于新庙，帝迎于道左，遂祫祭。大赦，文武增位一等，作庙者二等。

太熙元年（290）春正月辛酉朔，改元。己巳，以尚书左仆射王浑为司徒，司空卫瓘为太保。①

太熙元年四月己酉，武帝崩。是日，皇太子即皇帝位，大赦，改元为永熙。尊皇后杨氏曰皇太后，立妃贾氏为皇后。夏五月辛未，葬武皇帝于峻阳陵……秋八月壬午，立广陵王遹为皇太子，以中书监何劭为太

① 《晋书》卷三《武帝纪》，第50—80页。

子太师，吏部尚书王戎为太子太傅，卫将军杨济为太子太保……十月辛酉，以司空石鉴为太尉，前镇西将军、陇西王泰为司空。

永平元年（291）春正月乙酉朔，临朝，不设乐……丙午，皇太子冠，丁未，见于太庙……三月壬辰，大赦，改元。贾后矫诏废皇太后为庶人，徙于金墉城，告于天地宗庙。

（元康）六年（296）春正月，大赦……以中书监张华为司空。

七年九月，以尚书右仆射王戎为司徒。

[永康元年（300）十一月] 甲子，立皇后羊氏，大赦。

永宁元年（301）四月癸亥……大赦，改元，孤寡赐谷五斛，大酺五日……六月戊辰，大赦，增吏位二等……甲戌，以齐王冏为大司马、都督中外诸军事，成都王颖为大将军、录尚书事，河间王颙为太尉。罢丞相，复置司徒官。己卯，以梁王肜为太宰，领司徒。封齐王冏功臣葛旟牟平公，路季小黄公，卫毅平阴公，刘真安乡公，韩泰封丘公。

[永宁二年（302年，后改元太安）五月] 癸卯，以清河王遐子覃为皇太子，赐孤寡帛，大酺五日。以齐王冏为太师，东海王越为司空。

[永兴元年（304年）] 冬十一月乙未，（张）方请帝谒庙，因劫帝幸长安。[①]

帝纪记录的礼仪活动并不全，据《礼仪志》及其他资料（如《辟雍碑》）还可补充更多的活动。[②]限于篇幅，不再一一补充。上述活动中，有不少需要四夷参与，按唐代的规矩，元会之外，四夷需出席的场合还有很多，如时享太庙、祫禘、藉田、四时迎气、纳后立太子、太子冠礼之类。确实可查的如武帝至少三次参加的春季藉田礼，按潘岳的《藉田赋》云：

---

① 《晋书》卷四《惠帝纪》，第89—103页。陈戍国对此做过系统梳理，并与两汉进行了比较，详见氏著《中国礼制史·魏晋南北朝卷》第二章《两晋礼仪》，湖南教育出版社，2002年，第89—229页。

② 如《初学记》卷二六《器物部　冠第一》“鸠拂 鸟萃”条引萧方等《三十国春秋》“晋永康元年（300）正月大会，有鸠入御坐武帐中，拂司空张华之冠”，中华书局，2004年，第623页。

于是我皇乃降灵坛，抚御耦，游场染屦，洪縻在手。三推而舍，庶人终亩。贵贱以班，或五或九。于斯时也，居靡都鄙，人无华裔，长幼杂沓以交集，士女颁斌而咸戾。被褐振裾，垂髫总髻，蹑踵侧肩，掎裳连襼。黄尘为之四合兮，阳光为之潜翳。[1]

称“人无华裔”，长幼男女交集，洛阳的四夷们当也参加了。恐怕并非如赋中所言，仿佛是所有人不论男女老幼可自由参加，应该也是受邀的特定人物。典籍中所说的“藉田”只是要“庶民终于千亩”（《国语·周语》），不分华裔都招来参加，或许又是司马氏的发明。

这些仪式活动的特点就是规矩多且细，讲究站位、次序，参与者除了人，往往还有看不见的神灵，各种举动充满象征意味。魏晋禅代的大典，刘渊当参加过。[2]据《刘元海载记》，咸熙中，他已作为任子到了洛阳，且结识了司马昭。刘渊父子参与观摩过的祭祀、元会等不下数十次，了解到很多仪式进行的细节并可能从各种安排中体会到尊卑秩序、各种神祇祖先神灵之间的关系、对王朝的意义等等，这成为他们日后建立自己国家时模仿/改造的对象。刘渊建国时为坛于南郊的灵感，恐怕就来自初到洛阳时参加过的那场魏晋禅代的大典。

三、刘渊汉赵国的历史意义

天下秩序实际是中原王朝想象与构造的世界体系，也是中原王朝与周边诸“蛮夷”共同参与缔造与维持并共享的秩序格局。它既是观念上的，也是实践中的，前者内涵基本稳定，长程观察，后者则不断经历变化，两者在交互作用中展开，构成中国王朝存在的本身以及东亚/东南亚/中亚历史的重要内容，直到1912年清朝覆灭。实践中的这一秩序既包含了王朝内政的展开，也体现为朝

① 《晋书》卷五五《潘岳传》，第1501页；另见于李善注《文选》卷七，第345—346页。个别文字有出入。

② 陈琳国已指出此点，见所著《中古北方民族史探》，第315页。

贡、册封、互市、质子等具体而微的活动，[①]以及两者的糅合。这些长期以来受到海内外学界的关注，当然往往是按照现代民族国家的疆界内外分割，放在20世纪形成的政治史、民族史或中外关系史中去分别处理，基于此形成了诸多有影响力的认识。需要指出的是，上述活动中，受学界重视的往往是作为事件来理解的“册封”，这只能解释中原王朝与某个政治体之间建立天下秩序，至于秩序如何维系，过去关注不多。就秩序而言，如何维系和建立一样值得注意。

就维系而言，从入境开始的各种接待与安排，就嵌入了王朝自身的等级秩序，前人对此有过不少研究。[②]这些日常体验更多的是让四夷君长或客使体

---

① 在天下国家之“天下－中国－四夷”框架下从中国性与胡族并存的二元性去认识十六国，可参甘怀真：《五胡十六国时期胡族国家政权》，载陈惠芬编《第一届跨越想像的边界：族群·礼法·社会——中国史国际学术研讨会论文集》，秀威资讯科技股份有限公司，2018年，第475—500页。檀上宽称之为“天朝体制”，见氏著《明代海禁＝朝貢システムと華夷秩序》之《终章：明清時代の天朝体制と華夷秩序》，京都：京都大学出版会，2013年，第417—456页。有关论述还可参韦兵：《完整的天下经验：宋辽夏金元之间的互动》“绪论”，北京师范大学出版社，2019年，第1—17页。清代中期的公羊经学家们则通过对历史的阐述，重建了对“大一统”的解释以及对“礼仪中国”的叙述，实现了对现实中清朝统治合法性的认可，提供了某种内部视角，显示了儒家们自身通过礼仪来构建历史叙述连续性的内在自觉，可与外在统治实践并观，有关论述见汪晖：《现代中国思想的兴起》上卷第二部第五章《内与外（一）：礼仪中国的观念与帝国》，生活·读书·新知三联书店，2015年，第489—608页。

这样一种国家形态，与罗马共和国、罗马帝国依靠战争、殖民、和约等方式来维持稳定的统治的确有不少差别，至少战争远没有罗马那么频繁和关键，和平也不依靠和约来维持。当然，统治对象为不同族群，并采取差别化的方式来管理上则有共通之处，因而从天下角度来看待秦汉以后的王朝国家，以区别于罗马为原型的帝国模式，也是有其学术意义的。后者的概述，可见熊宸：《19世纪罗马“帝国主义”问题在西方学术界的缘起与发展》，《世界历史》2021年第2期，第123—134页；刘津瑜：《罗马史研究入门》（第2版），北京大学出版社，2021年，第239—249页。实际上，罗马人也有“无边帝国”的想法，见于维吉尔的史诗《埃涅阿斯纪》，与中国古代的天下观有类似之处，见王忠孝：《“无远弗届”：罗马帝国早期疆域观的变迁》，《历史研究》2020年第2期，第110—126页。

② 黎虎：《汉唐外交制度史》（增订本），第113—160、254—291、430—536页；［日］石见清裕：《唐代北方问题与国际秩序》第三部第三章《鸿胪寺与迎宾馆》，第273—293页；王贞平：《唐代宾礼研究：亚洲视域中的外交信息传递》第二章《宾礼的主要环节》，中西书局，2017年，第10—58页。

会到尊卑等级，真正见识天下秩序的主要是从朝见开始的反复参加各种仪式活动。通过皇帝的在场，站位的方位，人员分类与远近，官员的冠服与佩饰的颜色、等级，四夷君长客使们各自的国服，像是镶嵌在整齐有序织物外缘的散乱花边，随着赞者号令的声音起伏兴拜，步调一致，不断的操练形成某种身体与心理的记忆，[①]构成一套围绕皇帝的华夷和合的秩序。借助身心的记忆，形成一套可以再现与复制的机制。远不止是观念或言说，众多的细节难以尽数复制，但整体的构架不难模仿，成为四夷模仿与改造自己国家的范本，辐射范围涵盖了中原王朝四周，最远大概要算日本。少数情况下，也为他们自己立国（如日本）甚至是在中原建立自己的统治提供了样本。[②]对在中原立国而言，当然需要契机和条件，最重要的契机则来自中原王朝内部的动乱与衰落，条件则是能接受农耕生活或已经深入到郡县区域内居住且依然保留了自身部落组织的群落。将三者结合起来，则要靠具体个人的努力。历史上努力尝试者不少，而失败者居多。刘渊可以算是第一位短暂的成功者，安禄山大概是最知名的失败者，最为成功的当属努尔哈赤与皇太极领导下的女真及其所建立的清朝。[③]

从国家建构角度观察，刘渊出身匈奴贵族，却在西晋王朝都城生活20多年，相当熟悉其制度与运作，后回匈奴五部担任首领多年，成为兼通两个传统的跨界首领（赵鼎新称之为“少数民族干部”）。刘聪有同样的经历，尽管时间不如其父久。刘渊建立、刘聪巩固的汉赵国，特色即是混杂，保留不少匈奴传统，同样也可以放在中原系王朝的延长线上去认识，是在模仿中原王朝中开创的自己的基业，属于苏秉琦所说的“续生型国

① ［美］保罗·康纳顿著，纳日碧力戈译：《社会如何记忆》，上海人民出版社，2000年，第71—82、90—127页。适值2021年5月北京疫情，清华封闭，无法入校，烦劳张琦君往返学校替我借书，成鹏君送书，谨此致谢！

② 参［日］吉田孝：《岩波日本史》第二卷《飞鸟·奈良时代》，2020年。

③ 努尔哈赤祖先与明廷的朝贡往来，至其与明朝交往，甚至7次到北京朝贡，其弟则来过4次，见阎崇年：《努尔哈赤全传》，江苏文艺出版社，2014年，第1—18、28—29、169—174页；又见刘丹：《论努尔哈赤与明朝的关系》，《辽宁大学学报》（哲学社会科学版）1978年第5期，第59—62页；杨益茂：《努尔哈赤贡明考》，《吉林师范大学学报》（人文社会科学版）2019年第4期，第18—25页。

家”[①]，并非学者所说的另一种国家建设的模式，当然更不是“萌芽于辽，定型于元，而成熟、发达于清了”[②]。若说发端，要上溯到4世纪初年的刘渊建汉。不过由于匈奴自身并无独立建立与长久维系一个超出部落联盟之上的复杂政治体的自身传统[③]，他所建立的国家基本只是亦步亦趋地仿照中原系王朝建立的，是后者的某种翻版，称不上独立的国家建构模式，实际上要想完全白手起家，没有凭依便建立一个新国家，在人类历史上也是极为罕见的，多数都是通过学习而走上国家建设道路的。[④]

当然，从传统角度看，只不过是城头变幻大王旗，属于本格意义上的造反，更说不上是“亡天下”。顾炎武之叹并没有跳出“非我族类，其心必异”的老套与固定化的君臣仁义观念，没有意识到刘渊父子以降直至努尔哈赤，走上建国之路都离不开自身经历或感受的中原系王朝实践的引导，均是后者所建立的天下秩序中的组成部分。新王朝主要是在模拟中前进，也会有一些自己的创制，在处理四夷问题上，多少都会胜过他们的老师们。刘渊们与其所参与其中的天下秩序之间的关系，类似于萨林斯所说的“搬演性”（performative）结构关系，

---

① 苏秉琦：《中国文明起源新探》“三部曲与三模式”，生活·读书·新知三联书店，1999年，第130、163—165页。

② 姚大力：《中国历史上的两种国家建构模式》，收入氏著《追寻“我们”的根源：中国历史上的民族与国家意识》，生活·读书·新知三联书店，2018年，第141—160页，引文见第151页。作者将两种国家建构模式分别概括为“外儒内法的专制君主官僚制国家建构模式”与“内亚边疆帝国模式”，突出的是两者之间的差别，管见以为，两者之间存在不少差别毋庸置言，更值得注意的是，那些所谓内亚族群建立的国家会在很多方面模仿他们长期与之交往的中原系王朝，因而不存在独立的“内亚边疆帝国模式”。双方的长期交往，作者亦注意到，见氏著《中国历史上的民族关系与国家认同》，同上书，第13页。

③ 参［美］巴菲尔德著，袁剑译：《危险的边疆：游牧帝国与中国》，江苏人民出版社，2011年，第9—40页。

④ 类似的看法见胡鸿：《能夏则大与渐慕华风——政治体视角下的华夏与华夏化》，北京师范大学出版社，2017年，第204页；王柯：《从“天下”国家到民族国家——历史中国的认知与实践》，上海人民出版社，2020年，第100—118页。感谢吴天宇君检示两书中的有关论述。

模仿中带着自己的创造与发挥，但又难以跳脱其规范。[1]今天应该超越这种狭隘的王朝史观与君臣观的束缚，在王朝更迭变动之外看到前后内在的连续性。

就刘渊而言，作为首次勇于尝试者，[2]他对中原系王朝的感知尚有颇多肤浅片面之处，加之自身经验亦有限，无论是统治晋民还是解决自身皇位继承，均面临很多困难，也挣扎在中原王朝的做法与匈奴传统之间，其国祚短促与这些颇有关联。容另文讨论。不过，刘渊父子这类非中原居民的四夷领袖，被质子这一机制性安排所操弄，在都城生活多年，获得的经验与积累的感受，成为中原王朝与自身部落之间的桥梁，他们作为一种兼通双方文化、心理与行为方式的中间人物，潜在地具有沟通双方的作用[3]。作用朝哪个方向发展，

---

① 参［美］马歇尔·萨林斯著，董达居等译，刘永华等校：《历史之岛》，上海人民出版社，2003 年，第 7—10 页。

② 除了先秦时期中山国之类久居中原的白狄，秦末大乱中建立南越国的赵佗可以算是更早的实践者，不过他原本是秦朝任命的南海郡龙川县的县令，后行南海郡尉，且是真定人（《史记》卷一一三《南越列传》，第 3569 页）。而那些起兵造反的义军首领们也都是中原居民。出自当时所谓的入塞胡族而在中原建立自己国家，甚至推翻了中原王朝的，刘渊是第一位。

③ 这一点梁启超、巴菲尔德、管彦波曾论及，陈金生有更充分的分析，分见氏著《危险的边疆：游牧帝国与中国》，第 124—125 页；《中国古代史上的民族融合问题（下）》，《历史教学》2001 年第 9 期，第 37 页；《质子与民族融合问题研究》，第 123—137、151—153 页。

世界范围内人质现象都很常见，古希腊、罗马与欧洲一直到 18 世纪人质现象颇多，也是维持国家之间和平与条约履行的常用手段，与西方外交以及国际法的产生有密切关系。波利比乌斯（Polybius）的《通史》（*The Histories*）中就有不少记载，罗马史领域，西方学界至少自 1905 年以来由 A. Matthael 与 A. Aymard 发端，后续研究很多，既有大量论文，也有博士论文与专著，集中的论述见 C. Walker, *Hostages in Republican Rome.* PhD diss., University of North Carolina at Chapel Hill, 1980.J. Allen, *Hostages and Hostage—Taking in the Roman Empire.* Cambridge: Cambridge University Press, 2006。关于欧洲中世纪的人质，可参 Adam J. Kosto, *Hostages in the Middle Ages.* Oxford: Oxford University Press, 2012。扼要的概括见 Simon Thijs, "Hostages of Rome", *Athens Journal of History* 3, 2016, pp.199, 212。Walker 认为人质有助于实现"罗马化"，见第 207—209 页，而 Thijs 则认为纳质的诸目的中，罗马使用人质来加强质子母国对罗马的向心力，即"罗马化"，是从效果方面的观察，但并非罗马采取此措施的初衷，见第 205 页。此点上与中国古代有别。另外，人质在中国古代并非交战国之间的产物，和平状态下也会继续使用，且双方应该并无条约，人质也并非条约的担保人。感谢熊宸博士检示上述资料！

要看当时的局势以及个人的感知与取向了。换个角度看，这种经历同时也构成了他们眼界与想象力的边界，束缚并限制了他们，使他们无法挣脱两个传统或两个传统的融合，另起炉灶。[1]

简言之，刘渊父子既是匈奴贵族，也不是，更准确地说，是兼具匈奴与汉晋文化的多面人。心中的理想是晋氏王朝，甚至还有自认为是汉朝后裔而拥抱汉朝第三面。从更大范围看，刘渊们创造的历史，构成了今天被称为中国史的历史中另外一半的开端。[2]

继续将刘渊父子放在民族史的视野下去看待，民族融合、民族认同或民族矛盾自然是关注的焦点，也有可能看到他们身上的复杂性，[3]却极易会透过特定的民族问题来打量他们的行动，忽略了刘渊们建立自己国家的诉求与努力，也会矮化其努力的历史意义。[4]

上述分析粗看与过去研究中所关注的汉化论没多大区别，但仔细对比，不难发现其间的差别。汉化论立基于经济史观，强调的是生产方式与社会形态的变化，并不太考虑国家形态的演变以及国家建立的具体方式。依笔者之见，最直接的是通过起兵建立新的王朝，离不开具体人物的作用，以及制度建设，对时人而言，这是个探索与学习的过程。对今天的研究者，则首先需

---

① 质子带来的多种可能性，古人就有所察觉。唐初武后时，针对四夷质子久居唐廷，归国后时为边害，薛登就曾谏言废止四夷派侍子来长安的做法，在论述中就以刘渊为例，云“元海五部散亡之余而能自振者，少居内地，明习汉法，鄙单于之陋，窃帝王之称。使其未尝内徙，不过劫边人缯彩、曲糵归阴山而已”，便明确认为刘渊因少居内地，熟悉汉法而终自立为皇帝，不然不过是些边患，但武后没有采纳此建议，见《新唐书》卷一一二《薛登传》，第 4171 页，感谢范云飞君示下此条资料。此上疏颇有影响，《通典》亦引述，见《通典》卷二〇〇《边防十六》，第 5476 页。

② 有关论述可参考李治安：《民族融汇与中国历史发展第二条基本线索论纲》，收入氏著《元史及中古史新论》，人民出版社，2022 年，第 348—369 页。

③ 如黄烈：《中国古代民族史研究》，第 193—194、195—196、199—202 页。

④ 楼劲在对北魏开国史的研究中也特别提到不能仅注意“异族政权”，还需注意其身上的“传统王朝”侧面，见氏著《北魏开国史探》“前言”，中国社会科学出版社，2017 年，第 3—5 页。感谢刘兵兄提示此书。

要分析新王朝如何建立与维系的，探讨人物的作用与制度的来源，如何发挥作用，等等。汉化论建立在单向进化论的认识之上，忽略了其中具体人的作用，以及其中可能的曲折反复，以一种外在的后见之明的方式，遮蔽了实际历史过程的复杂性，以及其中具体人物的具体作用，用简单的决定论与规律论取代了艰难曲折的历史过程。①

与汉化论相对，魏特夫对中国王朝进行了分类，在典型的中原王朝（一元性的）之外，区分出渗透王朝（五胡十六国及北魏、北齐与北周）与征服王朝（辽、金、元与清，二元性的），侧重从外族建立王朝角度分析其与中原王朝的关系，②开阔了视野，丰富了认识。不过，某种意义上成为汉化说的对立面，两者看法均割裂了外族与中原王朝之间长期的互动，以及共存于天下秩序之下的状况，难免各取一端。日本学者提出的胡族国家（或称为“胡族体系”“胡族政权”）也是在突出与中原王朝不同的异质性，③当然有其道理。不过这样的标签，同样遮蔽了它们与中原王朝共通的面向。需要放在共享的天下秩序下去把握王朝内在的混杂性，而非站在不同立场去强调非此（汉）即彼（胡）的单一特性，以及单向的由彼（胡）及此（汉）的转化。

---

① 汉化问题的研究，可以和罗马史研究中“罗马化”问题对照来认识，关于后者的扼要梳理，可见胡玉娟：《罗马化抑或高卢化——高卢罗马化过程中的文化互动现象考察》，《社会科学战线》2015 年第 4 期，第 170—181 页；刘津瑜：《罗马史研究入门》（第 2 版），第 250—257 页；马锋：《罗马化研究的理论反思——以叙利亚地区的罗马化为视角》，《史学月刊》2022 年第 8 期，第 19—24 页。

② 魏复古（特夫）：《中国辽代社会史总述》，载郑钦仁、李明仁编译《征服王朝论文集》，稻乡出版社，2002 年，第 1—69 页。

③ ［日］川本芳昭：《论胡族国家》，载谷川道雄主编《魏晋南北朝隋唐史学的基本问题》，1997 年初刊，中译本，中华书局，2010 年，第 69—87 页；［日］松下宪一：《北魏胡族体制论・序》，札幌：北海道大学出版会，2007 年，第 1—8 页；［日］窪添庆文：《北魏史：洛陽遷都の前と後》，东京：东方书店，2020 年。姚大力亦赞同称这类非汉族政权为“北族王朝”，见氏著《追寻“我们”的根源：中国史上的族群及国家认同》，第 13 页。

当然，也有学者虽然在使用胡族国家的概念，却注意到其所建立的胡汉二元的体制实际是继承了汉魏晋的胡汉双联王权，只是开创了胡人也可以担任中国天子的新传统，见甘怀真：《五胡十六国时期胡族国家政权》，第 478—479、482、498、500 页。

此外，刘渊父子立国以及国家建立后的仪式活动，也提供了一个观察仪式在国家建构与维系中作用的窗口。《左传·成公十三年》："国之大事，在祀与戎。"此言产生于祭祀已受轻忽的时代，越往前追溯，祭祀在王朝中的作用的确越凸显。宋人欧阳修在《新唐书·礼乐志》"序"中有一个著名的论断："由三代而上，治出于一，而礼乐达于天下；由三代而下，治出于二，而礼乐为虚名。"[①]他将这种变动的转折点定位在秦的"变古"，认为此后"其朝夕从事，则以簿书、狱讼、兵食为急"。欧阳修是感叹无法回归三代，其立场可不论，其说确是个相当敏锐的观察，也结合了他现实中的体验。[②]不过礼乐作用的下降，是个相当漫长的过程，最早可以追到西周建立，更关键的起点则是平王东迁，春秋战国的历史就是神灵逐渐失坠，人力逐渐彰显的时代，无法简单归咎于秦国与秦朝。所谓"治出于二"的时代，礼乐也不能算是虚文，除了用于郊庙朝廷的显在礼乐，仪式性依然随处可见，弥散在朝野的诸多方面，簿书、狱讼与兵食中亦然。处理各种事务所使用的文书中称呼用语与平阙写法，可谓是书面的仪式。狱讼所凭依的律令亦渗透着五服、八议等等，官府内部长吏与属吏之间的交往也包裹着厚厚的仪式外衣。[③]这些司空见惯却颇为隐蔽的仪式性受到史书叙述中围绕人物/事件、制度展开的叙事手法的遮掩，再加上20世纪以来"去魅"后过度理性化政治观、权力观与国家观和对传统，尤其是针对孔家店及其产物儒学的强烈批判，[④]使得对仪式意义的认知

① 《新唐书》卷一一《礼乐志》，第307页。

② 类似的观察，现代学者也有不少，如程树德：《九朝律考》卷一《汉律考》"律名考"，中华书局，1963年，第11页；陈来：《古代宗教与伦理：儒家思想的根源》，北京大学出版社，2017年，第107—184页；余英时：《论天人之际：中国古代思想起源试探》，中华书局，2014年，第79—84页。

③ 值得注意的分析见［日］高木智见：《颁福之王》，《中国史学》（第16卷），2006年，中译本，载《日本中国史研究年刊》刊行会编《日本中国史研究年刊二（2006年度）》，上海古籍出版社，2008年，第63—87页；另可参侯旭东：《白事而不朝：西汉相府中丞相－属吏交往与双方关系的建构》，待刊稿。

④ 这样一种基于理性的现代权力与政治观，至少可以追溯到马克斯·韦伯，见氏著《经济与社会》（第一卷）第一章《社会学基本术语》，上海人民出版社，2019年，第184—189页。

在历史与现实研究中被边缘化。

最近30年逐渐复兴的礼学与礼制的研究，基本是在传统经学、礼学或近代形成的制度史脉络下展开的。[①]对历史上那些无休止的关于祭祀对象与仪节的争论投注了过多的关注，而对更基础的、更一般性的问题，如仪式与参与者、仪式与国家建设之间关系、仪式与王朝秩序维系之间关系则思考不足。刘渊父子对西晋王朝那些仪式活动的具体感受，今天很难重建，但通过他们建国时与建国后的活动，可以看出他们之前所参与的仪式以及在仪式中呈现的仪节带给他们多么难以磨灭的印象。正如一位人类学家所言，权力必须披着象征的外衣才能表现出来。正像是支持政治统治秩序的必需品，而对于推翻这种秩序或用不同的政治制度取代这种秩序来说，象征也是不可或缺的元素。[②]“权力”为何，自然还需更多的检讨，这种弥散的仪式性即便到了今天也未消散。当下随处可见官方与非官方的正式会议中摆放出席者座签，安排座次，令人联想到《大唐开元礼》中每类仪式前“陈设”环节中对各色官员，包括蕃客位次的安排，以及仪式开始前众人根据“陈设”而“就位”，皇帝参与的仪式中，所作所为也是固定且仪式化的，举动与捧读的祝文也是重复性的。在对当下政治的分析中，利益、派系、集团与权力斗争成了主角，仪式基本淡出了学者的视线，但在实践中，它却依然顽强地与政治行为纠缠在一起，持久地显示着自己的规范力量，嘲讽了主流认识的偏狭。

显在与隐性的仪式弥散在王朝中，对于认识古代中国有什么意义？格尔茨通过对印尼巴厘岛上尼加拉的研究，提出了“剧场国家”的概念，强调了

① 详参杨英：《改革开放四十年来的先秦礼学和礼制研究》，《古代文明》2019年第3期，第35—51页；另氏著《改革开放四十年来的中古礼学和礼制研究》，《文史哲》2020年第5期，第99—113页。海外学界的研究，可参［日］佐藤将之：《参于天地之治：荀子礼治政治思想的起源与构造》，台湾大学出版中心，2016年，第169—182页；郑伊凡：《英文汉学界的礼学研究综述》，《人文论丛》2020年第1辑，第435—452页。

② ［美］科泽著，王海洲译：《仪式、政治与权力》，江苏人民出版社，2015年，第203页。

国家在展示中存在。[1]这是否适用于中国？无疑，古代中国王朝的存在脱离不了展演，特别是通过各种祭祀、四夷来朝与皇帝、高官出行的威仪，但这只是有意为之的一个面向，并非全部。要反思的不只是仪式及其意义，还不能不包括与之相对的“权力”。作为一个学术著作与日常生活中随处可见的词汇，是否存在剥离了感性外衣，因而与仪式对应的、纯粹且可以计算、数值固定而为各方争夺、此多彼少的权力？

天下秩序除了作为表达见于口头或文字，进而成为时人构想世界的基本架构，[2]还可以看作是一套以再分配为核心的人-物-神的名/分交换与维生的庶务交织互动的持续展开，两者相互维系。礼仪属于“名”、例行性的“常”，是天下秩序的重要载体。各种仪式哪些人可以进行亦体现了君臣民的分工与等级秩序，有些属于皇帝的禁脔，如南郊祭天、封禅之类，“名”中亦包含且体现着“分”。行动者在其中变为了按规定角色行事、完成其职责的工具人，皇帝亦不例外。除了这种规范性的意义，礼也是各方参与者展演乃至争夺的舞台和场合，不只是礼学家们竞逐学力的比武场，也是仪式参与者们学习、抵抗的空间。落实到古代中国人的构成的多重性认识，并非仅是现实中可见

① ［美］克利福德·格尔茨著：《尼加拉：十九世纪巴厘剧场国家》（*Negara: the Theatre state in Nineteenth-Century Bali*），1980年初刊，赵丙祥译，商务印书馆，2018年，特别是结论，第109—124页。

② 此外，亦有影响的是佛教中以印度/须弥山为中心的天下观/宇宙观，宋代以前也相当流行。按此说，中土则成为了边地。不过，在王朝统治层面，中原王朝为中心的天下秩序虽然受到佛教以印度须弥山为中心的世界观的冲击，但没有动摇前者的支配地位，有关论述比较集中地收录在南朝与唐代僧人编撰的《经律异相》的“天地部”、《法苑珠林》的“三界篇”与《释迦方志》中。可参方立天：《中国佛教的宇宙结构论》，《宗教学研究》1997年第1期，第54—66页；严耀中：《佛教典籍中的天帝释世界》，载陈金华、孙英刚主编《神圣空间：中古宗教中的空间因素》，复旦大学出版社，2004年，第174—188页；吕建福：《佛教世界观对中国古代地理中心观念的影响》，《陕西师范大学学报》（哲学社会科学版）2005年第4期，第75—82页；王邦维：《佛教的“中心观”对中国文化优越性的挑战》，载袁行霈编《国学研究》（第25卷），北京大学出版社，2010年，第45—59页；陈金华：《东亚佛教中的“边地情结”：论圣地及祖谱的建构》，《佛学研究》2012年第21期，第22—41页。

的肉身，还有看不见的祖先神灵在暗中约束着众生，从皇帝到百姓的二重职分的统一：名分／人的并立／互渗／分裂（异常状态），以及由此勾连起来的持续交换：递降的神性与递增的人的物性（工具性）的结合，借助反复进行的仪式来维持神灵祖先的保佑，延续王朝的统治（天命）。庶务在现实中日见重要，但原本是与维持祭祀密不可分。[①]“名”不是单纯的名义，是名分，是借助举止、行为，包括祭祀仪式在内的活动呈现出来的死者与生者的共同在场、人的名分以及现实中的人所共同汇聚而成的“人”。[②]钱穆曾提出过职分论，[③]笔者也曾提出过不对称的交换关系说。[④]各种仪式，包括这里讨论的天下秩序，也是维持职分的途径之一。能否参加，参加时站位在哪里，承担什么职责，都体现了在秩序中的职分与当时的状态。名分与庶务结合起来，或许可以更好地认识古代中国。这或许可称之为“名－分政治”[⑤]，“名”作为圣人垂范创制产生的应然秩序以及对构成这一秩序的君臣四民的规范要求，体现为礼仪和法；“分”则是现实中的君臣民的作为，两者浑然合一，就实现了王

---

① 陈槃：《古代社会田狩与祭祀之关系》（重订本），1964年重刊，收入氏著《旧学旧史说丛》上册，上海古籍出版社，2010年，第61—88页；［英］胡司德（Roel Sterckx）：《早期中国的食物、祭祀和圣贤》（*Food, Sacrifice, and Sagehood in Early China*）第四章，2011年初刊，刘丰译，浙江大学出版社，2018年，第116—157页；傅扬：《礼以制财——〈左传〉、〈国语〉中的经济论述》，《台大历史学报》第61期，2018年6月，第243—288页。

② ［美］弗朗西斯·福山（Francis Fukuyama）：《政治秩序的起源：从前人类时代到法国大革命》（*The Origins of Political Order: From Prehuman Times to the French Revolution*），2011年初刊，毛俊杰译，广西师范大学出版社，2014年，第60—61页。

③ 阎鸿中：《职分与制度：钱宾四与中国政治史研究》，《台湾大学历史学报》2006年第38期，第105—158页。

④ 侯旭东：《北朝村民的生活世界》“代结论”，商务印书馆，2005年，第352—369页。最近也有不少学者对此问题做过探讨，比较集中的论述见范学辉编《结构与道路：秦至清社会形态研究》（商务印书馆，2019年）所收诸文。

⑤ 祁萌在研究战国秦汉人名使用的意义中，提出从“名－分－位”角度观察其变化，可参看，见氏著《战国秦汉人“名”的使用及其统治意义研究》第七章第二节，博士学位论文，清华大学，2021年，第356—379页。

道，但现实中则会间断性地产生顺从、消极怠工、抵制乃至矛盾与冲突，各异的关系态交错展开，贯穿了2000多年的王朝史。

这种依托礼仪、基于名分建立并维系的再分配持续发生，通过教化、深入到家家户户的户籍分类所固化的四民体制的持续塑造，将多数人制造成安分守己的臣民，维持了秩序的稳定与延续（这也就是笔者过去所说的“礼仪型君臣关系”及其展开）。[①]其中重在名分相当，而名的等级与数量成负相关关系，等级越高，数量越少，构成吸引力与内卷的来源，维持机制的存在。不过，现实中并非所有人都能安分守己，部分人的欲望难以抑制与克服，从皇帝到百姓概不例外，形成与既有名分间的对峙、紧张与矛盾，乃至日常抵抗（如逃亡与流民），两者的持续互动形成历史演进的重要动力来源，这构成了历史中的另一面。周边势力的参与，如刘渊父子建国，也是这种紧张与矛盾在特定时局下激发而生的。

刘渊等不过是利用时机，头脑中突破了自己蛮夷质子与天下秩序中配角的身份束缚来自行创造历史，不过只是严格意义上的“造反”，反复参与、学习而内化于心，有机会自立其国时也难以跳脱其规范，只是创造出一个大同小异的新摹本，表面上的颠覆背后则是旧有机制的复建。这种笼罩性的结构关系既是现实的存在，也是一种观念，弥漫于儒生自小就反复诵读的经书之中，存在于长期浸泡在这种观念环境与实践中的更普通的士人，乃至刘渊父子这类外族贵族中，在没有遭遇彻底解构并出现替代性的思想与整合方式，且成为众人的自觉意识之前，会反复借尸还魂，死而复生，在不同时空中穿着新的外衣赢得再生。相对于中世纪晚期欧洲经历的突变而言，不能不说是个历史的悲剧。

---

① 侯旭东：《宠：信—任型君臣关系与西汉历史的展开》，北京师范大学出版社，2018年，第12—13、208—218页。

四、结论

通过仔细分析刘渊建国中以及刘聪在汉赵国时期的各种礼仪活动，包括在仪式场合羞辱被俘的晋愍帝与怀帝的两段插曲，结合汉晋以来四夷首领或质子参加汉晋王朝各种仪式活动的历史传统，重新思考仪式在王朝天下秩序建构中的作用，以及刘渊建汉在中国历史中的意义，指出这一建国活动从当时角度看，是天下秩序的颠倒与重建，就国史全局而言，则是其漫长一翼的起点。跳出20世纪初产生的民族史、事件史或制度史以及对汉赵国的既有认识，从参与者角度考察例行化的礼仪活动的意义，特别是与国家建构、秩序维系的关联，对于反思礼制研究的局限、现今流行的狭窄政治概念，以及中国古代王朝建设与存续的机制，均不无启示。

写作与修改中得张琦、成鹏、屈涛、张欣毓与孙梓辛君代借书并检示有关论著。2022年5月29日晚上借助腾讯会议，介绍了此文写作过程并听取了同学们对此文的意见，郭伟涛、孙梓辛、孙小敏、陈韵青、曹天江、张欣毓、吴贞银与吴奕燊均提供了不少意见与建议，会后，曹天江专门来信提示资料并进一步讨论；7月中，范云飞君来信提示资料，纠谬正误；8—11月中先后得到孙正军、顾涛、童岭、刘兵、赵永磊与牛敬飞先生惠示高见与资料，提醒思路；罗马史中关于人质研究的信息得到熊宸博士的多方帮助；10月初，华迪威君来信纠正讹误；11月19日将此文提交清华大学历史系“第五届古代国家研究的新探索”工作坊，得到吴天宇、方诚峰的评议以及周思成、钟焓、王彬、孙正军、徐畅、郦菁等多位与会学者的意见；2023年1月徐畅又来信惠示意见与信息；4月又将此文提交中山大学历史系召开的“钩稽沉潜求索之：中古中国的权力、景观与秩序”工作坊，得到胡鸿、赵晶、程方毅以及与会诸君的指教。史料承蒙刘竣承同学核对，谨此一并致谢！

2022年5—7月初稿，8—12月修订，2023年6月略有补充。

《上党国王太夫人碑》所见石勒军功集团及其身世塑造

宁波大学历史系　尚永琪

摘　要：河北邢台出土的《上党国王太夫人碑》，是后赵石勒为“虚葬”其母王太夫人而于襄国城南所立，是近年来发现的关于后赵历史的重要石刻资料。文章集中讨论了碑阳正文内容与石碑形制、碑阴题名中的诸将军行迹、碑文所见后赵小号将军等级、碑文所反映的石勒军事扩容与身世塑造等问题。文章指出，此碑虽然因为历史上被改用他途而损毁严重，但其碑阴的97个参与刻碑活动的后赵将军题名、碑阳的历史节点叙事与思想内容，是我们了解石勒军事集团成员的组成与变动情况、认识石赵政权建立前的正当性塑造等问题的重要补充资料。

关键词：上党国；石赵政权；石勒；军功集团；身世塑造

后赵石勒母亲之碑《上党国王太夫人碑》出土于河北邢台，是近年来发现的关于后赵历史的重要石刻资料。2002年，河北邢台开元寺在平整院落时，于药师殿东南发现此残碑，出土时已经被改为圆形莲座，莲座底面是碑阳，直径约75厘米，刻有清晰的竖向界格，有字格17列，可识字14列；莲座上面为碑阴，直径约93厘米，中心凿成直径21厘米的圆形榫槽，残存题名27列。[①]此残碑是珍稀的十六国石刻资料，然而出土后并没有引起学术界的高度注意和充分讨论。事实上，此碑虽然因为历史上被改用他途而损毁严重，但其碑阴的97个参与刻碑活动的后赵将军题名，有助于我们了解石勒军事集团成员的组成与变动情况等；而碑阳的历史节点叙事与思想内容，则可帮助我们认识石赵政权建立前所做的以儒家思想为中心的正当性塑造努力等问题。

一、对碑阳正文内容与石碑形制的考释

此碑之所以被判定为石勒母亲之《上党国王太夫人碑》，是因为碑阳正文中所透漏的信息与史载石勒的崛起历程及以下史实完全吻合：西晋并州刺史刘琨送还石勒母亲王氏；王氏在建兴元年（313）被汉赵刘聪拜为“上党国太夫人”之后不久即去世，之后石勒先将其母亲潜葬，又以“九命之礼”举行了虚葬盛典。[②]而碑阴参与刻石立碑的又都是后赵的将军，包括“石勒十八骑”和“君子营”中的骨干人物，如郭敬、吴豫、逯明、孔豚、张进、张斯等人。[③]

冀金刚等考定此碑乃后赵国主石勒为其母亲上党国王太夫人荐功而立，因而定名为《汉故上党国王太夫人荐功碑》，并对该碑涉及的历史背景与人物做了考索。[④]而余国江则进一步指出，此碑是王太夫人虚葬于襄国城南时石勒为其母所立，以彰其恩德，且历代石碑题额均无“荐功”一词，因此，此碑应定名为《汉故上党国王太夫人之碑》。[⑤]而由胡湛主编的《邢州金石萃编》一书，

---

① 冀金刚、赵福寿主编：《邢台开元寺金石志》，国家图书馆出版社，2013年，第11—23页。

② 《晋书》卷一〇四《载记第四·石勒上》，中华书局，1974年，第2715页。

③ 《晋书》卷一〇四《载记第四·石勒上》，第2708、2719—2711页。

④ 冀金刚、赵福寿主编：《邢台开元寺金石志》，第11—23页。

⑤ 余国江：《〈邢台开元寺金石志〉商榷二则》，《文物春秋》2016年第3期。

则将此碑称之为《晋政残碑》。[①]在碑额被毁的情况下，张顺兵倾向于将此碑暂称之为《晋政残碑》，并对碑阳正文及碑阴题名都做了比较全面的识读。[②]

此碑的碑主、立碑人、立碑年代、立碑目的和功用都相当清晰，如果以《晋政残碑》一名来界定，显然内涵、外延都非常模糊，是一个范畴过大且无法概括此碑内涵的概念；而《汉故上党国王太夫人荐功碑》则推测过多，关键是“荐功”一词名出无据。因此，根据王氏夫人虚葬之前被汉赵刘聪封授“上党国太夫人”之号的文献记载，[③]将该碑定名为《上党国王太夫人碑》应该是比较恰当的，有利于对此碑的辨识、定位、检索和使用。（图1）

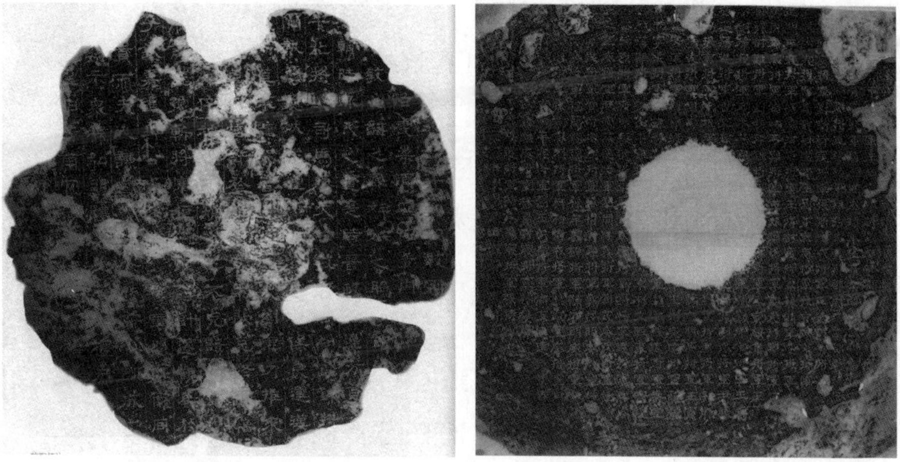

图1　《上党国王太夫人碑》

（一）对碑阳正文内容的考释

关于碑文内容，冀金刚等在《新出〈汉故上党国王太夫人荐功碑〉初考》

① 胡湛主编：《邢州金石萃编》，邢台市文学艺术界联合会，2012年，第34—37页。

② 张顺兵：《五胡十六国早期铭石书对魏楷的影响——以后赵古都邢台〈晋政残碑〉为例》，《中国书法》2018年第2期。

③ 《晋书》卷一〇四《载记第四·石勒上》，第2719页。

（以下简称《初考》）一文中对碑阳正文做了释读。[1]本文以此为基础，并参考胡湛主编《邢州金石萃编》的释文，对释文、句读做了部分考证改释，改释处标以下划波浪线，并根据碑文的内容结构，将其分为3个段落层次（以符号◎标出），为便于分析释文，录文用繁体：

1◎……鐖，强行如教，冠……

2……恪虔柔順，正□平内□中……

3……教之誨之，雖妊娠之胎，□□□□……

4……輔時拯民之道。◎是時，晋政□違，□方□□……

5……平北將軍司馬騰，大□政□，□知專□，將……

6……□執□□以□□□□□□□□俟良運。漢……

7……□□，莫不□□，□□□□□劉琨，乃推求……

8……□□□□施□於□□□□能克終，□□□……

9……□□□□□□□□□□□不克，諸□□□□……

10……□□□豫，斬將搴旗，□□□計，遂觀□於□……

11……□子欽嘉，進拜公□□□□□軍、開府儀同三……

12……□貴，◎而夫人謙謙□□□□前訓成□……

13……□□示衆婦，弘明體□□□□禮，庶□……

14……□□□雨，宜□□□□□□□□……

第一，对碑阳释文、句读的释读与分析。

第4行，《初考》释文断句为“辅时，承民之意”，不确，应改释为“辅时拯民之道”，是石勒母亲王太夫人对于石勒济世救民远大前程的期许之辞。此段文字中所讲述时的石勒还在其母亲的养育之下，没有成人走上军事崛起之路，所以还不具备条件自诩“承民之意”这样的政治合法性塑造语句。

第4行，《初考》释文为“是时，晋政□达”，细审字形，此处之“达”当为“违”，繁体“違”“達”形近而误。八王之乱后的西晋政局，《晋书》中

① 冀金刚、赵福寿主编：《邢台开元寺金石志》，第11—23页。

有“晋政陵夷”“晋政陵迟”之说，其义正类同于前秦王苻坚曾自责执政不当为“政违”[①]。因而，“晋政□违，□方□□”，是指发源于西晋统治者内部的“政违”引起了分崩离析的四方变乱。

第5行，《初考》释文为“平北将军。司马氏灭亡，政□□知”，且认为此“平北将军”是石勒所获封号，[②]不确。应改释为“平北将军司马腾，大□政□，□知专□”。此处《邢州金石萃编》亦识读为“平北将军司马腾”[③]。石勒起兵之时，司马氏并未灭亡，且在并州刺史刘琨诱劝石勒归顺晋廷之前，追随刘元海“汉赵”政权的石勒所获封号有辅汉将军、平晋王，[④]不可能有来自晋廷的“平北将军”这种封号，否则岂不是自己平自己了？检诸史籍，在石勒追随汲桑起兵到其追随刘元海而雄踞葛陂的时段内，晋廷所授之“平北将军”有永兴元年（304）的司马腾[⑤]、永嘉三年（309）的曹武[⑥]。曹武在石勒的军事生涯中不是什么特殊的关键人物，且其任“平北将军”的时间也较后。而司马腾则不然，他任平北将军的时段，正处于碑文中“晋政□违”之后与“刘琨，乃推求”之前的时段之内。况且，司马腾还是石勒崛起生涯中至为重要的人物：首先，石勒20余岁时就曾被时任并州刺史的东嬴公司马腾贩卖到山东充军；[⑦]其次，石勒刚刚集聚起十八骑之时，率牧人数百骑投奔公师藩，

---

① 《晋书》卷一一四《载记第十四·苻坚下》，第2914页。

② 冀金刚、赵福寿主编：《邢台开元寺金石志》，第15页。

③ 胡湛主编：《邢州金石萃编》，第35页。

④ “元海署訇督为亲汉王，莫突为都督部大，以勒为辅汉将军、平晋王以统之。”参见《晋书》卷一〇四《载记第四·石勒上》，第2710页。

⑤ “（永兴元年，304）十二月丁亥，诏曰：‘天祸晋邦，冢嗣莫继……今以为皇太弟，以隆我晋邦。以司空越为太傅，与太宰颙夹辅朕躬。司徒王戎参录朝政，光禄大夫王衍为尚书左仆射。安南将军虓、安北将军浚、平北将军腾各守本镇。’”参见《晋书》卷四《帝纪第四·惠帝》，第104页。

⑥ “（永嘉三年，309）九月丙寅，刘聪围浚仪，遣平北将军曹武讨之。”参见《晋书》卷五《帝纪第五·孝怀帝》，第119页。

⑦ 《晋书》卷一〇四《载记第四·石勒上》，第2708页。

初战即被冯嵩打败，不得已再次缩回汲桑的牧苑之中，招揽囚徒与亡命，壮大力量，随后于永嘉元年（307）夏五月攻陷邺城，斩杀新蔡王司马腾。[1]此战是石勒军事起家的重要转折点和壮大的起步点，是其人生成功的“第一桶金”。所以，此碑志文中一定要记录和展示斩杀“平北将军司马腾”这个标志性的功绩，既可雪被卖身为奴之耻，[2]更有夸耀武功之意。

第7行，《初考》释文为“□刘琨，乃推永”，实为“推求”。义同侯景之乱中徐陵致书杨遵彦的求助之辞：“躬自推求，犹冀提携。”[3]石勒被刘元海授平东大将军后，晋将刘琨遣张儒送还石勒的母亲，并修长书一封，许诺授石勒“侍中、持节、车骑大将军、领护匈奴中郎将、襄城郡公，总内外之任，兼华戎之号，显封大郡”[4]，苦口婆心地诱劝石勒做个“名臣”。而石勒的拒绝之辞是：“事功殊途，非腐儒所闻。君当逞节本朝，吾自夷，难为效。”[5]依此来看，用“推求”一词来描摹刘琨对石勒的诱劝，既合此事原委，又契石勒心态。

第10行，《初考》释文断句为“斩将军，抚□□”，不确。细审拓本字形，应改释为“斩将搴旗，□□”。

第11行，《初考》断句为“卒钦嘉进，拜督”句，不确，应该改释为“天子钦嘉，进拜公”，其句式类同于东晋殷浩的故吏顾悦在上疏中美颂殷浩之辞：“勋绩茂著，圣朝钦嘉，遂授分陕推毂之任。”[6]亦如江夏王刘义恭在《与

---

① “（永嘉元年，307）夏五月，马牧帅汲桑聚众反，败魏郡太守冯嵩，遂陷邺城，害新蔡王腾。烧邺宫，火旬日不灭。”参见《晋书》卷五《帝纪第五·孝怀帝》，第116—117页。

② 对石勒怨恨司马腾之种姓之忿的分析，参见周一良：《乞活考》，收入氏著《魏晋南北朝史论集》，北京大学出版社，1997年，第30—31页。

③ 《陈书》卷二六《徐陵传》，中华书局，1972年，第326页。

④ 《晋书》卷一○四《石勒载记上》。

⑤ 《晋书》卷一○四《石勒载记上》。

⑥ 《晋书》卷七七《列传第四十七·殷浩》，第2048页。

南郡王义宣书》中所云“皇朝钦嘉，又亦优渥”[①]同例。

总体分析，此碑文是典型的三段式英雄功勋与慈母德行的赞美文本。

第一部分先赞美王太夫人“恪虔柔顺”的个性美德，并指出她不但在怀胎之时就对石勒“教之诲之”，成人之时更是以“辅时拯民之道”作为殷殷嘱托，这当然是碑文撰写者的夸饰之辞。石勒是出身于部落小率之家的下层胡人，发迹前做过行贩小厮、力耕农夫，还曾被贩卖为奴。其母亲当然没有条件和能力给他如此好的家庭教育。之所以夸饰，当是为下文赞述石勒的丰功伟绩做铺垫，是“制造王者石勒”神圣性的重要手段。

第二部分赞述石勒的政治军事功绩，涉及3个时序节点：首先是以“晋政□违，□方□□”为叙述展开的时代背景，其次是对平北将军司马腾的醒目叙述，再次是刘琨作为重要人物出现，最后是对石勒战绩与追随前赵所获功勋荣耀的记述。

第三部分则在石勒功勋辉煌的基础上，再次回到对其母亲的赞美上来，彰显王太夫人对石勒显贵之家中众妇和子孙的治家之德，与第一部分赞美王太夫人养育子女之德遥相呼应，构成一个完整的英雄与慈母之间血缘传承与德行养成的神圣逻辑体系。

（二）对《上党国王太夫人碑》的形制探讨

《上党国王太夫人碑》的碑阳正文采用了以竖刻线界格的形式，这当然也可以算是沿用了魏晋旧制，如汉元初五年（118）《嵩山太室石阙铭》、建康元年（144）文叔阳墓祠食堂浮雕题铭、[②]延康元年（220）《魏公卿将军上尊号碑》的碑阳文字都是以竖刻线界格。[③]虽然《上党国王太夫人碑》的碑首已毁，但其形制，我们可以从距此碑制作年代（313）不远的后赵《张宾断碑》

---

① 《宋书》卷六八《武二王列传·南郡王义宣·蔡超》，中华书局，1974年，第1802页。

② ［法］埃玛纽埃尔－爱德华·沙畹著，袁俊生译：《华北考古记》，中国画报出版社，2020年，第134—135页。

③ 赵超：《中国古代石刻概论》，中华书局，2019年，第367—369页。

（322）和之前的西晋《辟雍碑》（278）得其仿佛。

后赵《张宾断碑》，2008年出土于河北邢台市中华路，此碑出土时只存上半部，残高约130厘米，宽70厘米。有完整的碑头、267字的碑阳残文及碑侧和碑阴的题名，碑额为《汉故散骑常侍右光禄大夫濮阳景侯张公之碑》，是后赵石勒的重要谋士、大执法张宾的墓碑。[①]

《张宾断碑》刻立于永昌元年（322），《上党国王太夫人碑》刻立于建兴元年，也就是313年，前者是石勒建国过程中最重要的谋臣，后者是石勒母亲。两碑刻立时间相距9年，石勒本人又是重要参与者，[②]所以在形制方面具有相互参校的可比性。

《张宾断碑》上半部相对完整无缺，因此现有的70厘米应该是其实际宽度，碑阳共18列267字；而四边残缺严重的《上党国王太夫人碑》，碑阳现有宽度超过93厘米，现存17列文字格，该面积内至少应该有272字。从这两组数据来对比，可见《上党国王太夫人碑》无论是残存宽度、实际宽度还是碑文字数，都要比《张宾断碑》规模宏大得多。再从碑文来比较，左右边缘完整的《张宾断碑》，我们可以看到碑文起首的文字“君讳宾，字孟孙”等，也可以看到文尾的谥号、刊石立碑人及最后的赞铭，可见在现有高度和宽度内，我们基本上看到的是碑阳文本的整体，所缺不多；但是《上党国王太夫人碑》虽然宽、高都达到93厘米，但碑文头尾残缺还是非常严重，这也说明此碑实际的宽度与高度都超过《张宾断碑》。

---

① 胡湛主编：《邢州金石萃编》，第38—39页；张顺兵：《五胡十六国早期铭石书对魏楷的影响——以后赵古都邢台〈晋政残碑〉为例》。

② “张宾字孟孙，赵郡中丘人也……勒甚重之，每朝，常为之正容貌、简辞令，呼曰‘右侯’而不名之，勒朝莫与为比也。及卒，勒亲临哭之，哀恸左右。赠散骑常侍、右光禄大夫、仪同三司，谥曰‘景’。将葬，送于正阳门，望之流涕。”参见《十六国春秋辑补》卷一五《后赵录五·石弘·张宾》，中华书局，2020年，第189页。

图2　西晋《辟雍碑》与《张宾断碑》的碑首

《张宾断碑》的碑首与早于其44年刻立的西晋《辟雍碑》完全一致，[①]由此我们也可以推测，《上党国王太夫人碑》的碑首可能也延续了西晋《辟雍碑》的形制。（图2）西晋咸宁四年（278）的《辟雍碑》，碑高3.22米，宽1.1米，碑首呈半圆形，延续了汉魏时期螭首碑的形式，由6条蟠龙伏绕，龙首伸向两侧，碑文隶书，30行，满行55字，刻立于咸宁四年十月。[②]碑阴分10排依次

① 此看法来自范兆飞教授的提示，敬表感谢。另，关于《辟雍碑》碑额的详细研究，参见范兆飞：《螭龙的光与影》，载叶炜主编《唐研究》（第24卷），北京大学出版社，2019年，第341—372页。

② 赵超：《中国古代石刻概论》，中华书局，2019年，第371页；洛阳市文物考古研究院编：《辟雍碑》，中州古籍出版社，2017年，第1—2页。

列出太学学官、博士、助教、礼生、弟子等400余人。[1]

当然，《上党国王太夫人碑》无论从礼制等级还是时代重要性，都远远高过《张宾断碑》。《上党国王太夫人碑》的竖立，是石勒在襄国城南以王者规制的“九命之礼”[2]虚葬其母的神圣象征物，有凝聚部下、赞扬武功、觊觎皇权的意图，其格制宏大是必然的，其沿用《辟雍碑》汉魏螭首六蟠龙碑首的形制也是必然的。

二、碑阴题名中的诸将军考证

《上党国王太夫人碑》碑阴残存题名者27列，[3]从上至下分9排。其中右侧自上至下有4排13人，左侧自上至下有5排84人，共有石赵将军、都尉97人。下面按自右向左的顺序将每一排的人名识读条列出来，拓片模糊，错误难免。

右侧（自右至左）：

第1排：平□□军王阳、荡□将军曹彪、明威将军张特

第2排：□□将军张□、扬□将军郝都、明威将军张黄、扫难将军张甫

第3排：都尉□□、都□□□、都□□武、都尉张□。

第4排：都尉□□、都尉□□。

左侧（自右至左）：

第1排：郭敬、逯明、郑□、吴豫、朱朗、张进、□鹤、□特。

第2排：明威将军刘斯、扫寇将军刘龙、平寇将军冯莫、扫寇将军刘□、讨难将军刘特、扫寇将军石木、荡逆将军□□、抚夷将军张雄、荡逆将军刘□、安汉将军苏□、宁远将军□□、荡难将军□□、扬烈将

① 洛阳市文物考古研究院编：《辟雍碑》，第85—86页。

② 《晋书》卷一〇四《载记第四·石勒上》，第2720页。

③ 第27行只残存将军号第一个字上半部分极少的模糊痕迹，无法识读，因而不列入残存题名者统计中。

军靳保、定威将军耿安、宁远将军贯奇、□威将军程兰、□□□军张黄。

第3排：讨寇将军张斯、讨虏将军刘□、扫难将军王得、平难将军王□、殄难将军□□、荡难□□□□、扫□□□□□、扫□□□□□、绥□□□□□、殄□□□□□、平难将□□□、绥边将军□□、荡逆将军刘同、威烈将军□特、绥边将军张平、威烈将军樊柳、平寇将军刘玉、骧威将军杨夏、绥远将军□□、奋威将军□□。

第4排：□戎将军王□、宣威将军孙言、讨寇将军孙明、虎阳将军郭武、□□将军王真、□□□军张勋、□□□□□艾、□□□□刘登、□□□□萨六、□□□□王洛、□□□军□鹤、□□将军杨文、□□将军刘特、绥集将军刘茂、讨难将军郭涉、□锋将军陈□、□戎将军张敬、□虏将军高支、讨寇将军支雄、荡寇将军张特、□威将军萨□、□□□军史□。

第5排：□虏将军□□、□□将军□□、宁远将军□□、扬烈将军□□、绥集将军王□、抚夷将军王得、宁远将军尹胜、折冲将军孔豚、明威将军王宪、威远将军萨丽、绥远将军秦登、轻车将军□□、宁远将军□春、威远将军谢□、明威□□□□、明威将军□□、定威将军□□、□远将□□□

上述97个残存题名，姓名完整可辨的46人，其中《晋书》记载的有12人：郭敬、逯明、吴豫、张进、平□将军王阳、平寇将军冯莫、抚夷将军张雄、讨寇将军张斯、绥集将军刘茂、□戎将军张敬、讨寇将军支雄、折冲将军孔豚。

文献记载中石勒军队中的重要将帅，是以“石勒十八骑”与“君子营”的组成人员为核心的，这是我们展开问题讨论的重要依据。西晋太安年间（302—303），石勒“招集王阳、夔安、支雄、冀保、吴豫、刘膺、桃豹、逯明等八骑为群盗。后郭敖、刘征、刘宝、张曀仆、呼延莫、郭黑略、张越、孔豚、赵鹿、支屈六等又赴之，号为十八骑”[①]。这是石勒军事起家的基本班底人物。永嘉三年（309），刘元海授石勒为安东大将军、开府，置左右长史、司马、从事中郎，其众至10余万，于是集结其衣冠人物为“君子营”，“乃引张宾为谋主，始署军功曹，以刁膺、张敬为股肱，夔安、孔苌为爪牙，支雄、呼延莫、王阳、桃豹、逯明、吴豫等为将率。使其将张斯率骑诣并州山北诸郡县，说诸胡羯，晓以安危。诸胡惧勒威名，多有附者”[②]。根据这份名单，辅以其他记载，我们下面对碑刻中的残存将军题名诸问题述证于下。

（一）对碑阴右侧“平□将军王阳”等的考述

右侧现存4列3排题名，可识别的只有“平□将军王阳”。

王阳，是“石勒十八骑”中名列首位的人物，更是“君子营”中的骨干将率。太兴二年（319）后，署游击将军，并与中垒将军支雄同领门臣祭酒一职，专明胡人诉讼。[③]到东晋咸和元年（326）十月为“骁骑将军”，是时，石勒“以世子、卫将军弘镇邺，配禁兵万人，车骑所统五十四营悉配之，以骁骑领门臣祭酒王阳专统六夷以辅之”[④]。由此，从碑刻到文献，基本可以补全王阳的升迁履历，313年任平□将军，319年署游击将军领门臣祭酒，326年任骁骑将军领门臣祭酒。在石弘被确立为太子之前，石勒曾“使刘征、任播授以兵书，王阳教之击刺”[⑤]，因此，王阳还是教石弘击刺武学的太子傅。

右侧的这4列3排题名中，第3、4排都不是将军而是“都尉”，可惜他们的名字都已残损。关于这些“都尉”的身份，我们将在后面做简单推测。

---

① 《晋书》卷一〇四《载记第四·石勒上》，第2708页。

② 《晋书》卷一〇四《载记第四·石勒上》，第2710—2711页。

③ 《晋书》卷一〇五《载记第五·石勒下》，第2735页。

④ 《十六国春秋辑补》卷一四《后赵录四·石勒·（张跃）》，第169页。

⑤ 《晋书》卷一〇五《载记第五·石勒下·石弘》，第2752页。

（二）对碑阴左侧郭敬等11位将军的行迹考述

第一，左侧碑刻题名第1排的郭敬，将军号残缺。此人为石勒最为亲近的故旧和将军之一，是石勒崛起历程中的施恩之人和慧眼伯乐。

石勒20岁之前尚在家乡上党武乡作行贩小厮时，郭敬就相信石勒是“状貌奇异，志度非常，其终不可量也”[①]的人物，对其多有资赡。到西晋太安年间石勒在被贩卖为奴途中饥寒交迫、命悬一线之际，又是郭敬以饭食衣服相赠，并拜托其族兄郭阳及侄子郭时一路关照石勒，使其得以安全到达冀州。[②]此后郭敬与石勒在将近10多年的时间里并无交集。直到建兴三年（315），已成为汉赵将军的石勒在乞活李恽的降卒中与郭敬重逢。《晋书》载：“攻乞活李恽于上白，斩之，将坑其降卒，见郭敬而识之，曰：‘汝郭季子乎？’敬叩头曰：‘是也。’勒下马执其手，泣曰：‘今日相遇，岂非天邪！’赐衣服车马，署敬上将军，悉免降者以配之。”[③]初入石勒军中就被署以“上将军”，由此可见石勒对郭敬的敬重之情。咸和五年（330）秋八月，石勒僭即皇帝位，使其将郭敬寇襄阳，[④]时郭敬官任荆州监军[⑤]、荆州刺史[⑥]。咸和七年（332）夏四月，郭敬攻陷襄阳，[⑦]随后“南掠江西”[⑧]；秋七月又被东晋太守陶侃所部打败。[⑨]此后，在后赵的历史舞台上再没有郭敬的记载。直到永和十年（354），前秦苻健的荆州刺史郭敬被桓温所俘虏。从史料记载来推断，郭敬可能比石勒稍微年长一点，那么其在西

---

① 《晋书》卷一〇四《载记第四·石勒上》，第2707页。

② 《晋书》卷一〇四《载记第四·石勒上》，第2708页。

③ 《晋书》卷一〇四《载记第四·石勒上》，第2719页。

④ 《晋书》卷七《帝纪第七·成帝》，第175页。

⑤ 《晋书》卷一〇五《载记第五·石勒下》，第2747页。

⑥ 《晋书》卷八一《列传第五十一·桓宣》，第2116页。

⑦ 《晋书》卷七《帝纪第七·成帝》，第176—177页。

⑧ 《十六国春秋辑补》卷一五《后赵录五》，第181页。

⑨ 《晋书》卷七《帝纪第七·成帝》，第176—177页。

晋太安年间至少20多岁，[①]如果活到永和十年就是70多岁了。以此来推断，前秦苻健的荆州刺史郭敬，可能只是同名者，而并非后赵石勒的荆州刺史郭敬。

第二，《上党国王太夫人碑》碑阴残存题名中可辨识出来的“石勒十八骑”和“君子营”的重要成员还有逯明、吴豫、张斯、张敬、支雄、孔豚6位。

1.逯明，题名在碑刻第1排，将军号残缺。西晋太安年间，逯明就已经是石勒8人劫盗集团中的成员，后为“石勒十八骑”之一、“君子营”将率。[②]石虎称帝之后，曾任金紫光禄大夫，东晋永和二年（346），因进谏而被石虎斩杀。[③]

2.吴豫，题名在碑刻第1排，将军号残缺。“石勒十八骑”之一、“君子营”将率。[④]其他生平行迹不详。

3.张斯，题名在碑刻第3排，号“讨寇将军”。张斯是“君子营”的成员之一，应该属于所谓的“将率”这个等级。永嘉三年，石勒集结“君子营”后，即使其将张斯“率骑诣并州山北诸郡县，说诸胡羯，晓以安危。诸胡惧勒威名，多有附者”[⑤]。可见张斯此人在并州山北诸郡县可能有相当的影响力。

4.张敬，题名在碑刻第4排，号“□戎将军”。他不是“石勒十八骑”之一，却是永嘉三年“君子营”中的重要人物，被喻之为“股肱”，位在夔安、孔苌、支雄、呼延莫、王阳、桃豹、逯明、吴豫等爪牙和将率之上。[⑥]其后直到东晋太兴二年（319），张敬不但是与“君子营”核心人物张宾相提并论的

---

① “太安中，并州饥乱，勒与诸小胡亡散……勒时年二十余，亦在其中，数为隆所驱辱。”参见《晋书》卷一〇四《载记第四·石勒上》，第2708页。

② 《晋书》卷一〇四四《载记第四·石勒上》，第2710—2711页。

③ 《晋书》卷一〇六《载记第六·石季龙上》，第2777页；《十六国春秋辑补》卷一八《后赵录八·石虎》，第222页。

④ 《晋书》卷一〇四《载记第四·石勒上》，第2710—2711页。

⑤ 《晋书》卷一〇四《载记第四·石勒上》，第2710—2711页。

⑥ 《十六国春秋辑补》卷一二《后赵录二·石勒》，第152—153页。

将军，而且与张宾同为左、右长史，还是劝进石勒称王的主要发起者。[①]但石勒于太兴二年十一月即位称“赵王”后，序列诸官，张宾被加授为“大执法，专总朝政，位冠寮首”[②]，而张敬至此再无任何活动记录。

5. 支雄，题名在碑刻第四排，号“讨寇将军”。《十六国春秋》记载其先祖是月支胡人。[③]东晋太兴二年十二月，时为中垒将军的支雄同游击将军王阳“并领门臣祭酒，专明胡人辞讼”[④]。东晋咸康四年（338），时为龙骧大将军的支雄与冠军将军姚弋仲统步骑十万为前锋，伐辽西鲜卑段辽。[⑤]《广韵》还有“司空支雄”[⑥]的片言记载。由此，以支雄在此碑刻中的将军号为起点，至少可以勾勒出他不断晋升的几个节点，即建兴元年为讨寇将军，太兴二年为中垒将军，咸康四年为龙骧大将军。并历任门臣祭酒、司空诸职。

6. 孔豚，题名在碑刻第五排，号“折冲将军”。他是“石勒十八骑”之一，但在“君子营”中无其大名，[⑦]之后也行迹不彰。而石勒集结“君子营”中出现了另一位姓孔的“孔苌”，被喻之为“爪牙”，[⑧]则是一直活跃在后赵战场上的重要将领。甚至某些重要的军国事务，石勒都要征求他的意见。[⑨]孔苌可能是同孔豚有关联的人物。

第三，碑刻题名中所见的其他将军。

---

① 《十六国春秋辑补》卷一二《后赵录二·石勒》，第 152—153 页。

② 《十六国春秋辑补》卷一三《后赵录三·石勒》，第 154 页。

③ 《十六国春秋辑补》卷二一《后赵录十一·石闵·支雄》，中华书局，2020 年，第 257 页。

④ 《十六国春秋辑补》卷一三《后赵录三·石勒》，第 154 页。

⑤ 《十六国春秋辑补》卷一六《后赵录六·石虎·石虎杜皇后》，第 202 页。

⑥ 《十六国春秋辑补》卷二一《后赵录十一·石闵·支雄》，第 257 页。

⑦ 《晋书》卷一〇四《载记第四·石勒上》，第 2710—2711 页。

⑧ 《晋书》卷一〇四《载记第四·石勒上》，第 2710—2711 页。

⑨ 东晋王衍被石勒俘虏后，如何处置这样一位重要的王公人物，石勒曾“谓其党孔苌曰：‘吾行天下多矣，未尝见如此人，当可活不？’苌曰：‘彼晋之三公，必不为我尽力，又何足贵乎！’勒曰：‘要不可加以锋刃也。’使人夜排墙填杀之”。参见《晋书》卷四三《列传第十三·王戎·王衍》，第 1238 页。

1.张进，题名在碑刻第一排，将军号残缺。其行迹在《十六国春秋》记载中有两项："张进，元城屠各人也。为刺奸外部都督，纠举不避豪右，军中惮之，号曰'张霹雳'。"[①]"太和元年（328）……刘曜败季龙于高候，遂围洛阳。勒荥阳太守尹矩、野王太守张进等皆降之。"[②]可见其人先后曾任刺奸外部都督、野王太守等职，匈奴屠各族，应该属于西和张氏。[③]

2.冯莫，题名在碑刻第二排，号"平寇将军"。咸康元年（335），石虎废石弘，自称居摄赵天王，改年曰建武，"以夔安为侍中、太尉、守尚书令，郭殷为司空，韩晞为尚书左仆射，魏槩、冯莫、张崇、曹显为尚书……文武封拜各有差"[④]。此位作为石虎尚书的冯莫，可能就是石勒时代的"平寇将军冯莫"。

3.张雄，题名在碑刻第二排，号"抚夷将军"。张雄在《晋书》《十六国春秋》中都有记载。东晋永和五年（349），石季龙病重之时，授命"石遵为大将军，镇关右；石斌为丞相、录尚书事；张豺为镇卫大将军、领军将军、吏部尚书，并受遗辅政"[⑤]。但在诸子争雄的乱局中，张豺与皇后刘氏相谋，矫诏免去石斌官职，先"使张豺弟雄率龙腾五百人守之"，随后，"张豺使弟雄等矫季龙命杀斌"[⑥]。这位张雄就是张豺的弟弟。张雄兄弟原本是筑坞堡自保的流民军事势力，假署为王浚的部下，他们是在石勒为其母亲刊石立碑的永嘉七年之前投靠了石勒，所以参与了这次重要的"九命之礼"的盛典活动。《晋书》有"广平游纶、张豺拥众数万，受王浚假署，保据苑乡"[⑦]的记载，王浚原本以辽西鲜卑就六眷等为军事援引，与张豺张雄兄弟的坞堡力量等互为犄

① 《十六国春秋辑补》卷一四《后赵录四・石勒・张进》，第170页。

② 《十六国春秋辑补》卷一四《后赵录四・石勒・张跃》，第170页。

③ 姚薇元：《北朝胡姓考》，中华书局，1962年，第278页。

④ 《晋书》卷一〇六《载记第六・石季龙上》，第2762页。

⑤ 《十六国春秋辑补》卷一九《后赵录九・石虎》，第233—235页。

⑥ 《晋书》卷一〇七《载记第七・石季龙下》，第2787页；《十六国春秋辑补》卷一九《后赵录九・石虎》，第233—235页。

⑦ 《晋书》卷一〇四《载记第四・石勒上》，第2718页。

角。但在石勒的军事打击之下，就六眷于永嘉六年（312）与石季龙结为兄弟。于是势单力孤的游纶、张豺“请降称藩，勒将袭幽州，务养将士，权宜许之，皆就署将军”[①]，显然，张雄也正是在此时被石勒署为“抚夷将军”的。

4. 刘茂，题名在碑刻第四排，号“绥集将军”。关于刘茂的记载，只有一条，东晋大兴二年，石勒遣刘茂随王修、曹平乐出使刘曜，因曹平乐居间挑拨，刘曜大怒，斩杀了石勒使者王修，“刘茂逃归，言王修死故，勒大怒，诛平乐三族，赠修太常”[②]。然此刘茂是否就是碑刻题名中的“绥集将军刘茂”，尚可存疑。

三、《上党国王太夫人碑》所见后赵小号将军的等级问题

在以上考释的基础上，对于碑刻中现存的将军号及其序列排布做一些分析。

关于文献记载中十六国的将军号问题，周伟洲先生曾做过汉赵将军号的梳理。[③]而此碑刻题名中出现的将军号，将增进我们对十六国时期小号将军或杂号将军的进一步认识。

十六国前期的诸政权中，匈奴建立的前赵政权在“胡汉分治”的政治架构中，仿习汉晋王朝建立的职官制度，置“七公”宠待老臣，以十七大将军统率本族军队，以左右司隶与内史统率汉族，以单于左右辅及都尉统率六夷部落。[④]而羽翼其下的石赵政权也顺理成章地踵迹于后，尤其是石勒起家之后所封授的将军们，显然是对汉晋旧制的照猫画虎。我们对照《西汉会要》《汉书·王

---

① 《晋书》卷一〇四《载记第四·石勒上》，第 2719 页。

② 《晋书》卷一〇四《载记第四·石勒上》，第 2729 页。

③ 周伟洲：《汉赵国史》，广西师范大学出版社，2006 年，第 150—155 页。

④ 刘学铫：《历代胡族王朝之民族政策》，昭明出版，2005 年，第 124—127 页；陈仲安、王素：《汉唐职官制度研究》（增订本），中西书局，2018 年，第 74 页；《晋书》卷一〇二《刘聪载记》，第 2665 页。

莽传》《东汉会要》所载西汉、新莽和东汉时期的杂号将军来看，[①]《上党国王太夫人碑》碑阴题名中的平、讨、威、荡、扫、宁、定、安等诸将军号，都渊源有自，且根据其与不同的军事目标词如寇、虏、夷、难、逆、戎、远等相组合，封授出多样的将军号出来。这些将军号都是杂号将军，或可称之为小号将军。

碑阴题名中这些小号将军之间的等级若何，是我们必须要审视的一个重要问题。从两汉的将军号中显然很难得其仿佛，我们从魏晋的将军号等级中可以做个大致的推测。

《通典·魏官品》反映的是司马氏篡权建晋之前所拟的官品制度，[②]其中“诸征、镇、安、平将军”为三品，[③]“中坚、中垒、骁骑、游骑、前军、左军、右军、后军、宁朔、建威、建武、振威、振武、奋威、奋武、扬武、广威、广武”等为四品将军，[④]“诸鹰扬、折冲、轻车、虎烈、宣威、威远、宁远、伏波、虎威、凌江等将军”为五品将军[⑤]。东晋将军有重号将军和小号将军的区别，重号将军以辅国将军为限，即辅国将军以上的都是重号将军，[⑥]是秩中二千石的三品将军。[⑦]而大多数小号将军则为四品以下的将军。东晋三品的重号将军有：“诸征、镇、安、平、中军、镇军、抚军、前后左右、征虏、辅

---

① 徐天麟：《西汉会要》卷三二《职官二·军官》，中华书局，1957年，第314—316页；《汉书》卷九九中《王莽传中》，中华书局，1962年，第4100—4101、4116—4117、4119—4120页。徐天麟：《东汉会要》卷一九《职官一·将军》，中华书局，1955年，第195—196页。

② 阎步克：《品位与职位：秦汉魏晋南北朝官阶制度研究》，中华书局，2002年，第227—238页。

③ 《通典》卷三六《职官十八·魏官品》，中华书局，1988年，第991页。

④ 《通典》卷三六《职官十八·魏官品》，第991—992页。

⑤ 《通典》卷三六《职官十八·魏官品》，第992页。

⑥ 张鹤泉：《东晋时期刺史加领将军号问题的考察》，《南京晓庄学院学报》2014年第1期；黄惠贤：《中国政治制度通史》，人民出版社，1996年，第371页。

⑦ “三品将军秩中二千石者，着武冠，平上黑帻，五时朝服，佩水苍玉，食奉、春秋赐绵绢、菜田、田驺如光禄大夫诸卿制。”参见《晋书》卷二四《志第十四·职官》，第729页。

国、龙骧等将军。”[①]四品的小号将军有：“武卫、左右卫、中坚、中垒、骁骑、游击、前军、左军、右军、后军、宁朔、建威、振威、奋威、广威、建武、振武、扬武、广武、五营校尉、左右积弩、积射、强弩、奋武等将军。”[②]五品的小号将军有：“鹰扬、折冲、轻车、武牙、威远、宁远、虎威、材官、伏波、凌江等将军。”[③]以此为比照，就会发现上列碑阴将军题名中，很难从将军号上看出他们的地位高低来，因为同一个将军号，处在不同的行列中，如应该是魏晋五品的小号将军“宁远将军”在碑刻的第一排有“宁远将军□□”，第五排也有“宁远将军□□、宁远将军尹胜”。如果以三品的“征、镇、安、平”来比照，在第二、三排中有“平寇将军冯莫、安汉将军苏□、平难将军王□”，但显然也不可能比定他们是三品将军，后两者在文献记载中籍籍无名，只有冯莫曾在石虎当政时做过尚书。[④]这种情况说明，当时参与石勒母亲刻石立碑活动的这些小号将军，虽然将军号是根据汉晋将军的名称而授，但其身份地位的高低并不能完全套用东晋以来的品级制度来认定，[⑤]但可以确认，其排列次序显然是依据官阶身份地位由高到低的。

对此，我们有三点认识需要提出来讨论。

第一，碑刻题名的顺序是按右起左行排列，这是确定参与者身份高低顺序的原则。《张宾断碑》的碑侧、碑阴我们无从得见，但是碑阳有部分立碑人的信息，这是参与者中最重要人物题名的一种方式。我们可以假定《上党国王太夫人碑》也采取了这样的形式，那么在碑阳题名的一定是石勒

① 《通典》卷三七《职官十九·晋官品》，第1003页。

② 《通典》卷三七《职官十九·晋官品》，第1004页。

③ 《通典》卷三七《职官十九·晋官品》，第1004页。

④ “建武元年（晋咸康元年）。正月，大赦其境内，改元曰建武。以夔安为侍中、太尉、守尚书令，郭殷为司空，韩晞为尚书左仆射，魏概、冯莫、张崇、曹显为尚书，申钟为侍中，郎闓为光禄大夫，王波为中书令。文武封拜各有差。立其子邃为太子。”参见《十六国春秋辑补》卷一六《后赵录六·石虎·张季》，第197页。

⑤ 参见陈长琦：《官品的起源》，商务印书馆，2016年，第258—304页。

及与王太夫人有血缘关系的家族重要成员，其他勋贵官员应该都在碑阴题名。

图3 《辟雍碑》

《上党国王太夫人碑》的碑阴题名分作截然区别的左右两个区域：右侧现存4列3排题名，很明显同左侧的23列5排题名都不在同一排上，是上下错开的一个独立部分。如果我们按右起左行排列来确定参与者身份高低的话，那么右侧残存的这4列13人的题名，其身份应该要比左侧5列84人的身份要高或重要。这个推测有3点理由可以支撑：

（一）从西晋《辟雍碑》（图3）碑阴题名的形制来看，碑阴分10排依身份高低列出太学学官、博士、助教、礼生、弟子等400余人。[①]但是分两个等级，第一排15人是以比较大的字体刻在碑头的部分，包括太学学官和博士两类人；以下九排字体较小，每排43人，包括助教以下的全体参与者。[②]（图3）由此推断，《上党国王太夫人碑》右侧4列3排题名者，应该是同《辟雍碑》碑阴的碑头部分题名者类似的一个群体，其

① 洛阳市文物考古研究院编：《辟雍碑》，第85—86页。

② 《辟雍碑》碑阴题名的分析，参见［日］福原启郎著，陆帅等译：《魏晋政治社会史研究》，江苏人民出版社，2021年，第128—151页。

身份低于石勒家族成员，但又高于右侧这23列小号将军。

（二）从形式上来推断，《上党国王太夫人碑》是石勒虚葬其母亲的石刻，那么其功能在很大部分上同《张宾断碑》是一样的，石勒及其家族重要成员的题名应该在碑阳，如同《张宾断碑》之“从事刘耽、主簿樊夷、光武将军郑乔……乃刊石立碑”[①]这样的形式。那么在碑阴题名的勋贵官员无论身份多高，也不可能将题名像《辟雍碑》那样刻在碑头部分，只能以错行的形式单独刻在相对尊贵的右侧，以同左侧的一般将军们区别开来。

（三）右侧4列第3—4排姓名缺失的6位“都尉”，应该是身份比较特殊的胡族军事长官。十六国时期前赵胡汉制度架构下的“都尉”一职，源自东汉末年对内服匈奴所封授的“部帅”，太康年间改置为东西南北中“五部都尉”：

> 后汉中平中，单于羌渠使子於扶罗将兵助汉讨平黄巾。会羌渠为国人所杀，於扶罗以其众留汉，自立为单于。属董卓之乱，寇掠太原、河东，屯于河内。於扶罗死，弟呼厨泉立，以於扶罗子豹为左贤王，即元海之父也。入朝，魏武因留之。因分其众为五部，以左贤王豹为左部帅，其余部帅皆以刘氏为之。太康中，改置都尉，左部居太原兹氏，右部居祁，南部居蒲子，北部居新兴，中部居大陵。刘氏虽分居五部，然皆家居晋阳汾涧之滨。[②]

至建兴二年（314），刘聪“大定百官”，分置十都尉，所谓“单于左右辅，各主六夷十万落，万落置一都尉”[③]，以之统率胡部军队。此处之“都尉”是源自汉晋职官体系的胡人军队的武职，是从五部帅、五部都尉发展而来的，[④]军事权力在单于左右辅之下。但是前赵时期还有一些带称号的都

---

① 胡湛主编：《邢州金石萃编》，第38—39页。

② 《十六国春秋辑补》卷一《前赵录一·刘渊》，第1—2页。

③ 《十六国春秋辑补》卷四《前赵录四·刘聪》，第44页。

④ 周伟洲：《汉赵国史》，第167页；陈勇：《汉赵史论稿——匈奴屠各建国的政治史考察》，商务印书馆，2009年，第111—129页。

尉，如北泽都尉、纳降都尉、[1]参军都尉、[2]前锋都尉、[3]振忠都尉、[4]典劝都尉、[5]骑都尉[6]等等，则同“五部都尉”或单于左右辅之下的“十都尉”完全不一样，他们大多是级别较低的不带兵的荣誉性虚封。当然也有例外情况，如“骑都尉”级别应该比较高，按汉晋制度秩比二千石[7]；而“将兵都尉”则是有带兵权的，如后赵“前锋都尉”左伏肃就是加了都尉号的带兵将军[8]。《上党国王太夫人碑》碑阴右侧题名中的“都尉”，其前面并没有称号，应该不是一般的荣誉性虚职，而是排列在单于左右辅之下的胡族带兵都

---

① “太安中，并州饥乱，勒与诸小胡亡散，乃自雁门还依宁驱。北泽都尉刘监欲缚卖之，驱匿之，获免。勒于是潜诣纳降都尉李川，路逢郭敬，泣拜言饥寒。”参见《晋书》卷一〇四《载记第四·石勒上》，第2708页。

② “（石勒）复屯江西，盖欲有雄据江汉之志也。张宾以为不可，劝勒北还，弗从，以宾为参军都尉，领记室，位次司马，专居中总事。”参见《晋书》卷一〇四《载记第四·石勒上》，第2712页；“勒令武乡耆旧赴襄国。既至，勒亲与乡老齿坐欢饮，语及平生。初，勒与李阳邻居，岁常争麻池，迭相殴击。至是，谓父老曰：‘李阳，壮士也，何以不来？沤麻是布衣之恨，孤方崇信于天下，宁仇匹夫乎！’乃使召阳。既至，勒与酣谑，引阳臂笑曰：‘孤往日厌卿老拳，卿亦饱孤毒手。’因赐甲第一区，拜参军都尉。”参见《晋书》卷一〇四《载记第四·石勒上》，第2739页。

③ “苟晞、王赞谋叛勒，勒害之。以将军左伏肃为前锋都尉，攻掠豫州诸郡。”参见《晋书》卷一〇四《载记第四·石勒上》，第2715页。

④ “勒尝夜微行，检察营卫，赍缯帛金银以赂门者求出。永昌门门候王假欲收捕之，从者至，乃止。旦召假以为振忠都尉，爵关内侯。”参见《晋书》卷一〇五《载记第五·石勒下》，第2742—2743页。

⑤ “以右常侍霍皓为劝课大夫，与典农使者朱表、典劝都尉陆充等循行州郡，核定户籍、劝课农桑。”《十六国春秋辑补》卷一四《后赵录四石勒·（张跃）》，第168页。

⑥ “武乡长城徙人韩强获玄玉玺，方四寸七分，龟纽金文，诣邺献之。拜强骑都尉，复其一门。”参见《十六国春秋辑补》卷一六《后赵录六石虎·（石虎郑皇后）》，第200页。后赵的另一位有记载的骑都尉是刘誼，见于1990年于河南安阳县北丰村西门豹祠附近出土的建武六年（340）《西门豹祠刻铭残石》，参见中国社会科学院考古研究所：《邺城文物精华》，文物出版社，2014年，第66页。

⑦ “骑都尉比二千石。”参见徐天麟：《东汉会要》卷一九《职官一·九卿·光禄勋》，第200页。

⑧ 《晋书》卷一〇四《载记第四·石勒上》，第2715页。

尉。碑刻题名上将他们列在其他小号将军之前的特殊区域，可能也正是后赵“胡汉分治”军事制度的一个典型表现。周一良先生指出，石勒军事集团之弊，在于胡汉矛盾未得统一。[①]此诸碑右“都尉”身处众小号将军之前别立一域，可能正是此弊之一证。

第二，我们虽然无法很恰当地将等级不同的将军号与碑阴题名对应，但是现存左侧题名第一排的郭敬、逯明、吴豫这三位，前者是石勒的恩主和上将军，后两者是“石勒十八骑”和“君子营”中的重要成员，这可能表明其身份显然是远远高于左侧下面这些将军们的。而左侧第五排所见的18位将军中，就有5位将军是《通典》所载的五品将军，他们是“宁远将军□□”“宁远将军尹胜”“折冲将军孔豚”“轻车将军□□”“宁远将军□春”，由此隐隐可见此题名的等级顺序。

但是，对于碑刻中的“石勒十八骑”和“君子营”成员，我们需要进一步解释的有两点：

（一）同样作为“石勒十八骑”成员的孔豚，为什么被排到了第五排这样的低阶位置？也许，这同他本人的军事能力有关。因为他只是在追随石勒做“群盗”的时代名列“十八骑”之中，而一旦到了建立制度化的“军功曹”君子营人物时代，孔豚在文献记载中马上就消失了。当然“石勒十八骑”中同时消失在记载中的不止他一位，但孔豚从西晋太安年间的十八骑成员，到永嘉三年（309）的“君子营”集结时就已经籍籍无名，没能成为“衣冠人物”；直到其追随石勒到建兴元年刻石立碑之前，前后整整10年时间内，仅仅得到了一个五品的“折冲将军”，最大的可能就是能力较差等原因没能得到进一步职位等级上升。况且，石勒的军队扩容主要来自对数以百计的坞堡势力的收容，这些大大小小的军事集团扩容进来后，势必对石勒早期“群盗”集团中的一般成员形成冲击，毕竟坞堡的坞主都是久经战事的军事经济集团的领导者。这个问题我们在下面会详细讨论。

---

① 周一良：《乞活考》，第29—30页。

（二）如果我们的文字识读、人物对应、碑阴题名区域划分没有错误的话，那么，与张敬、支雄同为“君子营”人物的王阳为什么会侧身于最右侧的更高级别人物的题名区域？我认为第一可能同他是石勒世子石弘的太子傅身份有关，第二可能此时王阳的“平□将军”这个将军号，是属于“诸征、镇、安、平、中军、镇军、抚军、前后左右、征虏、辅国、龙骧等将军”[①]序列的重号将军。

由此可以推断，碑阴右侧题名中的将军和都尉都是重号将军和虽然将军号等级不高但身份比较特殊的胡族统兵人物。左侧的都是三品以下的杂号将军或小号将军，如左侧第一排第一位的郭敬，文献明确记载建兴三年立此碑之前，他刚被石勒署以“上将军”[②]，而上将军仅是一个四品的杂号将军。[③]郭敬以下，依次由四品的“上将军”一直排列到五品的“折冲将军”“轻车将军”“宁远将军”等。

四、石勒在坞堡聚合背景下的军事扩容与身世塑造

建兴元年是石勒军事集团迅速壮大起来的转折点，是时，拥有10万余武装力量的庞大军事集团，面临两方面的问题：一是如何对其积聚起来的“穷兵凶于胜负，尽人命于锋镝”[④]的不同武装力量，做一体性的凝聚与制度性的整合；二是野心勃勃地准备“龙旌帝服，建社开祊”[⑤]的石勒，开始在张宾等人的推动下塑造自己不同于芸芸众生的帝王之身。完成这两个任务，是汉族儒生文士们主导下的《上党国王太夫人碑》立碑活动得以进行的重要前提。

---

① 《通典》卷三七《职官十九·晋官品》，第1003页。

② 《晋书》卷一〇四《载记第四·石勒上》，第2719页。

③ 《通典》卷二九《职官十一·武官下·杂号将军》，第803页。

④ 《晋书》卷一〇一《载记序》。

⑤ 《晋书》卷一〇一《载记序》。

（一）石勒军事集团中小号将军之授受与坞堡势力的关联

《上党国王太夫人碑》的立碑活动中有众多的小号将军参与，同石勒军事集团的迅速膨胀密切相关。是时，大量独立的坞堡割据武装成员的加入，使得石勒军事集团中的将军数量急剧增加，因此，更需要排列其等级，凝聚其同心。

石勒部下的军事势力，永嘉元年拥众不到万余，及其投身于前赵刘元海麾下后，到永嘉三年扩容到10余万人。短短3年内的急速膨胀，端赖于对北方坞壁力量的收编，自然就需要花样繁多的将军号来满足各支势力的军事头目。

"坞壁"是3—6世纪出现的一种特殊社会集团或军事经济聚合体，在实在形态上就是具有一定经济支撑能力的军事集团，集聚坚守在筑有高垒深沟或有坚固墙体或栅栏围起来的据点之中。西晋末年，胡族骑兵纵横北方，汉族纷纷筑坞自保。文献记载中有坞、壁、垒、堡、营或坞壁、坞堡、壁垒、营垒等称呼，[①]甚至十六国时期还产生了"垒主将军"[②]等小号将军，就与"坞壁"这种军事社会集团密切相关。

永嘉元年，仅有万余人马的马牧帅汲桑与石勒破邺城，斩杀西晋东嬴公司马腾。随后与司马越所部在平原、阳平鏖战数月。在经历大小30余战后，死伤万余人。[③]汲桑折戟沙场，石勒逃到了"壁于上党"的胡族坞主张㔨督、冯莫突营中，并说服此二人，率其众约5000人投奔刘渊。刘渊授石勒辅汉将军、平晋王以统率这支胡族军队——此乃石勒收编的第一支坞堡力量。[④]

石勒收编的第二支坞堡力量是乌丸张伏利度统率的2000人：

---

① 夏毅辉：《汉末魏晋南北朝坞壁考论》，中国文史出版社，2004年，第3—31页。

② 《晋书》卷一〇四《载记第四·石勒上》，第2710—2711页。

③ 《晋书》卷一〇四《载记第四·石勒上》，第2709页。

④ 《晋书》卷一〇四《载记第四·石勒上》，第2709—2710页。

乌丸张伏利度亦有众二千，壁于乐平，元海屡招而不能致。勒伪获罪于元海，因奔伏利度。伏利度大悦，结为兄弟，使勒率诸胡寇掠，所向无前，诸胡畏服。勒知众心之附己也，乃因会执伏利度，告诸胡曰："今起大事，我与伏利度孰堪为主？"诸胡咸以推勒。勒于是释伏利度，率其部众归元海。元海加勒督山东征讨诸军事，以伏利度众配之。[①]

由此，永嘉元年之末，石勒就有了7000人的部众，以前锋都督的身份追随刘聪攻打壶关，并攻陷"魏郡、顿丘诸垒壁"，从这些坞堡之众内又挑选出5万壮士作为其部众军士——此乃石勒收编的第三批坞堡力量。[②]

永嘉二年（308）十月，[③]石勒"陷冀州郡县堡壁百余"，部众至10余万，其衣冠人物集为"君子营"，建立"军功曹"，并派将军张斯收服并州诸郡县的胡人势力，还分遣诸将攻中山、博陵、高阳诸县，降之者数万人——此乃石勒收编的第四、五批坞堡力量。[④]

随后，建兴三年之前，石勒军事势力持续扩容，可统计的有：在黎阳降30余壁、收服魏郡太守刘矩垒众为中军左翼、攻陷睹圈与苑市二垒、吞并刘渊部将阎罴的部众、攻阳平诸县获降九万余口。[⑤]

显然，石勒的十万余众，来源于以坞堡为中心的各类大大小小的独立军事集团，每一次外来者的加入，都需要有丰富多样的将军号，来将这些已经形成固化势力的大小军事头目收容和纳入军事体制之内。

坞堡力量不仅仅是军事体制，还是经济生产体系，所以石勒同这些将军们还有着经济上的赎买关系，这些将军号可能还暗含着一种"战时经济"特征。此种消息来源于以下史料：

---

① 《晋书》卷一〇四《载记第四·石勒上》，第2710页。

② 《晋书》卷一〇四《载记第四·石勒上》，第2710页。

③ 《十六国春秋辑补》卷二《前赵录二》，第12页。

④ 《晋书》卷一〇四《载记第四·石勒上》，第2710—2711页。

⑤ 《十六国春秋辑补》卷一一《后赵录一·石勒》，第124页。

（石勒）以将军左伏肃为前锋都尉，攻掠豫州诸郡，临江而还，屯于葛陂，降诸夷楚，署将军二千石以下，税其义谷，以供军士。①

永嘉五年（311），石勒曾以“税其义谷，以供军士”的经济赎买方式，封授了一批二千石以下的小号将军。这条史料所赎买封授的将军可能主要是归顺的“诸夷楚”。可以想见，石勒在其吞并坞堡势力、军事集团扩容的过程中，应该是经常性地封授这种将二千石以下的将军，用负担“义谷”的办法售卖给军事头目们。这样的推断当然不是孤证论述，在永嘉六年（312）的时候，石勒曾“分命诸将攻冀州郡县垒壁，率多降附，运粮以输勒”②，那么这些壁垒的头目们降服并运粮给石勒，石勒则给他们封授以汉室正统自居的前赵将军号，作为回报和凝聚手段。

建兴元年的《上党国王太夫人碑》立碑活动，就是在上述前提背景下举行的，是具有强烈政治性召唤的一次凝聚部众、排列诸将、迈向帝王之位的重要活动。《晋书》记此事云：

建兴元年，石季龙攻邺三台，邺溃，刘演奔于廪丘，将军谢胥、田青、郎牧等率三台流人降于勒，……刘聪授勒侍中、征东大将军，余如故，拜其母王氏为上党国太夫人，妻刘氏上党国夫人，章绶首饰一同王妃。……立太学，简明经善书吏署为文学掾，选将佐子弟三百人教之。勒母王氏死，潜窆山谷，莫详其所。既而备九命之礼，虚葬于襄国城南。③

因而，建兴元年是石勒在前赵政权的政治体制内得到最高礼遇封授的年份，其母亲被封为“上党国王太夫人”，礼遇一同王妃。当其母亲于同年亡故后，石勒先是将母亲安葬在一处秘密的山谷中，然后又以“九命之礼”进行了虚葬。因此这次规模盛大的虚葬之礼，是特意举行的一次活动。其中的目

---

① 《晋书》卷一〇四《载记第四·石勒上》，第2715页。

② 《十六国春秋辑补》卷一一《后赵录一·石勒·（张弥）》，第132页。

③ 《晋书》卷一〇四《载记第四·石勒上》，第2719—2720页。

的之一，可能就是要在强力征服和经济赎买的基础上，为石勒与其武将们之间仪式化地加上政治臣服的纽带。

（二）《上党国王太夫人碑》对石勒身世功勋的形象塑造

当石勒以“九命之礼”虚葬他的母亲时，那份觊觎帝王之位的野心呼之欲出。这个时间点，让我们看到了石勒制造神圣性或天命所归的最初萌动。这是早于《上党国记》《大将军记》《大单于传》这些文本之前的制造统治合法性的文本，是一个在军事膨胀中开始意识到要为自己制造神圣血统的邯郸学步。至少我们可以看到，儒家伦理经典的那些典型词汇出现在对其母亲的赞美之中。

碑文正文中的“强行如教”“恪虔柔顺”“正□平内”“教之诲之”“辅时拯民之道”“夫人谦谦、□示众妇”“弘明体□”等词汇，构建了一个儒家礼教体系中诗书贵族之家的贤妻良母形象，是对石勒胡人身份的儒化再造。

石勒是一个对胡族身份认同非常执着的人，不像刘元海那样可以冒认“汉刘”血统与正统。他一直以自己是胡人而自诩，并且对来自西晋政权的文人儒士并不友好，如《晋书》所记：“时勒及季龙得公卿人士多杀之，其见擢用，终至大官者，唯有河东裴宪，渤海石璞，荥阳郑系，颍川荀绰，北地傅畅及群、悦、谌等十余人而已。”[①]即使曾被石赵优待的卢谌、崔悦、荀绰、裴宪、傅畅诸人，“虽俱显于石氏，恒以为辱”[②]。在这样的境况下，在《上党国王太夫人碑》中为石勒制造儒家诗书礼教家庭形象的，应该就是其最为信任的大执法张宾及张敬等人。

在313年这个时间点上，《上党国王太夫人碑》中的这些儒家语句，可能是石勒与张宾第一次以儒家伦理的方式制造神圣性身份的努力。因为在此年，

---

① 《晋书》卷六二《列传第三十二·刘琨·刘群》，第1691页。

② 《晋书》卷四四《列传第十四·卢钦·卢谌》，第1259页。

石勒不但“立太学，简明经善书吏署为文学掾，选将佐子弟三百人教之”[①]，而且还曾有过请晋故东莱太守南阳赵彭负责营建邺城的打算，虽然被赵彭以“臣往策名晋室，食其禄矣。复事二姓，臣志所不为”的理由拒绝，但是赵彭也顺口推尊石勒是“明公应符受命，可谓攀龙之会”[②]。由此可见，无论是石勒本人，还是赵彭这样的“志所不为”的不合作者，心中所琢磨的都是如何以儒家的礼乐制度文化来为即将到来的后赵政权制造正统性说辞。

此后的石赵政权，也在以儒家伦理体系为中心的制度构建方面做过一些努力。如石勒曾“制轩悬之乐，八佾之舞”[③]，“典定士族，副选举之任”[④]，“亲临大小学，考诸学生经义”[⑤]，并且伙同其老朋友在平令师欢，以获黑兔的方式制造了“龙飞革命之祥，于晋以水承金，兔阴精之兽，玄为水色，此示殿下宜速副天人之望也”[⑥]的正统承接祥瑞。不仅如此，据说石勒还“雅好文学，虽在军旅，常令儒生读史书而听之，每以其意论古帝王善恶，朝贤儒士听者莫不归美焉”[⑦]。这些记载，可能免不了有佐明楷、傅彪、石泰等人于太兴二年（319）撰《上党国记》《大将军起居注》与《大单于志》时所制造出来的夸饰之文，但总体上应该反映了石勒及其文臣在正统性制造方面的努力。可是由于羯胡部族过于顽固的传统固守，最终还是没能将胡汉文化的矛盾调节好，使得张宾等人在《上党国王太夫人碑》中所制造出来的柔顺慈母养育拯民英雄的诗书贵族之家的神话，完全成了徒劳。

---

① 《晋书》卷一〇四《载记第四·石勒上》，第2720页。

② 《晋书》卷一〇四《载记第四·石勒上》，第2720页。

③ 《晋书》卷一〇五《载记第五·石勒下》，第2736页。

④ 《晋书》卷一〇五《载记第五·石勒下》，第2737页。

⑤ 《晋书》卷一〇五《载记第五·石勒下》，第2741页。

⑥ 《晋书》卷一〇五《载记第五·石勒下》，第2743页。

⑦ 《晋书》卷一〇五《载记第五·石勒下》，第2741页。

南朝陵墓神道石兽的阴阳表现

日本中央大学文学部　阿部幸信　撰

浙江大学文学院　霍　坤　译

摘　要： 本文从南朝陵墓神道石兽的角和生殖器探讨石兽的阴阳区别，以及其左右配置与被葬者的身份之间的关系。南朝陵墓石兽分为“有角左右皆雄”“有角左雌右雄”“无角左雌右雄”三类。有角左右皆雄的石兽配备在正式皇帝的陵墓，有角左雌右雄的石兽配备在非正式皇帝的陵墓，无角左雌右雄的石兽配备在王侯的陵墓。仔细观察南朝废帝陵墓的石兽，可见改元当年就被废黜的齐郁林王和海陵王都陪葬以无角雌雄兽；年号持续一年的齐东昏侯陪葬以有角雌雄兽。据此可知，年号在历史上留存不超过一年的皇帝，就算是即位且逾年改元，死后还是被当作王侯。因此，皇帝制度的本质是“时间支配的继承”。

关键词： 南朝石刻；阴阳表现；皇帝性；时间支配

一、问题所在

南朝都城建康（今江苏省南京市）一带，散落着南朝时期皇帝、王侯的陵墓以及相关的遗址和古物，特别是在通往陵墓的神道上，矗立着巨大的石柱、石像。如今陵墓已经隐没在山野之间不可见了，但这些石柱、石像尚能反映昔时荣光。其中残留数量颇多、长着宽目大耳的，正是石制有翼兽像，即石兽（下文中的“南朝石兽”）。[①]

跃动感十足的造型、带有西方文化色彩的装饰、有翼兽像的奇异外形等等，这些都是南朝石兽的鲜明特征。（图1）与其他南朝神道石刻相比，它们的体型更大，夺人眼球。因此，南朝石兽被视为南朝的象征，且常被装饰在与南朝相关的出版物封面上。南京市及其东边的丹阳市一带，有46个这样的石兽，分布在26个地点。[②]石兽的数量是分布地点数量的近2倍。与其他神道石刻

---

① 有关南朝石兽的论著数量庞大，下面将列举主要的著作（按照发表年代的顺序）。张璜：《梁代陵墓考・六朝陵墓调查报告》，南京出版社，2010 年；民国中央古物保管委员会编辑委员会编：《六朝陵墓调查报告》，南京出版社，2010 年；朱偰：《建康兰陵六朝陵墓图考》，中华书局，2006 年；Barry Till, Some Observations on Stone Winged Chimeras at Ancient Chinese Tomb Sites, *Artibus Asiae*, Vol. 42, No. 4, Ascona: 1980；姚迁、古兵编：《六朝艺术》，文物出版社，1981 年；［日］町田章：《南齐帝陵考》，奈良国立文化财研究所创立三十周年记念论文集刊行会编《文化财论丛》，京都：同朋舍，1983 年；［日］曾布川宽：《南朝帝陵の石獣と磚画》，《东方学报》63，1991 年，后收入氏著：《中国美術の図像と様式》，东京：中央公论美术出版，2006 年；罗宗真：《六朝考古》，南京大学出版社，1996 年；［日］奈良县立橿原考古学研究所编：《図録　中国南朝陵墓の石造物　南朝石刻》，奈良：橿原考古学研究所，2002 年；［日］冈林孝作：《南朝皇帝陵の再検討——石獣の編年を中心に——》，《橿原考古学研究所論集》14，东京：八木书店，2003 年；［日］山本谦治：《南京・丹阳南朝陵墓有角石兽调查报告》（1）（2），《阪南论集》人文、自然科学编 42-1、43-1，松原：2006—2007 年，（3）以后的部分未发表，未完；［日］山本谦治、［日］来村多加史：《魏晋南北朝時代の環東海地域における南朝文化伝播の諸相と伝播経路に関する基礎研究》，平成 16—17 年度科学研究费补助金［基盘研究（C）］研究成果报告书，2006 年；Annette Kieser, *Grabanlagen der Herrscherhäuser der südlichen Dynastien in China (420–589): Geisterwege und Gräber im Spiegel der Geschichte*, Wiesbaden: Harrassowitz Verlag, 2005；［日］北进一：《麒麟・その聖なる獣——起源と図像の変遷をめぐって——》，《桐朋学園芸术短期大学纪要》5，调布：2009 年；宋震昊：《天禄辟邪新考：从角数规律看南朝帝陵石兽的名称》，《东南文化》2009 年第 3 期；张学锋编著：《中国墓葬史》上，广陵书社，2009 年；童孔畅：《南朝陵墓石刻渊源与传流研究》，东南大学出版社，2011 年；韦正：《六朝墓葬的考古学研究》，北京大学出版社，2011 年；耿朔：《“于襄阳致之”：中古陵墓石刻传播路线之一瞥》，《美术研究》2019 年第 1 期。

② 精确展示每一位置的细目的话，南京有 13 处共 24 座石兽（其中有角兽有 4 座），丹阳有 11 处共 20 座石兽（其中有角兽有 16 座），句容、江宁各有 1 处，共 2 座（全部都是无角兽）。

图1

一样，这些石兽被面对面地放在神道左右两侧。在区分左右石兽时，从陵墓坐落的方向来看，我们通常称右侧的石兽为右石兽，左侧的石兽为左石兽。①

南朝石兽分为有角和无角两种，一般认为皇帝陵配置着有角兽，王侯陵配置着无角兽。而且，右石兽和左石兽也有区别：在有角的情况下，右石兽是独角，左石兽是双角。（图2）据此，双角石兽有时被称为“天禄”，独

图2

① 请注意，石兽的左右与进入陵墓方向所见的左右相反。

角石兽被称为“麒麟”，无角石兽被称为“辟邪”“狮子”，[①]但也存在着各种各样的其他说法。不过，只看左右配置的话，外形极其相似的石兽实际上难以分别出不同的种类。由此可知，虽然称呼的差异暂且被当作传承方面的问题，[②]但为何通过区分角数来区分左右石像，这个问题我们还有必要另外思考一下。

此外，就算一眼看不出来，生殖器仍是区分石兽时应该注意的造型标准。根据我2012年在南京、丹阳实地考察所见，一部分右石兽长着雄性生殖器（阴茎），左石兽长着雌性生殖器（阴门），另外一部分是左右石兽都长着雄性生殖器。当地一位学者告诉我，雌性生殖器也可以认为是由雄性

---

① 关于这个问题，曽布川宽《南朝帝陵の石獣と磚画》第五节《石獣の名称》中有详细论述。

② 原本石兽的称呼问题的起因是，各种史料将同一史书称作“麒麟”或者“辟邪”。在同时代的南朝，石兽都被称作“麒麟”，这一点可见于梁萧子显所编《南齐书》：

> 宋长宁陵道出（豫章文献王萧嶷的）第前路，上曰：“我便是入他家（百衲本、中华书局标点本作“冢”。依南监本《南齐书》、缪本《南朝史精语》改）墓内寻人。”乃徙其表阙骐驎于东岗上。骐驎及阙，形势甚巧，宋孝武于襄阳致之，后诸帝王陵皆模范而莫及也。（卷二二《豫章文献王传》）

然而，《梁书》卷三《武帝纪》有载：

> （武帝）中大同元年（546）春正月丁未，曲阿县建陵隧口石骐驎动，有大蛇斗隧中，其一被伤奔走。

此事在《南史》卷七《梁本纪中》里改写成了：

> 中大同元年春正月丁未，曲阿县建陵隧口石辟邪起舞，有大蛇斗隧中，其一被伤奔走。

可知，唐初已经开始将麒麟和辟邪混为一谈了。虽说如此，但《隋书》卷二二《五行志上》记载：

> 梁大同十二年（546）正月，送辟邪二于建陵。左双角者至陵所。右独角者，将引，于车上振跃者三。车两辕俱折。因换车。未至陵二里，又跃者三，每一振则车侧人莫不耸奋，去地三四尺，车轮陷入土三寸。

从此来看，人们没有考虑过用两种称呼区别左右石兽，有时两者是被混同为一的。此事显示最初也没有体现角的有无的区分称呼。因此，称呼应该只是称呼的问题，将左右兽的造型差异全部归因为作为图案的神兽的差异，这样的想法是本末倒置。有关石兽的称呼与位置和造型之间的特别关系的论述，在朱希祖的《天禄辟邪考》（收入于《六朝陵墓调查报告》）之后有明显的倾向，近年来，也有宋震吴《天禄辟邪新考：从角数规律看南朝帝陵石兽的名称》等的研究。

生殖器被削去后残余的部分，但是，这样无法解释被削去生殖器的为何都是左石兽。加之，先于南朝的汉代石兽，有不少明确区分左右生殖器的情况。[①]由此看来，无论是左右石兽的生殖器有雌雄之分，还是左右双方都是雄性生殖器，总有一种理由是更为合理的。意想不到的是，尽管强调指出南朝石兽的造型特征和美术价值的学者不胜枚举，但谈到其生殖器的研究，管见所及仅有山本谦治、来村多加史和宋震昊。[②]其中山本和来村在石兽的观察结果中也涉及了生殖器的形状，但这可能是为了区分石兽的样式，并没有论及生殖器的造型有何意义。另一方面，宋震昊发现，作为有角兽和无角兽的众多不同点之一，存在着有角兽左右皆雄，无角兽有雌雄之分的倾向。然而，宋的结论仅是倾向，并不是明确的判断，实际上生殖器有无雌雄之分与有无角并不对应（详见下节）。尽管如此，省略对生殖器的讨论，而从一开始就设立分类标准，这样做是有问题的。

在此，本文将以南朝石兽的角和生殖器作为切入口，试图解读左右石兽存在（或者不存在）差异的观念背景。正如以前指出过的，世界各地各种设施门前常见的动物像（“门阙动物像”）左右之间不存在区分的较多，中国的门阙动物像中也有许多左右同形的。[③]由此可知，左右一对的石兽不一定有区别。况且对于南朝石兽来说，角的有无与生殖器的雌雄并不常见，

---

① 关于汉代狮子像的雌雄之分，巫鸿有所指出，见 Wu Hung, *The Wu Liang Shrine: The Ideology of Early Chinese Pictorial Art*, Redwood City: Stanford University Press, 1989。李零也介绍了很多实例，参见氏著：《“国际动物”：中国艺术中的狮虎形象》，载浙江大学艺术与考古研究中心编《浙江大学艺术与考古研究》（第 1 辑），浙江大学出版社，2014 年。此外，阿部幸信认为汉代狮子像的雌雄配置与南朝石兽左右是完全相反的，参见［日］阿部幸信：《門闕動物像の左右配置に関する基礎的考察》，《中央大学文学部纪要》史学 65，八王子：2020 年，第 101—103 页。

② 参见［日］山本谦治：《南京・丹阳南朝陵墓有角石兽调查报告》（1）（2）；［日］山本谦治、［日］来村多加史：《魏晋南北朝時代の環東海地域における南朝文化伝播の諸相と伝播経路に関する基礎研究》；宋震昊：《天禄辟邪新考：从角数规律看南朝帝陵石兽的名称》。

③ 参见［日］阿部幸信：《門闕動物像の左右配置に関する基礎的考察》，第 93—95 页。

两者出现的情况也经常不一致。那么，其背后肯定存在着不能用单纯的“左右一对”来说明的、更复杂的逻辑结构。从这点出发，来接触到往昔人们的一部分意识和观念，正是本文的目的。

二、石兽的左右与阴阳

下文所示是现存南朝石兽的一览表。编号、比定陵墓名[①]、地点、所在地这些是依据山本谦治所做的列表，[②]而1号狮子冲的推定陵墓名则是根据现行说法改为了梁昭明太子萧统墓。[③]17号石马冲一般被认为是陈武帝陈霸先的万安陵，但依据仔细研究过南朝帝陵石兽样式的曾布川宽的观点，将其改成了墓主不明的南齐墓。[④]关于角数与阴部（即生殖器）的部分，根据的

---

① 若要逐一论述所有陵墓的推定根据，则需要庞大的篇幅，而且超出了主题，因此本文不敢深入所有情况。虽然如此，石兽在推定中扮演的角色与本文的定位有关，所以仅关于这点还是要补充说明。现在通用的南朝陵墓的墓主推定，不仅参照记录和传承之外，也依据墓区的范围、陵墓的位置关系、神道石刻的样式等多方面的考证，是相当可靠的。在考证过程中，学者当然也参考了石兽的形态，比如将设置有角兽的陵墓判断为皇帝陵，从造型特征判定陵墓的年代等。不过，石兽尚未成为判断墓主身份的决定性根据。况且，关于生殖器的雌雄之分，管见所及，还从未有人提出问题。因此，本文观察到的石兽的角和生殖器的组合与墓主身份之间有密切关系，就可以说是从另外的角度出发，旁证前人的假说。

② 参见［日］山本谦治：《南京・丹阳南朝陵墓有角石兽调查报告》（1），第50页。

③ 以前有观点认为这是宋文帝刘义隆的长宁陵或是陈文帝的永宁陵，但王志高提倡这是昭明太子的陵墓，见氏著：《梁昭明太子陵墓考》，《东南文化》2006年第4期。而根据2013年的发掘报告结果显示，此处最有可能是昭明太子及其生母丁贵嫔的合葬墓。详情参见许志强、张学锋：《南京狮子冲南朝大墓墓主身份的探讨》，《东南文化》2015年第4期。

④ 参见［日］曾布川宽：《南朝帝陵の石獣と磚画》，第245—246页。虽然曾布川对其他推定陵墓也做了修订，但除了17号石马冲，并没有影响到本文论述的变化（包括后文提到的金家村南朝墓）。

是我自己的观察结果以及山本谦治、来村多加史的报告。[①]左右均为雄生殖器的为组Ⅰ，雌雄不同的（左石兽为雌性，右石兽为雄性）为组Ⅱ，这在雌雄栏中已经标出了。备注都是我加上去的。[②]下文将以此表为基础，确认一下石兽的角与生殖器之间的关系。

左右皆雄的组Ⅰ有5对（1、2、4、5、8）。图3–1所示的狮子冲石兽（1）的阴部，左石兽和右石兽的阴囊、阴茎都有着明确的造型。图3–2梁武帝修陵石兽（8）仅有左石兽残存，不过其阴囊、阴茎清晰可见。如前所述，在左右石兽区分雌雄生殖器的时候，一般左石兽是雌性，因此将梁武帝修陵石兽也分于组Ⅰ。从附表可知，组Ⅰ只限于有角兽出现的形式。

然而有角兽不全都是组Ⅰ的，组Ⅱ即区分雌雄生殖器的组，有4例有角兽（3、6、7、10）。以图4–1齐景帝修安陵（3）、图4–2齐宣帝永安陵（6）、图4–3梁文帝建陵（10）为例，其右石兽都确实有长阴茎和大阴囊，但左石兽的阴部仅有长半球形的凸出或缓慢的鼓起，与右石兽在造型上有鲜明的差异。这应该被看作雌性生殖器。不拘雄雌，它们生殖器的形状和位置不同于作为门阙动物像的图案频见于世界的狮子、马、牛、象，却与狗的生殖器相近。这一特征与汉代的石兽也相异，或许5—6世纪长江下游的时代与地域条件影响到了动物的选择，但对此尚无定论。无论如何，阴部有雌雄之分且头部都有角，是这群石兽的特征。我们将组Ⅱ的这群有角石兽暂称为组Ⅱa。

---

① 参见［日］山本谦治、［日］来村多加史：《魏晋南北朝時代の環東海地域における南朝文化伝播の諸相と伝播経路に関する基礎研究》。

② 本来我应当亲眼见到所有的石兽，来验证山本表中的内容。虽然心怀此志，但由于写作本文的时间（2021年9月）正值新冠疫情肆虐，受其影响而无法达成目标。

表1　南朝陵墓石兽象一览

编号	比定陵墓名	地名	所在（原在）地	左角	右角	阴部	雌雄	备注
1	梁昭明太子萧统安宁陵	狮子冲	南京市栖霞区栖霞镇新合村狮子冲	2	1	♂♂	I	右石兽有阴囊、阴茎、龟头；左石兽有阴囊、阴茎（前端磨损）
2	宋武帝刘裕初宁陵	麒麟铺	南京市江宁区麒麟门麒麟铺村	2	1	♂♂	I	右石兽有阴囊、阴茎；左石兽仅有阴茎
3	齐景帝萧道生修安陵	仙塘湾	丹阳市埤城镇水经山南仙塘湾附近鹤仙坳	2	1	♀♂	II	右石兽有阴囊、阴茎、龟头；左石兽阴部仅有鼓起
4	（不明）	陵口	丹阳市陵口镇东	2	1	♂♂	I	右石兽有阴囊、阴茎、龟头；左石兽有阴囊、阴茎（前端磨损）
5	齐武帝萧赜景安陵	前艾庙	丹阳市前艾乡田家村			♂♂	I	阴部以照片版报告书为准
6	齐宣帝萧承之永安陵	狮子湾	丹阳市胡桥乡（张庄村）狮子湾	2	残缺	♀♂	II	右石兽有阴囊、阴茎（前端磨损）；左石兽阴部仅有鼓起
7	齐废帝东昏侯萧宝卷墓	金家村	丹阳市建山乡金王陈村			♀♂	II	又称梁敬帝。阴部以照片版报告书为准
8	梁武帝萧衍修陵	三城巷	丹阳市荆林镇三城巷刘家村	2	—	♂—	I	阴囊、阴茎（前端磨损）
9	梁简文帝萧纲庄陵	三城巷	丹阳市荆林镇三城巷刘家村	2	—	—	—	腹部磨损
10	梁文帝萧顺之建陵	三城巷	丹阳市荆林镇三城巷东北	2	1	♀♂	II	右石兽有阴囊、阴茎；左石兽阴部仅有鼓起
11	齐明帝萧鸾兴安陵	三城巷	丹阳市荆林镇三城巷东北	残缺	1	—♂	?	右石兽有阴囊、阴茎（前端磨损）；左石兽腹部磨损
12	梁桂阳王萧融陵	张家库	南京市栖霞区栖霞镇张家库	0	0			
13	梁安成康王萧秀陵	甘家巷	南京市栖霞区栖霞镇甘家巷	0	0	—	—	无法辨认
14	梁始兴忠武王萧憺墓	甘家巷	南京市栖霞区栖霞镇甘家巷	0	0	♀—	II	右石兽（西）几乎全部损毁；左石兽（东）阴部仅有鼓起（旁有2头小兽）

续表

15	梁鄱阳忠烈王萧恢墓	甘家巷	南京市栖霞区栖霞镇甘家巷	0	0	♀♂	II	右石兽（西）有阴囊、阴茎；左石兽（东）阴部仅有鼓起
16	梁吴平忠侯萧景墓	十月村	南京市栖霞区尧化门十月村	—	0	—♂	II?	残存的会是右石兽吗？有阴囊、阴茎；左边（东）有反文石柱
17	（不明。南齐墓）	石马冲	南京市江宁区上坊乡石马冲	0	0			一般被认为是陈武帝陈霸先的万安陵
18	齐前废帝郁林王萧昭业墓	水经山村	丹阳市埤城镇（巨竹村）水经山村	0	0			
19	齐后废帝海陵王萧昭文墓	烂石珑	丹阳市建山乡烂石珑北	0	0			
20	梁南康简王萧绩墓	石狮村	句容市石狮乡石狮村	0	0			
21	梁临川靖惠王萧宏墓	张家库	南京市江宁区仙鹤门外张库村	0	0			
22	梁建安敏侯萧正立墓	刘家边	南京市江宁区淳化镇刘家边	0	0			
23	狮子坝村失名墓		南京市栖霞区马群镇狮子坝村	—	—			
24	侯村失名南朝墓		南京市江宁区上坊乡陵里侯村	0	0			
25	太平村失名墓		南京市燕子矶镇太平村	—	—	—	—	南京博物馆藏。有严重磨损和裂纹，无法清晰可见
26	方旗庙失名墓		江宁县江宁镇建中村方旗庙	0	0			

该表根据山本谦治《南京·丹阳南朝陵墓有角石兽调查报告》(1)(2)，以及山本谦治、来村多加史《魏晋南北朝時代の環東海地域における南朝文化伝播の諸相と伝播経路に関する基礎研究》制成。带有阴影的编号是实地探查过的。

图3-1

图3-2

图4-1

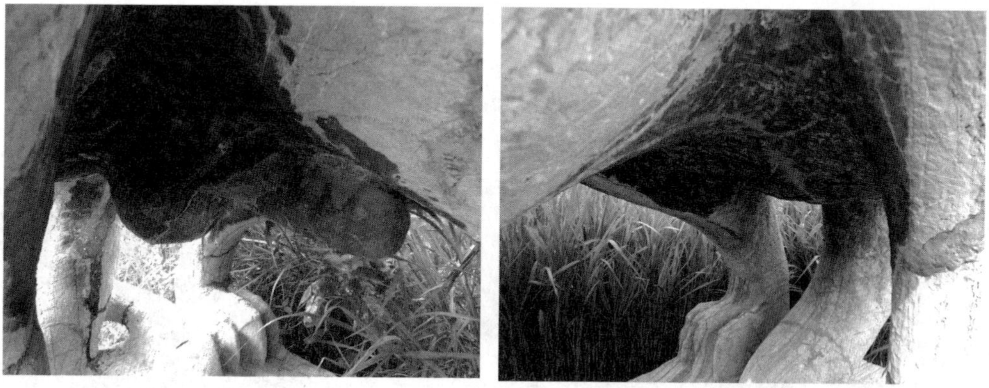

图4-2

图4-3

与此相对，14、15是无角且仅有雌雄之差的石兽。图5是梁鄱阳忠烈王墓（15）的石兽，它们虽然无角，但是生殖器的雌雄之分很明显。我们将这一类称作组Ⅱb。组Ⅱb目前只有2例（算上疑似者有3例），但由于破损或所在地及管理上的制约等因素，与无角兽的生殖器相关的信息有很多欠缺，若是仔细调查的话，今后的样本可能会增加。

以上三组中，可以直接探讨角数与生殖器雌雄之间的关系的，仅是有角雌雄兽的组Ⅱa。据此比对表中相应的栏目，可知独角的右石兽是雄性，双角的左石兽是雌性，则角的数量与雌雄之间存在着相关性。一是奇数或称阳数，二是偶数或称阴数，从雄为阳、雌为阴的角度来看，很容易看出这种“相关性”的背后与传统二元宇宙论即阴阳说有关。

与此相关，颇具启发性的是梁文帝建陵（10）神道所残存的左右石柱形式。两石柱的上部都刻有同样的“太祖文皇帝之神道”的文字。但是若观察此文字，会发现右石柱是正文，左石柱是反文。（图6）正文代表阳，反文代表阴，这是无须赘言的。也就是说，神道左右石柱的文字与组Ⅱa的石兽角、生殖器相同，都遵循着“右=阳”“左=阴”的这种对应关系。由此可见，无论是石兽的角还是生殖器，我们应该认为它们本质上是与阴阳之分有关的一种“阴阳表现”。

图5

图6

那么，既然角和生殖器都用以表现阴阳，自然而然产生的问题就是，为何会出现左右皆雄的组Ⅰ和左右无角的组Ⅱb这样的角与生殖器阴阳表现不一致的形式？从这种打破常规的表现形式里可以看出，角和生殖器的“与阴阳的联系”模式可能是相异的。换言之，两者在象征性上的差异，是否会在不同的情况下导致不同的阴阳表现？那么，这种“象征性”到底是什么？接下来考虑这个问题吧。

三、角与生殖器的象征

在考虑南朝石兽的角和生殖器的象征性时，最先应该留意的点是有角兽配置于皇帝陵，无角兽配置于王侯陵这一大原则。一直以来，仅有角是作为皇帝陵石兽的特征而为人所知的，[①]但正如前一节所确认的，左右皆雄的组Ⅰ

① 严格来说，还有皇帝陵石兽颏下垂着胡须、王侯陵石兽拉着舌头这一差异。但胡须无法区别阴阳，而它的有无和角的有无也是一致的，所以这点在本文中不算问题。

石兽也全都是有角兽。如果是这样，那么不仅有角的情况，而且组Ⅰ的情况（即左右石兽皆具有雄性生殖器），似乎都与墓主是皇帝有关。

进而出现的问题是，组Ⅱa的角具有皇帝陵的特征，同时生殖器的表现形式与王侯陵相同。为了搞清楚这种表现的内涵，让我们详查一下组Ⅱa的各陵墓墓主。

按时代顺序追溯，最远的是6号齐宣帝。南齐的宣帝在《南齐书》卷二《高帝纪下》，建元元年（479）条有载：

> 五月……丙寅，追尊皇考曰宣皇帝，皇妣为孝皇后，妃为昭皇后。

如此看来，他仅仅是一位追尊皇帝，生前没有即过帝位。这一点与3号齐景帝一样，在《南齐书》卷四五《始安贞王道生传》中可见：

> 始安贞王（萧）道生，字孝伯，太祖次兄也。宋世为奉朝请，卒。建元元年，追封谥。建武元年，追尊为景皇，妃江氏为后。

又《梁书》卷二《武帝纪中》，武帝天监元年（502）夏四月条有载：

> 追尊皇考为文皇帝，庙曰太祖，皇妣为献皇后。追谥妃郗氏为德皇后。

则10号梁文帝也是追尊皇帝。

另一方面，7号齐东昏侯有着与前三例不同的背景。关于此，详见《南齐书》卷七《东昏侯纪》：

> 永元三年（501）（十二月）……王珍国、张稷惧祸及，率兵入殿，分军又从西上阁入后宫断之，御刀丰勇之为内应。是夜，帝在含德殿吹笙歌作《女儿子》。卧未熟，闻兵入，趋出北户，欲还后宫。清曜閤已闭，阉人禁防黄泰平以刀伤其膝，仆地。顾曰："奴反邪？"直后张齐斩首送梁王。宣德太后……又令依汉海昏侯故事，追封东昏侯。[①]

引文最后提到的"汉海昏侯"，当然是指汉昭帝死后被霍光拥立又旋废的昌邑王刘贺。宣德太后将齐废帝萧宝卷比作汉废帝海昏侯刘贺，为其追封了东昏侯的封号。

---

① "御刀""禁坊""直后"都是近侍官的官职名。

但是，海昏侯和东昏侯也有不同之处。海昏侯被从皇帝黜为列侯之后仍活着，但东昏侯是被臣下杀害而退位，更为重要的是，与在位仅27天的海昏侯相比，东昏侯在位3年。若要明白此事的原委，《南齐书》卷六《明帝纪》有载：

[明帝建武五年（498）]夏四月甲寅，改元，赦三署囚系原除各有差。文武赐位二等。……（永泰元年）秋七月……己酉，帝崩于正福殿，年四十七。

如此看来，明帝在将年号从建武改为永泰之后，同年秋天就驾崩了。承嗣即位的太子萧宝卷即之后的东昏侯，等到翌年正月才逾年改元，此事见于《南齐书》卷七《东昏侯纪》：

东昏侯宝卷，字智藏，高宗第二子也。……建武元年（494），立为皇太子。永泰元年七月，己酉，高宗崩，太子即位。……永元元年春正月戊寅，大赦，改元。

“永元”这个年号延续了3年，到了三年的二月，在江陵掀起反东昏侯叛旗的萧衍部众拥立南康王为帝。关于此事，《南齐书》卷八《和帝纪》有载：

（永元）三年……二月……己巳，群僚上尊号，立宗庙及南北郊。……中兴元年春三月乙巳，即皇帝位，大赦，改元。文武赐位二等。鳏寡孤独不能自存者，谷人五斛。即永元三年也。

同年末，萧衍的军队进入建康，东昏侯为近臣所弑。

渡边信一郎指出，即位后经由元会礼实现的君臣关系之更新，是新皇帝正统性被承认的必要契机。[①]在这一点上，东昏侯与海昏侯不同，他在即位翌年举行了元会礼，改了年号。又在新年号行用后的第二年，再次与大臣举行了元会礼。换言之，虽然东昏侯死后的身份是侯，但是以前的确是皇帝，无论是和帝还是萧衍都无法否定这一事实。东昏侯就处在“是皇帝又非皇帝”的中

---

① 参见［日］渡边信一郎：《天空の玉座——中国古代帝国の朝政と儀礼》，东京：柏书房，1996年，第121—122页。

间位置上，与“非皇帝但赠予皇帝称号”的追尊皇帝（虽然生前和死后的待遇正好相反）有着相似之处。东昏侯墓的石兽与其他3位追尊皇帝同属于组Ⅱa的理由，是否在这个点上呢？即，组Ⅱa是“非正式皇帝”的表现形式。

还有，自朱希祖以来被广泛认为是东昏侯墓的金家村南朝墓，[①]在曾布川宽看来则是梁代最后的皇帝敬帝的陵墓。[②]这是具有说服力的主张，不可忽视。那么，若此墓是梁敬帝萧方智之墓的话，能否有同样的解释呢？保险起见，需要确认一下。以下，依据《梁书》卷六《敬帝纪》的记载，我们来简单看看。

敬帝即位的过程略为复杂：

> 敬皇帝，讳方智，字慧相，小字法真，世祖第九子也。……（元帝）承圣……三年（554）十一月，江陵陷，太尉扬州刺史王僧辩、司空南徐州刺史陈霸先定议，以帝为太宰、承制，奉迎还京师。四年二月癸丑，至自寻阳，入居朝堂。……三月，（北）齐遣其上党王高涣送贞阳侯萧渊明来主梁嗣……七月辛丑，王僧辩纳贞阳侯萧渊明，自采石济江。甲辰，入于京师，以帝为皇太子。九月甲辰，司空陈霸先举义，袭杀王僧辩，黜萧渊明。丙午，帝即皇帝位。

由上可知，元帝在西魏攻陷江陵之后遇害，敬帝受到了王僧辩和陈霸先的拥立。虽然翌年在建康入居朝堂，但王僧辩受到北齐干涉而纳萧渊明为帝，并将敬帝立为皇太子。然而不久之后，陈霸先袭杀了王僧辩，敬帝得以即位。紧接着，萧方智另立年号称元，将承圣四年改为绍泰元年：

> 绍泰元年（555）冬十月己巳，诏曰：“……可改承圣四年为绍泰元年，大赦天下，内外文武赐位一等。”

另有：

> 太平元年（556）……九月壬寅，改元，大赦，孝悌、力田赐爵一级。

---

① 参见《六朝陵墓调查报告》。

② 参见［日］曾布川宽：《南朝帝陵の石獣と磚画》，第243—244页。

可知，翌年秋天改元为太平。然而，又过了一年，敬帝被陈霸先夺位并在不久后去世：

（太平）二年……冬十月……辛未，诏曰："……今便逊位别宫，敬禅于陈，一依唐虞、宋齐故事。"陈王践阼，奉帝为江阴王，薨于外邸，时年十六，追谥敬皇帝。

关于敬帝之死，《梁书》没有提及年份，《陈书》只记载是永定二年（558）四月，[①]但《南史》卷九《陈本纪》中有云：

（陈武帝永定）二年……夏四月……乙丑，江阴王殂，陈志也。

这暗示了敬帝是因陈帝之意被杀害的。[②]

由前文可知，敬帝没有逾年改元，但在位期间举行了两次元会礼，绍泰元年（即太平元年）是与前后皇帝在位年份不重叠的一年。另一方面，其谥号虽然是敬帝，但死亡时的地位仅是王。根据这一点，则敬帝"'是皇帝又非皇帝'的中间位置"与齐东昏侯的情况没什么大区别。因此，即使金家村南朝墓的墓主为梁敬帝，本节的结果也还是不受到任何影响。

综上所述，组Ⅰ与组Ⅱa的关系可以总结为：

1.【组Ⅰ】正式皇帝的陵墓石兽……有角、无雌雄之分（左右皆雄）。

2.【组Ⅱa】非正式皇帝的陵墓石兽……有角、有雌雄之分。

可以明显看出，组Ⅰ和组Ⅱa的墓主之间有着"曾经被当作皇帝"这一共同点，而且，其石兽都是有角的。从中可以推导出石兽的角可能代表着墓主的"皇帝性"。同样的，两者之间存在着"是否是正式皇帝"这一区别，与此对应的是组Ⅰ中正式皇帝的陵墓石兽没有雌雄之分，而组Ⅱa中非正式皇帝的陵墓石兽则有。由该点可知，存在雌雄之分是为了显示墓主的"非皇帝性"。原本非皇帝的王侯之墓，其无角兽左右皆非雄，这些成为上

---

① 《陈书》卷二《高祖纪下》，永定二年夏四月条有："乙丑，江阴王薨，诏遣太宰吊祭，司空监护丧事，凶礼所须，随由备办。"

② 《通鉴》卷一六七《陈纪一》中露骨地记载着："（武帝永定二年）夏四月……乙丑，上使人害梁敬帝。"

述假定的旁证。

此处颇为有趣的是，象征着“皇帝性”的角也存在于非正式皇帝的陵墓石兽上，在这种情况下对应的石兽通常是阴阳一对；而象征着“非皇帝性”的生殖器，只有在正式皇帝的情况下是阳+阳组合模式，此外对应的石兽都是阴阳一对的形式。为什么角与生殖器在“象征性”上的差异，会表现为“与阴阳的联系”上的差异呢？

值得注意的是，根据两种阴阳表现的组合结果所示的阴阳平衡。角有阴阳之分的同时左右皆雄的组Ⅰ，若将二者合而观之，则是阳气过剩的情况。另一方面，无角而生殖器有阴阳之分的组Ⅱb，相对而言就是阴气过剩的情况。换言之，正式的皇帝阳性强，王侯则是阴性强。下面是应劭《汉官仪》关于公印钮式的内容：

> 印者，因也，所以虎钮，阳类。虎，兽之长，取其威猛以执伏群下也。龟者，阴物。抱甲负文，随时蛰藏，以示臣道功成而退也。

由此可知，（使用虎钮印的）皇帝的“阳”性和（使用龟钮印的）臣下的“阴”性之间的关联。[①]皇帝和王侯的石兽在左右的空间配置上有不同之处，是否是由于这种皇帝与王侯在身份上的差异？倘若如此，也就能得出石兽的阴阳表现存在着不对称的理由。此时，被选为表现阳性强度的手段是生殖器而非角，这或许是因为有雄兽的“威猛”形象寄寓其中。[②]

① 从这个意义上来讲，可以说不是角的存在而是雄和雌的生殖器的组合，反映了皇帝之为皇帝的特性。那么，有人可能会认为，“皇帝性”这个表现更适合于那种特性。但为了避免拘泥于言辞而带来的议论和表现上的混乱，本文还是以本文的行文为准，“被当作皇帝对待”即“皇帝性”的简洁表达。敬请谅解。

② 另一个值得考虑的观点是，石兽的头部即上方的角，与阴部即下方的生殖器的位置关系到底代表着什么？假如将其与阴阳的生成、变化可视化的易卦表现形式相对照，皇帝陵的石兽就会表现为长着阴阳（角）的下面生出了阳阳（生殖器）的样子。换言之，可以认为皇帝陵石兽代表阳气即将压过阴气的样子，也就是说皇帝正是“超越阴阳的阳”。但如果这样，则王侯墓的石兽表现为阴阴之下生出了阴阳的情况，可能会损害作为臣下的“阴性”。关于此点，待今后考察。

如此看来，左右石兽的空间配置并不单纯地表示阴阳，可以说，它有意地打破了一部分阴阳表现的常规，从而起到了将君臣秩序可视化的作用。结果是，出现了角或生殖器与左右的阴阳无法对应的例子。其原因并不在于两者的“与阴阳的联系”不同，而是“与左右对应的阴阳的联系”不同。无论是角还是生殖器，它们都与阴阳相关，这就是为何通过改变它的外形，可以表现出墓主地位的细微差别。不过，因为以往学者在没有仔细观察石兽的生殖器的情况下，先建立有角、无角或是左右这样的简单基准，后来强行地套用在石兽上，所以这个重要的问题被忽略了很久。

讨论到这里，石兽的角与生殖器的意义已经明晰了。角的存在表现了墓主的皇帝性，生殖器的雌雄之分表现了墓主的非皇帝性，这是十分清晰的布局。不过，我们当下还不能这样轻率地下结论，仍有一些问题需要考虑。具体而言有：

①齐前废帝郁林王墓（18）、后废帝海陵王墓（19）的墓主均是废帝，但他们陵墓的石兽为何不属于废帝齐东昏侯（也有可能是梁敬帝）墓（7）所属的组Ⅱa，而属于与王侯墓同规格的组Ⅱb呢？

②梁昭明太子仅仅是太子，但为何其陵墓（1）配有与皇帝同规格的组Ⅰ的石像呢？

关于其中的第②点，《梁书》卷八《昭明太子传》有云：

> （武帝中大通）三年（531）……四月乙巳，（太子萧统）薨，时年三十一。高祖幸东宫，临哭尽哀。诏敛以衮冕。谥曰昭明。五月庚寅，葬安宁陵。

由上述可知，昭明太子深受武帝喜爱，因而在其葬礼上，武帝赐予他皇帝的礼服，即衮服和冕冠。这样看来，破格配以与皇帝同规格的石兽是合理的。[①]然

① 狮子冲南朝墓中还出土了由南齐宫廷画家专为帝陵绘制的竹林七贤图，此图与皇帝陵的形式非常相近。有关南朝陵墓中竹林七贤图的位置，可参考［日］曾布川宽：《南朝帝陵の石獣と磚画》第七节《南斉絵画における磚画の位置》。有关狮子冲南朝墓的具体状况，可参考南京市考古研究所：《南京栖霞狮子冲南朝大墓发掘简报》，《东南文化》2015年第4期。

而，需要讨论的是问题①。石兽的角和生殖器反映了"皇帝性"和"非皇帝性"，反过来，我们能否通过同为废帝的3位墓主被赋予的'皇帝性'和'非皇帝性'的表现差异，来思考"什么是皇帝"这一问题呢？我将在下一节展开说明。

四、废帝的石兽与皇帝制度的本质

齐郁林王在位时间很短。《南齐书》卷四《郁林王纪》的记载如下：

> （武帝永明）十一年（493）……世祖崩，太孙即位。……隆昌元年（494）春正月丁未，改元，大赦。……秋七月……二十二日壬辰，……帝在寿昌殿，闻外有变，使闭内殿诸房阁，令阉人登兴光楼望。……帝竟无一言。出西弄，杀之，时年二十二，舆尸出徐龙驹宅，殡葬以王礼。余党亦见诛。

由此可知，虽然郁林王在即位后逾年改元，但于同年被杀害，以王礼下葬。此后承袭其位的就是海陵王萧昭文。《南齐书》卷五《海陵王纪》记载：

> 延兴元年（494）秋，七月，丁酉，即皇帝位。……大赦，改元。……冬十月……辛亥，皇太后令曰："……帝可降封海陵王，吾当归老别馆。……"（明帝）建武元年（494），诏："海陵王依汉东海王彊故事，给虎贲、旄头、画轮车，设钟虡宫县，供奉所须，每存隆厚。"

则萧昭文在即位的当年中改动了郁林王所建立的年号，之后不久被降格为海陵王。不过，因为依"汉东海王彊故事"，海陵王的礼遇要比其他王高。

汉代的东海王彊，是光武帝的长子刘彊。《后汉书》卷四二传三二《东海王刘彊列传》云：

> 东海恭王彊。建武二年（26），立母郭氏为皇后，彊为皇太子。十七年而郭后废，彊常戚戚不自安，数因左右及诸王陈其恳诚，愿备蕃国。光武不忍，迟回者数岁，乃许焉。十九年，封为东海王，二十八年，就国。帝以彊废不以过，去就有礼，故优以大封。兼食鲁郡，合二十九县。

赐虎贲旄头，宫殿设钟虡之县，拟于乘舆。……（明帝）永平元年（58），彊病，……及薨，……天子……使司空持节护丧事，大鸿胪副，宗正、将作大匠视丧事，赠以殊礼，升龙、旄头、鸾辂、龙旗、虎贲百人。

可知，刘彊将太子之位让给了同父异母的汉明帝，但被允许“拟于乘舆”，即使用与皇帝同规格的礼器。海陵王也被允许使用钟虡之宫悬，[①]因此可以认为他受到了与东海王相同的皇帝之礼的待遇。出于同样的原因，他在废位的次月殒命，《南齐书》卷五《海陵王纪》有载：

十一月，称王有疾，数遣御师占视，乃殒之。给温明秘器，衣一袭，敛以衮冕之服。大鸿胪监护丧事。葬给辒辌车，九旒大辂，黄屋左纛，前后部羽葆鼓吹，挽歌二部，依东海王故事。谥曰恭王。年十五。

由此可见，其葬礼规格近乎皇帝。

由上述可知，郁林王和海陵王虽然都是废帝，但情况不同。最显著的区别是，郁林王是即位逾年改元，而海陵王是即位当年改元。前节中探讨过，在即位后迎新年并举办元会礼，是皇帝被承认的必需条件。由此看来，郁林王理应被视为正式皇帝，而海陵王不是正式皇帝。然而，两者受到的礼遇却反了过来，郁林王是王级别的待遇，海陵王则是皇帝级别的待遇。而且，其陵墓石兽均是属于组Ⅱb的无角雌雄兽，要比死后以王侯礼遇相待的东昏侯的规格低一等。

这至少告诉我们，葬礼的规格与石兽的外形没有直接关系，但问题不止于此。姑且不论没有逾年改元的海陵王，连郁林王的“皇帝性”都没有被认可，本来就会让人怀疑元会礼是皇帝正统性被承认的契机这一大前提。该如何考虑这一点才好呢?

此处的关键在于，郁林王和海陵王的共通点，即改元后没有经过元会礼

---

① 有关王（南朝则为皇帝）的乐器“宫悬”的规制，《周礼·春官小胥》有载：“正乐县之位，王宫县，诸侯轩县，卿大夫判县，士特县。【郑注】乐县，谓钟磬之属县于笋虡者。郑司农云：‘宫县四面县，轩县去其一面，判县又去其一面，特县又去其一面。四面象宫室四面有墙，故谓之宫县。’”

就废黜，年号因此失效。具体来说，郁林王的情况是，在齐武帝永明十一年即位，翌年改年号为隆昌元年，然而在该年年末之前，由海陵王改元为延兴。这位海陵王没有迎来延兴二年，齐明帝就将延兴元年改为了建武元年。那么，他们虽然自己建立了新年号，这一年号又被别的年号所代替，最终，以他们建立的年号称呼的年份，在历史上就根本不存在。换言之，无论是郁林王还是海陵王，个人的年号即时间秩序都没有了。

东昏侯在这一点上，正如前面章节详细确认过的，虽说被废贬为王侯，但其个人的时间秩序还是维持了两年。梁敬帝同样也将个人的时间秩序维持了一年。另一方面，除了这一点，在废帝的定位、被废的事由、是否逾年改元、葬礼的规格、谥号的差异等其他要素中，无法发现使东昏侯、梁敬帝与郁林王、海陵王的石兽造型产生不同的决定性差异。因此我们猜想，石兽之角表现的“皇帝性”，是以能否带着年号建立起自己的时间秩序为基准的。

以此推导下去，可以得出这样一个原则：仅仅经历元会礼不足以成为“正式的皇帝”，必须要让作为支配时间之证的年号在历史上存留一年以上才算“正式的皇帝”。《后汉书》纪六《质帝纪》明确记载道：

> [冲帝永嘉元年（145）]五月……丙辰，诏曰：“孝殇皇帝虽不永休祚，而即位逾年，君臣礼成。孝安皇帝承袭统业，而前世遂令（安帝的）恭陵在（殇帝的）康陵之上，先后相逾，失其次序，非所以奉宗庙之重，垂无穷之制。昔定公追正顺祀，春秋善之。其令恭陵次康陵，（顺帝的）宪陵次恭陵，以序亲秩，为万世法。”

其中“即位逾年，君臣礼成”可以被看作是作为正统皇帝的证明。关于后汉殇帝的这个案例，在《后汉书》中有记载：

> 孝殇皇帝，讳隆，和帝少子也。（和帝）元兴元年（105）十二月辛未夜，即皇帝位，时诞育百余日。……（殇帝）延平元年（106）……八月辛亥，帝崩。癸丑，殡于崇德前殿。年二岁。（纪四《殇帝纪》）
>
> 延平元年……八月，殇帝崩，……作策命曰：“唯延平元年秋八月癸丑，皇太后曰：‘……今以侯嗣孝和皇帝后。……’”读策毕，太尉奉上

玺绶，即皇帝位，年十三。……永初元年（107）春正月癸酉朔，大赦天下。（纪五《安帝纪》）

仔细阅读可知，殇帝在逾年改元并于同年驾崩之后，继任者安帝将其年号一直使用到年末，到了第二年才改元。也就是说，殇帝建立的时间秩序虽然仅存在了一年，但在历史上确有记载。与殇帝同样在短时间内驾崩的冲帝和质帝，也是逾年改元，并将年号维持到了年末。在新皇帝逾年才能改元的原则下，这是作为通常的帝位继承的理所当然之措施。不过，对照不等到年末就丧失年号，并因此被否定皇帝身份的齐郁林王和海陵王的案例，不如说正是这种“理所当然”的惯性思维，使我们将原来仅举办还不够的元会礼和逾年改元，误解为是正统皇帝被承认的契机。根据目前所述，皇帝为了被视作皇帝，需要在举办元会礼之后逾年改元，且将此年号延续至年末（或者自己直到年末还是皇帝），在历史上留下个人的时间秩序。

简言之，皇帝制度的本质是“时间支配的继承”。在历史上没有留下个人时间秩序的皇帝，就算经历了即位礼、代表着君臣关系更新的元会礼，也算不上皇帝。因此，在“时间支配的继承”上失败的齐郁林王和海陵王，被陪葬以无角雌雄兽。反过来，若是个人的时间秩序持续了一年的皇帝，纵使是被废黜并剥夺帝号，还是会被视为具有一定“皇帝性”的存在。因此，齐东昏侯（或是梁敬帝）虽是废帝，还是享受到了追尊皇帝标准的待遇。

这样一来，通过石兽的角与生殖器所表示的“皇帝性”和“非皇帝性”，我们搞清了要被承认为“正式皇帝”需要什么条件。往往被当作石兽设计的一部分而被忽视的角，以及通常很少被关注到的生殖器，以一种意想不到的方式，告诉了我们“何为皇帝”。

五、结语

由本文得出的结论如下：

①南朝陵墓石兽分为“有角左右皆雄”“有角左雌右雄”“无角左雌右雄”三类。

②有角兽常常是左边双角、右边独角，当有角兽有雌雄之分时，角数表示的阴阳与生殖器表示的阴阳，都是左阴右阳。

③“有角左右皆雄”的石兽配备在正式皇帝的陵墓，“有角左雌右雄”的石兽配备在非正式皇帝的陵墓，“无角左雌右雄”的石兽配备在王侯的陵墓。

④换句话来表达③，就是石兽的角象征着墓主的“皇帝性”，石兽生殖器的雌雄象征着墓主的“非皇帝性”。

⑤皇帝的石兽阳气过剩，王侯的石兽阴气过剩，是受到皇帝“执服群下”与臣下“随时蛰藏”观念的影响。

⑥自己建立的年号在历史上留存不超过一年的皇帝，就算是即了帝位且逾年改元了，死后还是被当作王侯。

⑦因此，皇帝制度的本质，是“时间支配的继承”。

严格来讲，改元不是皇帝而是天子之事，[①]本文所言的“正式皇帝”实际上是指“天子”。那么也有必要由此展开，进一步探讨天子与皇帝的差异问题，但这个问题属于另一个领域，我们的讨论暂且到此。左右一对的石兽不仅表现了以陵墓和神道为中轴的左右空间配置，还在视觉方面表现了该陵墓在更广泛的观念世界中占据的位置。本文达到阐明这点的目的就可以了。

无论如何，本文已经充分展示了通过门阙动物像来探讨它所展现的宇宙观的意义。然而，由于门阙动物像原本不仅是配备在皇帝和王侯陵墓的物件，且它不仅存在于中国文化圈里，因此，光讨论门阙动物像与皇帝制度之间的关系问题，也是无从谈起。那么，一个超越了中国皇帝制度这个狭小命题的更广大的世界，正在向我们招手。有一天能够在这个“广大的世界”中再次定位到中国的皇帝制度，这是我目前的小愿望。

---

① 参见［日］阿部幸信：《汉初天下秩序考论》，载《史林挥麈：纪念方诗铭先生学术论文集》编辑组编《史林挥麈：纪念方诗铭先生学术论文集》，上海古籍出版社，2015年，第139页。

北朝的新葬式
——双人单棺葬

德国慕尼黑大学东方研究所　宋　馨

摘　要：北朝境内出现了一种汉文化中前所未见的葬俗，其特征在于男女二人被葬于同一棺内，并被安排成拥抱、依偎、牵手等亲密姿势，也有少数相背被置棺中，显示怨侣的情况。这种安排暗示二人死亡时间接近，并为同时入棺。本文认为双人单棺葬属于自新石器以来欧亚大陆草原区广泛分布的一种葬式。同时也讨论这种葬俗自北朝开始至唐初在华北地区的发展与演变。时代越晚，这种葬俗在中国境内越趋向于形式化，亦即二人虽然同棺，但其中一人多为后来开棺再葬，与早期的同时死、同时入棺情况不同。但是此种形式在北齐时代太原地区某些部落军事首领的葬礼中似乎成为一种认同要素。北朝晚期有不少不同文化背景的人士，其中包括汉人，都接受了此种葬式。

关键词：北朝；拓跋鲜卑；草原；双人单棺葬

自商周秦汉以来，中原地带的葬式与墓型虽然不断变动，但绝大多数的墓葬均以单人单棺为主，即使出现夫妇同冢同葬现象，二人仍异穴或分棺分葬。汉代始有墓室建筑模仿居室的形式，也有了家庭同墓的习俗，但仍然一人一棺。此现象一直延续到西晋。十六国期间，大量草原游牧民族或中亚人移入中国北方边缘地区，亦即辽东、辽西、河北北部、阴山、鄂尔多斯、关中、青海高原以及甘肃走廊，当地丧葬习俗随之变化。随着拓跋鲜卑统一华北，北方地区的许多葬式随着大量的移民进入了北魏的平城（今属山西大同市）。其中一种非常特殊，其特征在于二人被葬于同一棺内，并且根据发掘报道均为男女葬，同时男性年龄多较女性为大。此种不见于传统汉地的葬俗从此在华北生根并一直延续到唐宋。辽金时期，北方契丹、女真贵族也仍延续着同样的葬法。如想得知唐宋时期双人葬的来源，必须先了解这种葬俗如何在华北产生。本文将以北朝时代为重心，初步探讨此葬式的起源与形式，并约略地检查此种葬式在北朝何种族群内传播以及其在华的逐渐演变过程。本文将不扩大讨论家庭成员多人葬或亲子同葬的习俗。

一、以往研究

中国国内对此种葬式进行研究的学者不多，目前仅有《大同南郊北魏墓群》（以下简称《大同南郊》）的作者们及北大考古文博学院韦正教授曾经做过讨论。[①]《大同南郊》除了指出电焊厂墓地双人单棺葬中的男女年纪、关系与棺中姿势，还根据考古现象推测被葬二人的死亡时间应相当接近并同时入棺。此外也根据随葬品判断该墓地的双人单棺葬多属平民阶层。[②]虽然《大同南郊》已明确指出齐家文化中已出现这种葬式，但是韦正教授根据他收集的发掘新资料提出，这是属于拓跋鲜卑的一种自有葬俗，其时间上限在东汉檀石槐联盟之前，下限在拓跋迁都洛阳左右，又认为此葬俗“至少在洛阳地区被

---

① 山西大学历史学院、山西省考古研究所、大同市博物馆编：《大同南郊北魏墓群》，科学出版社，2006 年，第 485—486 页；韦正：《拓跋鲜卑的单棺合葬墓》，载内蒙古博物院、内蒙古自治区文物考古研究所合编《中国北方及蒙古、贝加尔、西伯利亚地区古代文化》（中），科学出版社，2015 年，第 458—467 页。

② 山西大学历史学院、山西省考古研究所、大同市博物馆编：《大同南郊北魏墓群》，第 486 页。

终止”[①]。朱存世教授亦提及固原南塬地区的类似葬俗，并依此而认定南塬M3为鲜卑平民墓葬，[②]但并未做更进一步的探讨。最新个案研究与大同七里村碧桂园M831有关，该文研究了该墓所葬二人的骨骼，并讨论这种葬式的生理必备条件。[③]

实际上，一如《大同南郊》作者们收集的资料所显示，这种葬式分布的时空非常广泛，国外对这种葬式也有涉及。这些细节将在后文论及。

二、下葬形式与方式

在开始讨论这种葬式之前，必须先较为仔细地观察当时如何处理尸体。其一乃尸首经过特意安排，被置放成一种具有表现力的式样。通常是显现亲密的关系，例如拥抱、面对面、手牵手；也有部分是一人仰身直肢，另一人头依偎在伴侣肩上，或倾向伴侣，或腿部微曲，搭在伴侣腿上；比较特别的是安排成背对背。另一种最常见，尸体不经特殊安排，仅仅仰身直肢地被放入棺中。

可惜目前欠缺详细的考古发掘观察以及对尸体如何达成此种遗存形式（taphonomic processes）的研究。我们可以初步推测，第一种葬式的两具尸体应该未经尸布包裹，同时其软组织应当相当完好，如此情况下才有可能进行身体姿势的安排。所以这种葬式可以直接暗示二人的死亡时间相近。最好的例子是大同碧桂园M831。张全超教授及同仁认为该墓男子（29—35岁）未

---

① 韦正：《拓跋鲜卑的单棺合葬墓》，第459页。

② 朱存世：《固原南塬汉唐墓地中的几座北朝墓》，《边疆考古研究》2014年第15期，第163—170页。重点参考第168页。

③ Zhang, Quanchao et al., “Eternal Love locked in an Embrace and Sealed with a Ring: A Xianbei Couple’s Joint Burial in North Wei Era, China (386–534 CE), ”*International Journal of Osteoarchaeology*, 2021: pp.1–9. DOI: 10.1002/oa.3009. 在此感谢戴卫红教授提供该文。文中仅提葬式，不含考古资料。

痊愈的手臂骨折可能为致死原因。而女子（35—40岁）骨骼没有显现创伤或病理损坏，似乎健康。二人的拥抱亲爱姿势显示她可能在男子过世后短期内“殉情”，但作者们也不排除其他可能性，例如二人同时因病过世或同时被毒死，或女子先死，男子殉情等。至于一人头依向另一人的例子可见于魏晋时期新疆的营盘地区，[①]以及尼雅民丰的精绝国王室墓8（相当于东汉末）、墓3（相当于魏晋时期）。[②]举民丰墓3为例，男尸压在女尸右侧上。发掘者发现墓3男性颈部与腿部均有割伤，但不知为致命伤还是旧伤，同时发现女尸右颊有大量血渍。发掘者认为，女性因受伤致死，入棺时伤口仍出血，所以该女性为“被动死亡”，亦即殉死。[③]但这个淤血也有可能是死后体内微生物开始进行分解作用而导致的身体孔窍出血现象。在没有病理检查的情况下，我们只有猜测的余地。由于该女尸所着的锦袍纺织技术极高，[④]甚至超过同棺男性的织锦，这是否也暗示女性身份较高，而男“殉”女呢？此点将在后文进一步

① 新疆文物考古研究所：《新疆尉犁营盘墓地1995年发掘报告》，《新疆文物》2001年第1、2期，第17页（墓9，相当于东晋时期）。其他营盘（因半）墓群也有个别男女双人葬，见新疆文物考古研究所：《新疆尉犁县因半古墓调查》，《文物》1994年第10期，第24页；新疆文物考古研究：《新疆尉犁县营盘墓地1999年发掘简报》，《考古》2002年第6期，第60—61页（M7）、第65—66页（M8）。营盘墓地的男女合葬墓简述见李文瑛：《新疆尉犁营盘墓地考古新发现及初步研究》，载殷晴主编《吐鲁番学新论》，新疆人民出版社，2006年，第396页。

② 见中日日中共同尼雅遗迹学术调查队编：《中日日中共同尼雅遗迹学术调查报告书·第二卷　本文编（中文）》，京都：佛教大学尼雅遗迹学术研究机构，1999年。文中先说M3为东汉时期，再指出M3打破M8的一角，所以显然M8较早。M8有C14的测定数据，为距今1745±60，相当于公元205±60年，再因为M3之所以会打压到M8，显然因为M8的地表标志已不存在，也就是说二墓相间的时间不在断代数年间，所以M3应该至少可以晚到曹魏时代（同书第114、121、131页），而非同书认为的东汉时期（第108页）。

③ 中日日中共同尼雅遗迹学术调查队编：《中日日中共同尼雅遗迹学术调查报告书·第二卷　本文编（中文）》，第90—91页、107页。

④ Selbitschka, Armin , *Prestige Güter entlang der Seidenstraße? Archäologische und historische Untersuchungen zu Chinas Beziehungen zu Kulturen des Tarimbeckens vom zweiten bis frühen frünten Jahrhundert nach Christus* ,Wiesbaden: Harrassowitz, 2010, p154.

讨论。所以这种被安排的葬式的重点在于：不论二人如何死去，他们死亡时间的相近是重要的决定因素，而且他们的尸体在入棺时未经尸布包裹。

其他同棺双人仰身直肢的放置有许多可能性：或为二人近时死，然后同时入棺；或者一人先亡，等待第二人数年后去世后再二人同入棺；第三个可能性是一人先入棺并下葬，等第二人死后，二人迁葬并同时入棺；最后是尸体一具一具地渐渐加入同一棺中。如果二人过世年份相差甚大，先亡者肉体会被分解而骨骼位置无法保留其解剖位置。有些例子说明这种困难会以尸布包裹的方法来解决，最好的例子是北周李诞墓。[①]男性骨架裹三层，而最内为白布，女性骨架则裹数层布。同棺双人直肢葬在北朝越晚越多，北朝晚期大多为此种单棺二次葬的类型。

而根据某些墓葬形制所做的“同时入棺”的考虑也是基于考古发掘的观察。例如《大同南郊》一书提出电焊厂墓地许多洞室墓葬的墓道与墓室均非常狭窄，再开启可能性不大。而发掘时也不见墓葬被扰的情况，所以应为一次性的双人葬。基于同一论点，该书作者们也提出大同类似形制的墓葬中所发现的双人双棺也应同时入墓。[②]据我的观察，此种墓内多仅有一套随葬品，也就是说仅祭祀一人，所以《大同南郊》诸位作者们的考虑确实有所根据。不过，一如韦正所言，我们不能有力地排除停丧待葬的可能性。[③]等待二人均死后再同时入葬，则与常见的一墓室多棺情况无大区别，所以本文将不论及双人双棺葬的形式。

再如大同湖东编组站M1虽然是“汉化式”的北魏南向砖室墓，[④]但其墓道、甬道似乎属象征性的建筑。其原因在于墓道斜度高达35度，经此下棺虽

---

① 程林泉：《西安北周李诞墓的考古发现与研究》，《西部考古》2006年第1期，第393页。

② 山西大学历史学院、山西省考古研究所、大同市博物馆编：《大同南郊北魏墓群》，第485—486页。

③ 韦正：《拓跋鲜卑的单棺合葬墓》，第463页。

④ 大同市考古研究所：《山西大同沙岭新村北魏墓地发掘简报》，《文物》2014年第4期，第8、10页。

并非不可能，但是十分困难。同时木棺的最大宽度（1.12米）大于甬道（1米），完整木棺若经由墓道送入墓室，必须将棺沿着长轴旋转90度才可将木棺逐渐推入墓室内。所以比较可能的是，在墓室内将木棺装拼起来，然后安置二具尸体，亦即同时入棺的可能性极大，而后来入葬的二人则仅将尸体放在墓室内，而无木棺。此类墓葬在大同有数例。

5世纪的一个特别现象是出现于北魏平城的新兴石床与房型椁（木或石）葬，使用这种新葬具的死者绝大多数都不使用木棺，尸体直接被置放于房型椁内的床上。[①]在平城发现至少3座房型椁内有双人葬。一般必须在墓室内将大多数构件以及床搭构好后再置放尸体。墓室与椁室通常狭小，尸体被放至椁内的床上已十分困难，所以再开墓室葬入第二人的可能性比较低。2018年发掘的大同沙岭建材市场石椁墓未经盗扰，显示并无开墓再葬的行为，而两具尸体相当完整。[②]虽然我们无法完全排除先死者被留在棺内等待第二人死后同时入石椁的可能性，[③]但如果第一具尸体已开始被分解时才开棺进行葬礼，应不容易维持尸体的完整性。所以可以推测该房型石椁双人葬为双人同棺葬的一种变异，二人死亡时间可能相近并同时入葬。由于仍属推测，所以在附表一加上问号。房型椁双人葬必须对每一例单独判断，例如宋绍祖及贾宝墓

---

① 这可能与石床或尸床的来源有关。据目前所知，早期使用尸床的地区（新疆一带），均直接将尸体置于木或砖床上。见 Shing Müller, Funerary Beds and Houses of the Northern Dynasties, in *Early Medieval North China: Archaeological and Textual Evidence*, ed. Shing Müller, Thomas O. Höllmann, Sonja Filip. Asiatische Forschungen 159 (Wiesbaden: Harrassowitz, 2019), pp.383-474。新近发掘的咸阳十六国中兆村大墓 M100 墓室中有两件砖床，其中之一不见棺木。这可能是平城石床的直接前身之一。房型石椁的前身可能源自高句丽，但我们可以确定的是房型椁和石床是在平城融合为一。

② 该墓资料未公布，短讯见 http://sx.people.com.cn/n2/2018/0420/c189130-31485018.html，访问日期：2018 年 4 月 23 日。

③ 最佳例子见北齐库狄回洛与其二妻的葬法。前妻斛律夫人早库狄回洛 17 年去世，二妻库狄氏尉郡君早回洛 3 年去世，回洛下葬时，二妻的尸体被置放至回洛的木棺内，然后被放入房型木椁，最后封墓。见王克林：《北齐库狄回洛墓》，《考古学报》1979 年第 3 期，第 385 页。三人墓志见王天庥：《北齐库狄回洛夫妇墓志点注》，《文物季刊》1993 年第 1 期，第 76—79 页。

的房型椁均相当宽敞，不排除二次分葬的可能性。[①]

三、墓葬分布

此节仅简短地描述此类葬式从最早期到北朝末的大致发现地区，提供一个概括性的分布情况。资料仍多欠缺不全，犹待日后的整体收集。

（一）新石器至铁器时代

放眼观看欧亚大陆，可以发现自新石器以来，虽然男女双人同穴、同墓室或同棺葬，并且尸体被安排成为友好，甚至亲爱姿态的墓葬一直属于少数，但是在各地区却绵延不断地出现。临近中亚地区，位于今日甘肃的齐家文化有类似墓葬。[②]向西也远超过安德罗诺沃文化的分布区。[③]其实从今日英国、意大利经过乌克兰跨过大草原直到西伯利亚东部均有发现。青铜时代时期的分布也仍然广泛，2020年初在乌克兰西部特尔诺皮市（Ternopil）南部的裴特伊科富村（Petrykiv）附近发现一座大约公元前1000年的墓葬，也显示有此一葬俗。[④]阿尔泰地区的此类葬式相当集中，例如位于图瓦的阿善二号积石冢内主墓（5号墓，大约公元前7世纪）中盛装的男女主人一前一后，向同一方向侧身屈肢而

---

① 雁北师院宋绍祖夫妇墓见刘俊喜：《大同雁北师院北魏墓群》，文物出版社，2008年，第76、207页；御东贾宝墓为房型木椁墓，他的墓室较宽敞，可能确实开墓再葬第二人，见大同市考古研究所：《山西大同北魏贾宝墓发掘简报》，《文物》2021年第6期，第23—37页。

② 例如武威皇娘娘台墓地以及永靖秦魏家墓地（公元前3000至2000年）。但齐家文化的合葬墓问题仍很大，也不排除为开穴再葬的可能性，比如甘肃临潭磨沟的齐家文化墓地就显示此迹象。所以必须在发掘时仔细观察。见甘肃省文物考古研究所、西北大学丝绸之路文化遗产保护与考古学研究中心：《甘肃临潭磨沟墓地齐家文化墓葬2009年发掘简报》，《文物》2014年第6期，第4—23页。

③ Kuz'mina, Elena Efimovna, *The Origin of the Indo-Iranians*, Leiden: Brill, 2007, p194.

④ https://archaeology-world.com/a-rare-scythian-husband-and-wife-pair-burial-from-around-1000-bc-such-a-beautiful-eternal-embrace, accessed October 15, 2020.

被置于墓室内。[①]除了高级墓葬，草原上铁器时代双人同墓室葬也多出现在墓葬建筑与随葬品简单的平民墓中。[②]

欧洲铁器时代继续出现双人同墓葬，根据德国已故考古学教授康拉德·斯宾得勒（Konrad Spindler）的研究，相关例子可见于斯洛伐克（Slovakia），此外欧洲阿尔卑斯山以北的凯尔特人（Celts）居住的哈尔施塔特（Hallstatt）地区墓葬也发现双人或多人同时埋葬的现象，根据发掘细节可以相当肯定地推断他们是同时入葬。[③]欧洲铁器时期这种葬式频率虽然不高，但是分布仍相当广泛。其中也有二人相拥或背向埋葬的情形。[④]最有意思的是这种葬俗在古欧洲并非全面分布，而可能与凯尔特人有关。罗马凯撒大帝在描写高卢人（Gauls）贵族时也提到这种杀妇的葬俗。[⑤]欧洲地区在铁器时代以后由肉身葬转成火葬，火葬在基督教普遍传开后，这种葬式在欧洲就逐渐消失了。

双人同墓现象在以下地区均有发现：新疆阿勒泰地区的多处铁器时代墓

① Čugunov, Konstantin V, Hermann Parzinger, Anatoli Nagler, *Der skythenzeitliche Fürstenkurgan Aržan 2 in Tuva* , Mainz: Philipp von Zabern, 2010 , p.57. 阿善 2 号积石墓内的主墓室内葬一男（约 40—45 岁）一女（约 30—35 岁），二人尸骨侧身屈肢，男前女后。根据敞篷上留下的金饰片可以看出女尸先被放置入主墓室（墓 5），然后再放下死去的斯基泰首领尸体，然后置放随葬品，最后封棺。

② Karen S. Rubinson, *Burial Practices and Social Roles of Iron Age Mobile Pastoralists*, Sören Stark, Karen S. Rubinson, *Nomads and Networks: The Ancient Art and Culture of Kazakhstan*, Princeton and Oxford: Princeton University Press, 2012, p82; Natalia V. Polosmak, “Twenty Years After”, *Science First Hand*, no. 1, April 2014, p13.(http://scfh.ru/en/papers/twenty-years-after/, accessed August.26, 2021)

③ Konrad Spindler, “Totenfolge bei Skythen, Thrakern und Kelten,” *Abhandlungen der Naturhistorischen Gesellschaft Nürnberg* 39, 1982, pp.197-214.

④ 斯宾德勒文中第 206 页与图 12（男女相拥，德国巴登 - 符腾堡州的路德维希堡附近的 Grafenbühl 墓地第 14/15 号墓），第 208 页与图 15（男女向背，德国巴登 - 符腾堡州菲林根附近的 Magdalenenberg 墓地第 100 号墓），二者均铁器时代。详见 Spindler, “Totenfolge bei Skythen, Thrakern und Kelten.”

⑤ Spindler, “Totenfolge bei Skythen, Thrakern und Kelten,” p.213.

地、西部阿克苏附近拜城多岗墓、属察吾呼文化的和静哈布其罕萨拉以及东部焉不拉克文化。这一些都类似阿善积石2号冢斯基泰时期的双人侧身屈肢葬。不过这些地方也都盛行多人葬。云南剑川鳌凤山青铜至铁器时代（前6世纪—前3世纪）墓地也有类似的墓葬。[①]而相当于匈奴时期的贝加尔湖地区的双人同葬例也有发现，似乎数量不多，同时形式不同，通常在棺木中用一格板将内部分成两隔间，内各放一死者。[②]这与一般的双人同棺或同穴合葬墓形式不同，不能算是双人同棺葬。同时，匈奴贵族大墓中似乎还没有找到“人殉”的证据，所以似乎无法证明双人同棺葬。[③]在东北地区，例如老河深墓地，以及西边的西域南疆地区仍有不少例子。察吾呼沟口三号东汉墓地，还有更晚的新疆尼雅民丰以及尉犁魏晋时期的营盘均有例证。

齐家文化墓地与乌克兰墓葬的二人的放置方式类似千年以后的平城双人单棺葬，显示随葬一人依偎另一人的姿势。而阿善二号积石冢主墓的男女则为侧身屈肢葬的平行排列。尼雅民丰墓3与墓8是仰身直肢，但头倾向另一人的葬式，可见有不同的肢体安排，同时入棺的背景却均相同。同时此种葬式在广大欧亚草原地的不同地区与文化中早就出现，不限于某一族群，也不限于贵族或富有人群。所以说这种习俗为鲜卑特有的说法仅对了一半，应该说是欧亚草原习俗的延续。

（二）汉魏晋至北朝初期

如前所提诸位学者指出，早期鲜卑（或拓跋鲜卑）扎赉诺尔、满洲里等

---

① 云南省文物考古研究所：《剑川鳌凤山古墓发掘报告》，《考古学报》1990年第2期，第240、244—247页。发掘的217座土坑墓中有14座合葬墓，其中可以确定为成年男女合葬者有6座墓（M19、M42、M50、M53、M59、M158）。鳌凤山墓后来又有重新断代，但与原来年代差异不大，见李昆声、陈果：《中国云南与越南的青铜文明》，社会科学文献出版社，2013年，第69页。

② 单月英：《匈奴墓葬研究》，《考古学报》2009年第1期，第55页。

③ 单月英：《匈奴墓葬研究》，第59—60页；安纬、奚芷芳：《蒙古匈奴贵族墓地初步研究》，《考古学报》2009年第1期，第78页。

墓地中也出现个别此种葬式。某些墓葬的随葬品较多，例如扎赉诺尔M8，其墓穴也较其他墓葬大，但也有与一般没有任何分别的墓葬。[①]余如察右后旗三道湾、商都东大井等墓地也均有例证。[②]以东大井墓地为例，1998年清理的18座墓葬中，M1、M4、M7、M8为男女双人葬。4座墓葬随葬品均品质高且丰富。M1有长矛、长剑、带扣、金属与各种宝石饰件、金饰件；M4有铁甲片、双马纹金牌饰、骨哨、铜镜；M7盗扰严重，但仍出土铜镜；M8男女均有长短不同的铁刀，男有弓弭，女有铁鸣镝，此外有矛首，还有不同金属与宝石饰件，女子头上似乎还有用金泡镶饰的头饰。虽不能完全排除开棺再葬的可能性，但这几座墓葬都显示（也许包括男女二人的）墓主的高级战士身份。

三燕时期的辽西地区喇嘛洞墓地355座墓葬中仅4座墓为男女双人同棺葬，但只有M266与M328的资料被公布，二者为墓地中最大之二墓，随葬品等级高而多。[③]与前揭内蒙古南部的双人单棺墓葬相较，喇嘛洞M266很明显显示只有男性属战士身份。三燕时期辽西地区的其他墓葬中多因有机物质多保存不佳，无法判断。

十六国时期的西安地区墓葬中也出现少数类似葬俗，例如咸阳铁七局三处墓1，墓室南部侧室有一大棺，内有男女二骨架。发掘者根据墓内砖雕动物推论，墓主可能为入关的氐羌人士，其墓道近入口处出土有砖铭，其中“字字思祖”“丁好思大”的写法似乎也适合此种推断。[④]西安其余发现的双人单

① 内蒙古文物工作队：《内蒙古赉诺尔古墓群发掘简报》，《考古》1961年第12期，第673—680页，特别是第680页的登记表。

② 前揭韦正与朱存世二文中均已论及。东大井墓葬见魏坚主编：《内蒙古地区鲜卑墓葬的发现与研究》，科学出版社，2004年，第56页。

③ 辽宁省文物考古研究所、朝阳市博物馆、北票市文物管理所：《辽宁北票喇嘛洞墓地1998年发掘报告》，《考古学报》2004年第2期，第210、212—216页。M266与M328资料见文末《一览表》（第241页），但无平面图，故无法分析。

④ 咸阳市文物考古研究所编著：《咸阳十六国墓》，文物出版社，2006年，第72—76页。有关族属的推定以及对砖铭文的解释（“羌之豪酋曰大”“关中方言称父亲为大”）见同书第126、133页。

椁葬均已进入北魏时期。

东汉时期至魏晋初，河套一带一直延伸到青海上孙家寨地区的南匈奴墓葬中也出现部分双人单棺葬，例如补洞沟M1为双人同穴葬。[①]山西右玉善家堡[②]、青海上孙家寨墓群有不少男女分棺合葬墓，且大部分为二次葬，仅乙区M8有一同棺葬例，[③]这些墓葬介于南匈奴与鲜卑间，其后较晚的共和县合洛寺村M2也发现一木棺内有男女二尸骨。发掘者根据随葬品与陶器特征认为其可能属河西鲜卑。[④]根据张海斌先生的看法，这一带的物质文化也受到西羌的影响。前述西汉时期在匈奴占有地区似乎很少有双人单棺葬的例证，令人联想所谓“南匈奴”的这种葬式是否得自鲜卑或西部羌民族，或两边都有？而鲜卑则得自东北一带的居民？这仍需要进一步研究。

（三）北魏平城时期

北魏平城时期（398—494）此一葬俗出现地点包括今日大同、西安、呼

① 伊盟文物工作站：《伊克昭盟补洞沟匈奴墓清理简报》，《内蒙古文物考古·创刊号》1981年第1期，第28页。文中说明骨架分别属男女二人。该墓群原被定为西汉末东汉初，后被部分学者修订为东汉末，见张海斌：《试论中国境内东汉时期匈奴墓葬及相关问题》，《内蒙古文物考古》2000年第1期，第15页。

② 王克林、宁立新、孙春林：《山西右玉县善家堡墓地》，《文物季刊》1992年第4期，第5页（共3墓：M1、M3、M16）。此区约在东汉至魏晋时期，文化特征介于匈奴与鲜卑间。

③ 青海省文物考古研究所：《上孙家寨汉晋墓》，文物出版社，1993年，第21页（25座土洞墓中至少有7座为男女二次葬墓或当地特有的二次扰乱葬），第23页（17座木椁墓中有11座男女双棺合葬墓，由于均无后期扰乱迹象，故均应为男女同时葬），第29页（10座竖穴木椁墓中有6座男女双棺合葬墓，均一次葬）。此外砖室墓有多种形态，同时有二人或多人的合葬形式，大多被扰或被盗，情况十分不清楚。其中乙区M8有前后室，前室左右各一侧室，墓中发现16座骨架，但在西侧室发现一座大棺，内有男女二人骨架，为该墓群唯一的双人单棺葬，男仰身直肢，女俯身直肢，发掘者认为为二次葬（同书，第68页）。该墓被定为魏晋期（第209页），此段时期当地可能为月氏胡－卢水胡等部族占据（第218页）。

④ 肖永明：《青海魏晋十六国墓葬的鲜卑文化因素》，《青海师范大学学报》2014年第3期，第44—49页。

和浩特、北京大兴、辽宁朝阳等地区（见附表1）。除了大同，其他各地基本上是延续魏晋十六国的传统。平城，乃自拓跋鲜卑建立北魏之后首次成为北方重要大城，之前或为游牧民族所居，或为汉代军镇，居民稀疏。平城之所以突然出现大量墓葬，完全是与拓跋政权驻扎当地以及强制移民有关。随着平城人口骤增，此一葬俗在平城变得相当集中。例如仅在大同南郊电焊厂一处墓地167座墓中即有8座墓有此现象。[①]可以推想在近年发掘的几座大型北魏墓地如金港园、水泊寺、御昌佳园、东信广场、御府、星港、金茂园等处应亦有不少，但这些资料尚未发表。出现双人单棺葬式的墓葬方向不一，类型包括窄洞室墓、梯形或方形土洞墓、刀把型墓、砖室墓、石室墓，基本出现于大部分已知的北朝墓葬类型，而尤以梯形土洞墓居多。

大同电焊厂墓地梯形土洞墓中的唯一一组东向墓葬显示与草原有特别关系，共6座（M102、M116、M107、M109、M106与M126），其中二墓为双人单棺葬式（M102、M126），同时均为背对背的安排，为目前大同仅知的两例。[②]因为缺乏任何文字资料，先略过不提此种背对背的葬式的可能含义。重要的是M126、M102与其他4座墓间的密切关系，可见M102墓内的半个石灯正可与M116中的半个拼合成一完整石灯。[③]此外，M107、M109与M116的随葬品均类似，也十分丰富，并类似新近发掘的伊和淖尔贵族墓葬。特别值得一提的是M107的新月形项饰，电焊厂M109与伊和淖尔M3均出现平城少见的对鸟纹饰，电焊厂M107、M109与伊和淖尔M3、M1的随葬品组合，棺木制作（内裱丝绸）等（见附表2），再加上双人同棺的葬式，显示两组墓葬间共享一

---

① 山西大学历史学院、山西省考古研究所、大同市博物馆编：《大同南郊北魏墓群》，第285页，只列出6例。

② 山西大学历史学院、山西省考古研究所、大同市博物馆编：《大同南郊北魏墓群》，第252、215页。电焊厂M102为一人俯身直肢，另一人侧身背对之。报告未注明男女骨架为何。注：俯身直肢者可能原亦为侧身，被某种外力（例如地下水上涨）移动成为俯身。

③ 山西大学历史学院、山西省考古研究所、大同市博物馆编：《大同南郊北魏墓群》，第244页。

系草原文化。平城墓葬的一个特点是墓中很少出现武器，显示当地较少动乱，因此，几座双人单棺的墓葬与东大井以及十六国时期辽宁地区的墓葬差异很大。

到了平城晚期，甚至在一般被认为已经逐渐“汉化”的南向砖室墓中也出现同样葬式，并有逐渐增加的趋势。[①]这是一种新现象。同时由于这些墓葬被盗，很难说是草原居民汉化后所造的砖室墓或是汉人居民学习了草原的双人单棺葬的葬式。

（四）北魏洛阳时期、东西魏时期，以及北齐北周时期

北魏都城移至洛阳后，平城仍有些富人居住。相当于平城期末、洛阳期初时代的一些墓葬，例如陈庄大墓，大小仅次于方山永固陵、司马金龙墓，以及丹扬王墓。其墓室四壁绘类似佛教建筑束莲立柱与门拱绘长龙莲花图案，后室顶饰莲纹以及银河星座等天象，并出土玛瑙围棋子、陶虎子等受到汉文化影响的遗物，墓棺中含有男女二尸骨。[②]乌审旗巴图湾M13是鄂尔多斯地区较早的一个砖室例证。西安的双人单棺例虽然不如平城的多与集中，但绵延不断，同时一直仅发现在方形土洞墓或砖室墓内，与山西以梯形土洞墓为重点的情形不太相同。考虑到关中一直为氐羌等畜牧民族的集中地，也许可以借此说明其墓葬形制的区别。

洛阳本地至今尚未发现双人单棺葬的例子，导致韦正认为这种葬式绝于洛阳。其原因可能是洛阳地区墓葬的尸骨多保存不佳。但洛阳出土不少石棺床，我们可以推测这可能是“大都会”的变相双人葬法，可惜由于洛阳石棺

① 南向砖室墓的例子可见大同市考古研究所：《山西大同下深井北魏墓发掘简报》，《文物》2004年第6期，第29—34页。该墓属于平城中晚期，另可见内蒙古呼和浩特大学路的平城时代墓，郭素新：《内蒙古呼和浩特北魏墓》，《文物》1977年第5期，第38—41、77页。北京大兴墓地的发掘见北京市文物研究所：《大兴北程庄墓地——北魏、唐、辽、金、清代墓葬发掘报告》，科学出版社，2010年，第11—12（墓葬），196—199（年代）页。

② 山西省考古研究所、大同市考古研究所：《山西大同市大同县陈庄北魏墓发掘简报》，《文物》2011年第12期，第37—46页。有关棺内人类遗骨见第44页。

床全为盗掘出土，无法得知葬式的实际情况与人数。即使人数为二人，是一次葬还是二次葬也全然不知。值得注意的是河南安阳、三门峡一带发掘不少规则或不规则方形洞室墓，或为单室，或带数量不等的侧室，室内常有独立砖床或沿后壁砌成的砖床，其上不少有二人或多人葬（有棺或无棺）；类似情形也见于西安一带北魏墓葬，①该情况在两个地区一直延续到北朝末。因这些墓葬多被盗扰，或者骨架保留情况很差，所有情况不清者均未列于附表内。对于安阳来说，这类双人单棺葬，以及双人（多人）床葬是新的习俗，不见于西晋或更早期的时代。值得注意的是，虽然砖或土床应是平城散出的习俗，西安灞桥区北魏王氏家族墓地出土的墓志可以说明，这批墓葬的墓主乃略阳郡阿阳县的氐族移民，双人或多人同棺葬却在当地至迟已于十六国时期出现，只是现在与尸床合并，而形成了当地的新习俗。

东魏例证很少，也与至今东魏墓葬发现不多有关。特别值得注意的是北京大兴三合庄的韩显度墓（539）。韩墓结构可以追溯到西晋甚至东汉，②也与北魏平城时期的北京当地墓葬形式一致，甚至铭文砖的位置都相同，韩显度木棺内有男女二人尸骨。其砖铭自称韩氏为乐浪郡朝鲜县民。北魏延和元年（432）从慕容廆在营州所设置的朝鲜县迁徙至肥如县。当地另侨置朝鲜县，③治所接近今秦皇岛。这个韩显度可能是这批移民的后代，而被葬在更西的北京大兴地区。看来韩显度似乎乃就地随俗。目前东魏在山西一带的墓

---

① 三门峡市文物考古研究所：《河南三门峡市北朝和隋代墓葬清理简报》，《华夏考古》2009年第4期，第40—51、101页。河南省文物局编著：《安阳北朝墓葬》，科学出版社，2013年，第42—49页；河南省文物考古研究所：《河南安阳固岸墓地考古发掘收获》，《华夏考古》2009年第3期，第21页；西安市文物保护考古研究院、北京联合大学：《西安市灞桥区江村北魏王氏家族墓地发掘简报》，《文博》2019年第1期，第13—20页。

② 尚珩、金和天：《跨越千年的公共墓地：北京大兴三合庄汉至元代遗址获重要收获》，《中国文物报》2016年1月15日第7版。北京市文物研究所：《北京市大兴区三合庄东魏韩显度墓》，《考古》2019年第8期，第118—120页。

③ 北京市文物研究所：《北京市大兴区三合庄东魏韩显度墓》，第120页。

葬情形不明，邺城附近以及山东一带的东魏墓葬则多为土洞或砖室墓，并延续北魏洛阳期的习俗，内多土或砖床，最著名的是安阳固岸发现的谢氏冯僧辉墓（548；铲型土洞墓）以及未被盗掘与扰乱的M51（方形砖室墓）。[①]二墓床上均放有两具男女骨架，可能均一次葬。

北齐重要的发展集中在今太原义井区、小店区、南坪头村以及晋源区一带，尤以后者为重心。[②]该地产生了一批前所未见且形制与葬式相当整齐、类似的墓葬，这些均为带墓道长梯形穹窿顶土洞墓室。墓门多以大石块封堵，梯形椁以及梯形棺置于墓室正中，正向墓门，两侧夹二层台，置放随葬器物。如有墓志，则一律置于木棺或木椁前。随葬多有陶俑，除镇墓兽与镇墓武士，基本成员为武士俑，有时还有仪仗俑。此外部分墓葬用漆案或陶案承碗、盏、杯等小件陶器。学界一般将之归为中下阶层官员的墓葬。[③]实际上，出土陶俑多相当精致并多彩绘，形制、工艺与贵族墓葬如娄叡或厍狄回洛墓出土的陶俑不相上下，再加高价漆案，即使至今没出土贵重金银饰品或进口玻璃器皿，也可推知死者财力与地位不一定低。此批太原北齐墓葬墓向也不一，东南西北都有，特别值得注意的是，很大的一部分为双人单棺葬。现存墓志显示，此些墓主均为非汉族、善弓马的部落大人或领民酋长后裔，但族属源流并不一致。长梯形土洞墓形可以追溯到北魏平城地区，前所述的大同一组与草原有密切联系的东向墓组以及伊和淖尔北魏贵族墓葬均有类似墓型与葬俗，只是墓主身份更高。到了北齐，这种墓型主要出现在当时军事首都晋阳，令人联想到这些墓主可能都是高欢培养起来的一批部落武人。邺城附近的极少

---

① 河南省文物考古研究所：《河南安阳固岸墓地考古发掘收获》，《华夏考古》2009 年第 3 期，第 21 页。河南省文物管理局南水北调文物保护办公室、河南省文物考古研究所：《河南安阳市固岸墓地 II 区 51 号东魏墓》，《考古》2008 年第 5 期，第 49—58 页。

② 山西省考古研究所、山西大学历史文化学院、太原市文物考古研究所、太原市晋源区文物旅游局：《山西太原开化墓群 2012—2013 年发掘简报》，《文物》2015 年第 12 期，第 44 页。

③ 倪润安：《北齐墓葬文化格局论》，《故宫博物院院刊》2015 年第 2 期，第 51、55、58 页。

数类似墓葬更突出了晋阳军事的重要性。[①]之所以如此，在于并州属北齐最主要的养马地区之一，为骑兵重地。[②]这种基于平城墓葬传统——包括双人同棺葬式——所衍发出的新形式丧葬文化，可能是这些部落军事领袖互相认同的根据。被发现于山西大学东山校区的东魏冠军将军孟鸿［卒于东魏武定七年（549）］葬于北齐河清元年（562）。[③]虽然他自称武威人，但棺内背对背的两具骨架相当符合已知的平城东向墓葬组的草原葬式，并与其他晋阳武人的葬礼一致，显示他亦属于此集团群。细节须待墓志公布后方可继续查询。同样的墓葬不见于西魏北周地区。

在此晚期，我们可以配合墓志铭文以及墓葬条件的方法判断同棺二人是否为一次葬。以侯莫陈阿仁伏与妻叱列氏为例，[④]其碑文内容虽不甚清晰，但大致为女儿葬双亲应无差错。加上棺中二头骨略微相依，以及棺木与墓室入口几乎一般大小的现象，推测可能如前所述的二人在墓内入棺，当为一次葬，亦即女儿依照父亲的身份将双亲安葬在一起。

在西魏北周统辖地区内的双人单棺葬墓制似乎延续当地传统，不似太原一般产生新的葬式。但是有不少墓葬也是沿用北魏平城开始的床葬。至今发掘的西魏墓葬不多，西安、咸阳一带的多为方形土洞墓，少数阶级较高者有一后室置棺。西安大兆郭庄M2，亦即茹茹骠骑大将军乞伏孝达与吐谷浑晖华公主的墓形与西咸新区发现的陆丑墓（538）即属此类型。[⑤]陆丑乃鲜

---

① 目前本人仅发现一座坐落在安阳的类似北朝墓葬，该墓为单人（俯身！）屈肢葬（亦非汉传统葬式），见安阳市文物考古研究所、濮阳市戚城文物景区管理处：《2018年安阳固岸村北齐墓发掘简报》，《中原文物》2021年第4期，第25—30页。

② “代、忻二牧悉是细马（善马），合数万匹。”见《北齐书》卷四〇《白建传》，中华书局，1972年，第532页。

③ 葬礼拖延22年的原因不明。发掘报告未发表；简讯见新华网：《山西发现东魏冠军将军、豫州长史孟鸿墓》，《文物鉴定与鉴赏》2018年11期上，第17页。部分图片见www.twoeggz.com/news/12530228.html，访问日期：2018年12月26日。

④ 山西省考古研究所：《太原西南郊北齐洞室墓》，《文物》2004年第6期，第35—46页。

⑤ 陕西省考古研究院：《陕西西咸新区摆旗寨西魏陆丑墓发掘简报》，《文物》2021年第11期，第4—30页。

卑八姓之一步陆孤氏之后，即使他在世时官职一般，但应仍属贵族。①此种带后棺室的土洞墓等级相当高。可见吐谷浑公主确实是依照她的身份下葬，该墓是为她所建。②但是棺中发现二具骨架，③由于墓中部分陪葬品具有北周式样，所以应该属于乞伏孝达，亦即孝达亡于北周，死后尸体被放入公主的棺内。可惜乞伏孝达的朱书墓志文字多已脱落，无法知道他的确切死亡时间，如果北周属性的推测是正确的，这应是目前第一座可以确定以女性为主的男女同棺葬。沙武田与陈国科二位先生在讨论新近出土于甘肃的大周吐谷浑慕容智墓时认为，吐谷浑贵族不实行夫妇同穴合葬。④不清楚的是此同棺葬是遵守西安当地的葬俗，还是西部鲜卑乞伏的草原文化，同时吐谷浑较早期的墓葬情况我们也不清楚，对乞伏的物质文化更是一无所知，所以这里的问题还很多，目前也无法解决。

北周的例证应不少，但木棺与骨架多保存不佳，若有发现，则多出现在方形土洞墓或砖室墓中，发现地集中在西安、固原一带。这些双人单棺墓葬与太原地区不同，没有一定形制，墓主也缺乏与中央军政的密切关系。例如郭生墓（卒于551，葬于556）、⑤罽宾人李诞墓（564）、张政墓（572）以及同一墓园的墓3，还有固原南塬的墓3等。在西安地区的墓葬等级多比

① 张杨力铮：《西魏陆丑墓志考释》，《文物》2021年第11期，第83—89页。

② 周伟洲：《吐谷浑晖华公主墓志与北朝北方民族关系》，《民族研究》2020年第2期，第117页。

③ 简报本身说明并不十分清楚，但发掘领队刘杲运在《中国考古学年鉴》中很明确地说明其是同棺合葬。刘杲运：《陕西省·西安市长安区大兆郭庄西魏北周墓》，载中国考古学会编《中国考古学年鉴2016》，中国社会科学出版社，2017年，第421页。发掘简报见陕西省考古研究院等：《陕西西安西魏吐谷浑公主与茹茹大将军合葬墓发掘简报》，《考古与文物》2019年第4期，第36—60页。

④ 沙武田、陈国科：《武威吐谷浑王族墓选址与葬俗探析》，《考古与文物》2021年第2期，第84—86页。不过二位先生的“合葬”意义并不清晰，没有说明是同棺或分棺葬。在此请见罗新教授的另一看法，罗新：《西魏晖华公主墓志所见的吐谷浑与柔然名号》，《中山大学学报》2020年第5期，第126页。

⑤ 马永赢：《北周郭生墓发掘简报》，《文博》2009年第5期，第3—9页。

较高。郭生墓中有二棺，一木一石，目前的看法是木棺中可能是郭生女儿，石棺中有3具骨架，根据墓铭可以很明显得知，郭生最先亡（551），在西魏末年（556）下葬，等到妻韩氏于建德五年（576）以78岁高龄去世后从葬，然后改葬他地。墓铭显然是等韩氏去世后所凿成，其中并未提及第三人。从墓葬检查结果得知，石棺内中央与左侧骨架均排列规整，无被扰动痕迹，右侧为第三具骨架，属于一年轻女性，部分骨骼有移位的现象，[①]可能与郭生同时入棺，二人于西魏时先葬，等后来韩氏死后，将年轻女性尸骨移开，将韩氏加入石棺内预留的位置。[②]郭生墓铭说到他是“大原”人。大原应指今宁夏固原至甘肃庆阳与平凉一带，[③]所以郭生很可能并非汉人。与郭生类似的是西安的张政墓（572），也出土一具内有三骨架的石棺，似乎亦为二层叠压。由于简报尚未发表，只能猜测为多次葬。同一墓区内还发现张政弟弟张盛墓（571），为单木棺双人葬。二人父亲张猥墓（567）受扰严重，葬式不清。[④]张猥的墓志自称为南阳白水人。南阳白水张氏为汉人大族，张政曾任乡兵领帅，看来他的源流非虚构，如果推测无误，可以显示汉人至此时亦接受外来葬俗的例子。而著名的西安“婆罗门种”李诞墓（564）线雕石棺内发现男女骨架各一具，[⑤]男性仰身直肢，女性侧身直肢。其墓志言及“正光中自罽宾归阙”，表示汉名为李诞的死者来自克什米尔地区，并属古

---

① 马永赢：《北周郭生墓发掘简报》，第5、8页。

② 徐斐宏：《北周墓葬面貌的形成及其影响》，《古代文明》（辑刊）2020年第14卷，第127—139页，特别是第132页，注3。徐氏认为石棺乃郭生西魏时期下葬时的原有葬具，因为郭生骨架并非二次葬，亦即并非北周重新入殓。

③ 马晓玲：《从考古发现看北周柱国大将军李贤和他的丝路珍宝》，https://www.chinasilkmuseum.com/jz/info_15.aspx?itemid=27668；访问日期：2021年8月3日。

④ 杨军凯、辛龙、郭永淇：《西安北周张氏家族墓》，载国家文物局编《2012中国重要考古发现》，文物出版社，2013年，第120—123页；杨军凯、辛龙、郭永淇：《西安北周张氏家族墓清理发掘收获》，《中国文物报》2013年8月2日第8版。

⑤ 程林泉：《西安北周李诞墓的考古发现与研究》，《西部考古》2006年第1辑，第391—400页。

印度社会的最高阶层。[①]但是志文中说他家世“世为民酋”，显然他的家人入境随俗，用当时华北对草原民族的社会政治结构的了解来阐释李诞的高级身份。[②]如此可以解释为何李诞不依从婆罗门的火葬而用草原葬俗与一女性同棺。墓志不提该女性。但她口中含一枚东罗马查士丁尼（527—565在位）的金币，[③]可判断她的身份当极高，可能确为李诞妻子。一如李诞，她以这种身葬形式取代应有的“火烧遗孀”（sati，见下文）习俗以追随死去的丈夫。

如果继续追寻双人单棺葬的持续演变，可以发现隋统一南北后，太原的双人单棺葬南移至临汾，同时梯形土洞室墓的形式被一般土洞墓以及重新出现的刀把型墓取代，河北元氏一带也出现了不少的唐代双人单棺葬。而固原出现这种葬俗的频率随着刀把型墓与墓室内土床的增加而升高。几座双人单棺葬的唐代墓志均提到“并州太原人”。[④]可见北齐时代太原地区深厚的影响。如前所提，不少双人单棺葬已是二次葬或在不同时间内加入死者，与北魏平城期的双人同棺葬意念已不同，可是形式仍然流传下来，成了一种转变形态

---

① 程林泉对西安北周李诞墓的考古发现与研究认为可能李诞祖父辈已经抵达河北一带，所以接受了当地赵郡的李氏大姓的姓名，而李诞本身至罽宾求禅学，回到长安后受北周武帝礼遇（第394—398页）。我认为墓志中所提及李诞祖父与父亲均相当模糊，可能仅是为了适应当时墓志的形式而硬加入，实际上李诞儿子对祖宗的记忆不大，这也符合李诞乃从罽宾来到长安的第一代的推想。

② 婆罗门种姓分南北二支，北分支（Pancha Gauda）又分为五支，包括Sarasvata Brahmans（分布在信德、旁遮普与克什米尔），Kanykuba Brahmans（分布在根瑙杰）,Gauda Brahmans（分布在比哈尔、孟加拉），Utkala Brahmans（分布在北奥里萨邦）及Maithila Brahmans（分布在比哈尔与尼泊尔）。克什米尔有阶级最高，也有阶级最低的婆罗门种姓；见https://www.encyclopedia.com/humanities/encyclopedias-almanacs-transcripts-and-maps/brahmans; 访问日期：2021年8月9日。但是婆罗门是家族结构，不是部落结构，所以“世为民酋”显然是六世纪华北人的说法。

③ 程林泉：《西安北周李诞墓的考古发现与研究》，第393页。

④ 陕西省考古研究院：《西安南郊唐贞观十七年王怜夫妇合葬墓发掘简报》，《文博》2012年第3期，第3—12，10页；朝阳市文物考古研究所、朝阳博物馆：《辽宁朝阳市哨口营子村唐墓发掘简报》，《考古》2020年第1期，第46—67页［M1郝凤墓（卒640年），M3郝世威］，注：文中提及“郝世威怅”实为“郝世威帐”，为墨书于一穹庐帐陶模型上之铭文。即使无法断定郝氏家族的族属，他们与草原游牧民族的关系应相当清楚。

的文化记忆。不过这必须另撰文讨论。

而在更西的固原一带，考古学者确认，到了隋唐时期，固原一带的“夫妇合葬”（或男女合葬）已“成风”，并列举数例当地出土墓志以说明当地人士认为此种墓葬符合《周礼》。[①]可惜所举例子均为收藏墓志，无法直接与墓葬实情相对比。

四、文献根据、理论与分析

传统对于欧亚草原上斯基泰王葬礼，通常都引用古希腊“历史学之父”希罗多德（Herodotus，约前484—前425）所著《历史》（*Histories*）来解释。其文描写：“（王死去，斯基泰人在位于异族的国王坟区内）挖掘一个方形的大穴；……（将国王）尸体放置在车上载运到异族那里去。……（本族与诸异族致敬礼）。此后，在把尸体放在草床上放入墓中以后，他们便在尸体的两侧插上两列长枪并且把木片搭在上面，木片上再覆盖上细枝编成的席子当作屋顶。……把国王的一个嫔妃绞死殉葬，他们同时还埋葬他的一个行觞官、厨夫、厩夫、侍臣、传信官；此外还有马匹、所有其他各物的初选品和黄金盏；……不使用青铜或白银的，……共同修造一个大冢，……尽可能地大。”[②]可见殉葬的不只王的妻妾，还有近身随从多人，这当然是为了显示王的崇高地位。但是希罗多德并未确切提及该妇人尸体置于何处。阿善2号冢的例子补充了此点。除了这种被动的死法，《历史》内有关色雷斯人（Thracians）的记载也提供了另一种妇人殉葬的解释：“（色雷斯的某些部族）每个人都有很

---

① 宁夏文物考古研究所编著：《固原南塬汉唐墓地》，文物出版社，2009年，第128页。

② ［古希腊］希罗多德撰，王以铸译：《历史：希腊波斯战争史》（上），商务印书馆，1997, 第292页。鲁金科认为在巴泽雷克墓中殉死的可能不是首领们自己的正妻，因为阿尔泰地区妇女身份极高。入墓随葬的可能是其他族群在和平联姻政策（“和亲”）下送给首领作妾的女子。同时这种殉葬习俗具有持续性。详见 Sergei Iwanowitsch Rudenko, *Frozen Tombs of Siberia. The Pazyrzyk Burials of Iron Age Horsemen* (trans. M. Thompson), Berkeley: University of California Press, 1970, p.212, 293.

多妻子，……（男人死去，他的一群妻子与朋友共同激烈讨论并决定丈夫生前最爱之妻）被判定享有这一荣誉的妻子便受到男子和妇女的称赏，然后她被她最亲近的人杀死在她的丈夫的坟墓上，而和她丈夫埋葬在一处。其他的妻子则认为这是一件很倒霉的事情，觉得她们这样是受到了很大的耻辱。”[①]前揭斯宾得勒认为斯基泰的殉死属于最高级王者的葬礼，而色雷斯人的殉死似乎发生在一般阶层人士中。斯宾得勒指出双人或多人葬也有可能是一人先死，等到第二人（妻子或其他亲属）死后再同时举行葬礼（二阶段式埋葬）。但是他认为这种葬仪没有民族学方面的支持。[②]

虽然类似的葬俗也见于《史记·匈奴列传》中，但不似《历史》所述详细。其言：“（匈奴单于去世后）近幸臣妾从死者，多至数千百人。”[③]与斯基泰时期草原上贵族墓葬不同之处在于，司马迁这个记录无法得到考古学的证明，至少目前在匈奴贵族墓葬内不见同时被葬的男女尸体存留。如前所述，一般墓葬偶见双人同棺葬，但棺中有一隔板，将棺隔成两室，所以即使为双人葬，双人仍有隔离，表示也许二人有非夫妇的关系（见下）。女为男殉死的说法除了希罗多德对斯基泰、色雷斯的记载，甚至也见于北欧神话。苏俄考古学家索洛金（V.S.Sorokin）与伊婷纳（M.A. Itina）在1960年代及1970年代已提出被致死的女子当为先亡的男子的奴婢或小妾的看法。但是库兹敏娜（Kuz'mina）教授引用印度史诗《摩呵婆罗多》（Mahabharata）中歌颂妻子追随亡夫自焚的行为的诗句以解释在安德罗诺沃文化中观察到的双人同穴葬，认为这是一种sati（详见下）习俗的变异方式，以同穴葬代替印度盛行的焚妻。她认为女子殉死之所以广为流传，是因她们牺牲后方得以被列入战亡勇士神殿（Vahlhalla），所以库兹敏娜认为随葬的女性不可能是地位低下的

① ［古希腊］希罗多德撰，王以铸译：《历史：希腊波斯战争史》（上），第346页。

② Spindler, “Totenfolge bei Skythen, Thrakern und Kelten,” p.202.

③ 《史记》卷一一〇，第2892页。

奴婢或妾，必为正妻。[①]

这种葬式的一般解释是“殉死”或“追随入死”（Totenfolge）的行为，其动机可分为“自愿”与“被动”，其形式有多人与单人，前者包括多数死者亲近人士，如妻妾、随身侍从（厨子、车马伕、保镖、近身仆侍等），后者多为妻子（至少是妇女）。让人殉死的绝大多数是男性。最著名的形式是到1987年才被禁止的印度“火烧遗孀”（widow burning，或称 sati）。[②]约尔格·费席（Jörg Fisch）早已指出，所谓“自愿式随殉”乃第三者，亦即叙述此事的人的说法。文中虽绘声绘影，类似写实记录，但读者听不到当事人真正的心声，只能就所听假设妇女“自主”决定随殉。至于这种决定的背后是否有经济压力（无人可以维持该妇女以后的生活）、家庭压力（不殉死则置家庭于不利，甚至损毁整个家族的名誉）或者社会以及文化压力（整个社群期望妇女为亡夫殉死），或是确实出自“今生来世相伴共侣”的考虑，[③]从考古遗存中并无法明确看出。不过换个角度来看，也许可以察觉这种葬俗确实承受着某种社会压力：在男权为主的社会中，丈夫极少会为已死的妻子殉命，也不会有人提出这种要求。同时殉死现象多产生在阶级差异大的社会中，阶级高的人通常会期望他的随身人陪伴他一同进入另一个世界。但是某些墓葬中看不出男女之间存在重大社会阶级区别，同时有些男女同葬的墓葬也显示不出特别的财富，这些情况也许暗示着“自愿式”的殉死。[④]

---

① Kuz'mina, The Origin of Indo-Iranians, pp.194-195.

② Fisch, Jörg, Jenseitsglaube, Ungleichheit und Tod.Zu einigen Aspekten der Totenfolge, “*Saeculum*” 44.2–4, 1993, pp.265–299. https://doi.org/10.7788/saeculum.1993.44.24.265; Fisch, Jörg, Jenseitsglaube, Ungleichheit und Tod. Tödliche Rituale. *Die indische Witwenverbrennung und andere Formen der Totenfolge,Frankfurt* a. M.: Campus Verlag, 1988;Fisch, Jörg, Jenseitsglaube, Ungleichheit und Tod. *Burning Women: A Global History of Widow Sacrifice from Ancient times to the Present*, London: Seagull Books, 2006.

③ 甚至后者这种“罗曼蒂克”的想法也有可能是传统的灌输。详见 Fisch, Jörg, Jenseitsglaube, Ungleichheit und Tod, pp.279-288。

④ 详细讨论请见 Fisch, Tödliche Rituale 一书。

回头看北朝初期的华北情形，这种习俗在早期文献中很少记载，直接相关的仅有《魏书》中两段很著名的文字，《大同南郊》的作者们早已引用，在此再次节录：“（王洛儿）永兴五年（413）卒。赠太尉、建平王，赐温明秘器，载以辒辌车，使殿中卫士为之导从。太宗亲临哀恸者数四焉。乃鸩其妻周氏，与洛儿合葬。”[①]《魏书·叔孙俊传》内也有一段类似的段落：“初（叔孙）俊既卒，太宗命其妻桓氏曰：‘夫生既共荣，没宜同穴，能殉葬者可任意。’桓氏乃缢而死，遂合葬焉。”[②]这两段文字均说明妻义务性地为夫殉死的事件。但是“合葬”与“同穴”在中国考古学的认识中并不一定等于“同棺”，二女实际的葬式无法从文字中得知。叔孙俊卒于泰常元年（416），后陪葬金陵。北魏金陵到目前仍无法确定在何处，主流的看法是在开国首都盛乐（今内蒙古和林格尔）附近。和林格尔地区目前确实发现了两座北魏早期的壁画墓，可是墓已几乎被毁，至今仍无比较详细的报道。而其他内蒙古南部地区的鲜卑墓多属小型墓葬，无法比较。此还有一段有关文明太后冯氏年轻时的短暂记载：“高宗崩，故事：国有大丧，三日之后，御服器物一以烧焚，百官及中宫皆号泣而临之。后悲叫自投火中，左右救之，良久乃苏。”这虽然不是焚烧高宗尸体的火堆，但几乎让人联想到印度的火烧遗孀。[③]也就是说，妻为夫殉死的社会与个人义务观念在北魏时期可能以不同形式存在，所引前二文献是指社会与传统的压力，后者是“自愿式”的形态，但是我们无法将文献记录与考古结果直接联系起来。

目前所有的考古统计数据不多，根据俄罗斯库兹敏娜教授的研究，安德罗诺沃文化的墓葬中有2%是属于男女同葬墓。[④]欧洲的一个相当老的数据来自前述斯洛伐克多瑙河北岸和亭镇（Chotín）的铁器时代墓群，250座土

① 《魏书》卷三四《王洛儿传》，中华书局，1974年，第799页。

② 《魏书》卷二九《叔孙建传》，第706页。

③ 《魏书》卷一三《皇后列传第一》，第328页。

④ Kuz’mina,“Mortuary Practice”, p.194.

葬墓中有6座男女双人葬墓。根据本人对人同墓葬所做的不完全统计，在详细报道或单笔轻描提到的大约397座北魏平城墓葬内，至少有37座为双人单棺葬，另有3座为房型椁葬，2座为床葬，达到将近9.5%或以上的比率，[①]可见在平城地区此种葬式确实相当集中，同时开始传布并有了新的演化。

在生物考古学的运用不甚广泛以前，所有的人类骨骼遗存仅能以解剖以及病理知识检验性别。当骨骼在土地中逐渐被侵蚀，保全不佳时，或者骨骼尚未完全达到成熟阶段时，这些检查会变得十分困难，其结果的可靠性也相对降低。2009年在意大利的莫德纳（Modena）发掘出一座双人同坑葬（约4世纪）后轰动一时。因为双骨架手牵手的亲密姿势，报章杂志将之渲染为“莫德纳情侣”，完全不顾当时骨架保存不佳，发掘后无法做性别鉴定的事实。2019年经过提取并分析齿龈中所含肽链（peptide）后，发现二骨架实际上均为年轻男性（约20岁）。[②]研究者对这种葬式的解释是：该处属于战士们的坟场，二亡者可能生前为同僚或好友，在战乱中同亡，所以同埋于一墓穴内。当然也还有其他的可能解释，例如二人为近亲或远亲，也不完全排除二人为同性恋的可能性。但由于当时基督教在欧洲已经传播，教义公开拒绝同性的伴侣关系，所以最后一可能性很低。另一方面，利用染色体组（genome）的分析，研究者可以检查被埋者的亲属关系，例如蒙古国杭爱省贾嘎朗廷艾姆（Jargalantyn Am）发现的一座含有男女骨架的墓坑，经检验后，发现二人为父女关系，在贝加尔湖南部的伊莫瓦亚（Il’ movaya Pad）匈奴晚-萨尔马提亚（Sarmatian）时期墓地也发现一座母子合葬墓，在萨尔马提亚时期的坦密林乌兰和舒（Tamiryn Ulaan Khoshuu）墓地发现兄妹/姐弟合葬墓。[③]不过前面提

① 当然这个数据非常不准确，原因是太多已发掘墓葬完全没有或者仅仅部分公布资料。这个数字仅提供一个粗略的概念。

② Lugli, Federico et al., “Enamel peptides reveal the sex of the Late Antique ‘Lovers of Modena’,” Scientific Reports 9, 13130 , 2019. https://doi.org/10.1038/s41598-019-49562-7.

③ Jeong, Choongwon , “A Dynamic 6,000-Year Genetic History of Eurasia’s Eastern Steppe,” Cell 183, 2020, pp.890–904. https://doi.org/10.1016/j.cell.2020.10.015.

到，这些“匈奴”地区的棺常被隔离成二室，所以丧失了安排两座尸体亲密状态的可能性，与我们所讨论的双人单棺葬性质不同。新近发表的一篇有关金茂园人骨兽骨碳与氮同位素分析的文章内也简短提及双人单棺葬的发现，[①]文内表一显示金茂园亦发现不少双人单棺葬，但是这些骨架多未（或无法？）做性别鉴定，而年龄鉴定结果显示不少是成人与少年合葬情况，亦即表示我们可能面对家庭成员，而不一定完全是夫妻合葬。新的生物考古科技研究所达到的新认识虽然不能给我们提供双人合葬的背后理念，但提醒我们在观察考古遗存时必须更加小心，避免用我们现代对社会文化人群关系的理解来诠释古代社会。[②]当然不是说上述的妻殉夫的种种文献解释过时或无效，但良好的资料是其他方面考虑的基础，有新考虑才可进一步研究社会的种种现象。

当然，北朝的墓葬有一个世界其他地区考古学少有的特点，亦即墓志的存在。不少单棺双人葬的人骨即便情况不佳，仍可毫无问题地确定为夫妻，其结果是北朝时期这种葬式中夫妻合葬——即便是二次葬——的比率不低。可是这也不一定是理所当然的情况。不少双人单棺葬的墓志对被葬的第二人只字不提，这种情况下必须从其他手段来做研究，也许生物考古学可以在此做一贡献。在可以确定是为夫妇葬的棺中（包括一次与二次葬），不少骨架安排显示男子（亦即墓主）部分被压在另一骨架之下，亦即表示重要的人先入棺。不过这也可能与区域性传统有关。尼雅地区与中亚以及阿尔泰地区较为接近，从对阿善2号冢的仔细研究中我们知道该王与其妻的下葬方式是先放入妻的尸体，再放下王者尸体，这与在东方内蒙古、东北地带的双人单

---

① Zhang, Guowen et al., “Agriculturalization of the Nomad-Dominated Empires of the Northern Wei Dynasty in Pingcheng City (398-494 AD): A Stable Isotopic Study on Animal and Human Bones from the Jinmaoyuan Cemetery, China,” *International Journal of Osteoarchaeology*, 2020, pp.1-16. https://doi.org/10.1002/oa.2923.

② Geller, Pamela L., *The Bioarchaeology of Social-Sexual Lives: Queering Common Sense About Sex, Gender, and Sexuality* , Cham: Springer Switzerland, 2017.

棺葬不同。但是根据墓葬先后看来，吐谷浑公主墓棺内的“随葬者”不是晖华公主，而是乞伏孝达。也就是说，男性为主的汉人传统概念在北朝时期不一定到处适用。

在有明确性别鉴定的墓内，尸体的安排也可以暗示个别家庭对男女社会角色的期望：碧桂园墓831的尸体安排似乎指出女子应该娇小依人，其原因是男女二人的复原身高近似（男子161.5厘米，女子157厘米），但女子被有意地放低13厘米，以强调男子的高大。[①]而在大同出土的已知背对背的仅有两例却似乎相反：女子尸体在棺中位置高过男子。可惜目前例证太少，棺内出土器物位置也不清，无法根据此种例子推测此二女子是否凭借葬式以表示她们（希望）拥有强势地位，或者这种尸体高低安排仅为偶然？我们无法知道。不过有意思的是，在欧洲的铁器时代也发现有类似的葬式。[②]但欧洲学者并未做进一步阐释，只好有待日后考古发掘再做进一步了解。

五、结论

战国秦汉魏晋时期偶尔出现二具或多具单人棺的墓葬。双人同时入一具棺然后下葬的葬式从北魏开始进入华北。某些尸体更被有意安排做出特定姿势。不论其动机如何，这种形式似乎在源于草原或畜牧的族群中散布较广。北魏时代的这个草原联系只能从墓葬考古推测，但在北齐太原地区，有一武士集团形成了他们特殊的墓葬形式，双人单棺葬是其特点之一。墓志上记录的多音节姓名或墓主家世均直接指出了他们的草原传统。北周的双人单棺葬与墓主的职任关系则比较松散。比较有意思的是在远离京城的地域，如安阳或其他河南地区，或固原一带，在北朝后期出现不少床葬，其中包括

① Zhang, Quanchao et al., “Eternal Love locked in an Embrace and Sealed with a Ring: A Xianbei Couple’s Joint Burial in North Wei Era, China (386-534 CE), ” p.4. 文中图 3 重构被葬男女的姿势虽然甚为优雅，但服饰并不符合考古资料显示的平城时代主流。

② 见第 161 页脚注 4。

部分双人或多人葬。北朝后期的双人单棺葬或床葬不少是二次葬，与平城时期的石椁双人葬已不同。不少家世为太原的人士，不论是胡、部落族人，或汉，都有采用双人单棺葬的趋势。唐代部分地区的这种习俗，例如在辽宁朝阳的例子，可能与并州有关。

目前无法知道的是决定双人单棺葬的因素究竟有哪些。准确的性别鉴定仍然十分重要，更仔细地观察骨骼在墓葬中的存在情况也很关键，据此可以了解它们是如何达到这种出土现状。我们注意到在北朝后期已经开始出现不少开棺再次葬入第二人的迹象，显示在北朝后期此葬式在逐渐普及情况下，其执行手段也渐渐地被改变，表示人们对这种丧葬形式意念的更新而导致形式化的趋向。

本文仅就北朝事迹做一观察，唐以及宋辽金时期的双人单棺葬仍有仔细研究的必要，以了解后期与北朝习俗的关系与演变。

表1　北朝双人单棺葬[①]

	长窄土洞墓	刀把式墓	方形土洞墓	梯形土洞墓	砖室墓	石室墓
平城III期 （439—477）	4（大同电焊厂M50、M81；大同湖东墓群M1；朝阳辽河街96M2）	4（大同七里村碧桂园M831；大同迎宾大道M55；朝阳辽河街94M1、95M5）	3(乌审旗郭家梁村M2；大同田村墓；大同沙岭建材2018房型石椁？)	3(大同电焊厂M13、M102、M126)	—	—
平城IV期 （477—493）	1(大同电焊厂M83)	1（朝阳91CGJM7）	2(西安东小寨村M4；乌审旗郭家梁村M3)	3(大同电焊厂M23、M67；大同湖东墓群M6)	8［大同湖东墓群M8；大同沙岭新村M1；大同雁北师院M5（?）；大同御河东区贾宝（?)；大同下深井M1；呼和浩特大学路墓（砖棺床）；乌审旗巴图湾M13；北京大兴北程庄M23］	2（朝阳养路费征稽处M4；朝阳91CGJM5）
洛阳期 （494—534）	—	—	3［西安文林路邮电学校M2、M6；河南三门峡M13（张洛-吕相姬；532）］	—	3(内蒙古乌审旗巴图湾M12；山西大同陈庄M1；曲沃秦村李诜墓；499)	—
东魏 （534—550）	—	—	1［安阳固岸谢氏冯僧辉（砖尸床）548)	—	3［北京大兴三合庄韩显度(长梯形)墓539；安阳安丰赵明度537；安阳固岸II区M51（砖尸床）］	—

① 平城墓葬分期乃根据《大同南郊北魏墓群》，但与韦正教授的分期无大差别。他的二期（430—460年代）相当本表三期，三期（470以后）相当于本表四期。表内“棺床”指放置木棺的土台或砖台，“尸床”指直接置放尸体的土台或砖台，不用木棺。

续表

北齐（550—577）	—	1（太原2017 M20）	1(安阳固岸M143)	10（太原开化侯莫陈-吡列墓555；太原库狄敬559；太原孟鸿562；太原开化赵信墓564；太原库狄业567；太原开化M58和公墓573；太原开化M14、M67、M74B夏侯念祖552墓；太原化工M2）	3［河北平山崔昂（圆形）566；河南濮阳李亨576；安阳县张家村和绍隆（砖棺床）568］	—
西魏（535—557）	—	—	1［西安郭庄吐谷浑公主（541）；乞伏孝达（北周）］	—	—	—
北周（557—581)—**隋**（581—608)	—	1(固原九龙山M33)	8［河南三门峡技术学校90M11（土尸床）579；咸阳渭城二道塬郭生559；西安灞桥王孝璋589、王昌589；西安韦曲张盛571、张政572、M3张氏；固原南塬M3］	—	3［西安南康村李诞564；商洛商州M2（砖尸床）、M3（砖尸床）北周/隋］	—
总数	5	7	19	16	21	2

表2　电焊厂墓地东向墓组与内蒙伊和淖尔墓葬比较[①]

墓号/墓向/性别	分期	身体装饰	腰带	随葬品（不含陶器）	漆器	殉牲	棺木装饰
电焊厂M102/东/男女	III	—	铜带扣1；铜带銙1	铁剪（女）；银环、骨饰、料珠（男）石灯（半）		牛肢骨	2
电焊厂M116/东/不明	III	铜下颌托	铜带扣环	铁釜1；石灯（半）	漆耳杯1		鎏金铜铺首；泡钉
电焊厂M126/东/男女	III	铜指环	铜带扣1	铜匕1；羊距骨1	—	猪、羊骨	
电焊厂M106/东/不明	III	银手镯2	—	—	筒状锯齿纹漆杯1	动物脊椎与肋骨	
电焊厂M107/东/女	III	铜下颌托；铜新月形项饰；金耳环1；铜指环2；玛瑙珠15	—	鎏金錾花银碗1；萨珊刻花玻璃碗1；银罐1；铁剪1；铁镜1；铜盘1；石灯1	漆耳杯1；木盘1；木勺1	马下颌骨；红枣；核桃；扁桃	内裱丝绸
电焊厂M109/东/女	III	三角双鸟纹镂空铜片头饰1；铜头箍1；铜下颌托；金耳环1；银笄1；珠饰28；银手镯1；银指环2	—	鎏金錾花高足银杯1；素面银碗1；	漆盘	动物脊骨与肋骨	

① 伊和淖尔三墓的年代分期乃根据 ChenYongyhi, SongGuodongandMaYan, “TheResultsoftheExcavationoftheYihe-NurCemeteryinZhengxiangbiBanner(2012–2014),” TheSilkRoad14(2016), 页 54 与其表一的结果。其墓葬出土品见同文与陈永志等：《内蒙古正镶白旗伊和淖尔墓群》，载国家文物局主编《2015 中国重要考古发现》，文物出版社，2016 年，第 92—95 页。

续表

伊和淖尔M3/北/不明	III	金下颌托与头箍；金新月形项饰；金指环	镶红玛瑙金躞蹀带饰	木箭；刀具；铜帐钩	漆盘1；漆碗3；漆勺1；漆象形器1	动物肩甲与四肢	内裱彩绘丝绸；外饰双鸟纹鎏金铜铺首13、泡钉、棺画
Ich—NurM6/南/男	III	金新月形项饰；金耳环2；金指环10；铜饰件；玻璃珠	镶红玛瑙金躞蹀带饰	木箭；骨器	漆碗；筒形漆器；木器	?	
Ih—NurM1/北/女	IV—V	金下颌托与头箍；金耳环2；金链；小型金装饰品68	—	鎏金錾花人物银碗1；蓝玻璃碗1；鎏金银耳杯1；鎏金三足铜盘1；铁灯1；宝石	彩绘漆碗2	?	人物双龙纹鎏金铜铺首14；泡钉

III期与IV期的时间见附表。

表3　双人单棺葬或床葬时代、地区分布表①

地区	**时代**											**总计**
	东汉	魏晋	十六国	平城期	洛阳期	东魏	西魏	北齐	北周	隋	唐	
西宁		1	1									2
固原							1		2	5	3	11
西安			2	1	3		1		6	2		15
商州									2			2
呼和浩特				2								2
鄂尔多斯	1			2	1							3
乌兰察布	5											5
扎赉诺尔	3											3
右玉	3											3
大同				41	1							42
曲沃					1							1
太原								10				10
临汾										2	3	5
石家庄											3	3
北京				1		1						2
安阳						2		1				3
三门峡					1				1			2
濮阳								1				1
榆树	2											2
北票			2									2
朝阳			1	7	4					1	2	15
总计	14	1	6	54	11	3	2	12	11	10	11	

① 此表收入有记录的双人葬式，其中平城墓葬有部分无法仔细分期，所以不出现在表1中，但被收入此表。这导致二表数量不完全符合的现象。同时，隋唐资料收集不全。

泾州南、北石窟寺所见北魏永平政局

——以《南石窟寺碑》《敕赐嵩显禅寺碑记》为中心

中国社会科学院古代史研究所　刘　凯

摘　要：在开创南、北石窟寺时，奚康生忠于道武至宣武拓跋正统的思想已经初露端倪。南、北石窟寺采取不同于当时的方式，如在横长方形平面形制上加覆斗顶，将佛故事一反常态绘在了窟顶四披上，把弥勒菩萨放在入口两侧；其目的便是力求突出七佛，尤其是占据洞窟内最主要位置的正壁三身佛的主体位置，给予观像者更为直观的视觉冲击。独特的七佛布局，契合宣武以世俗威权利用、引导乃至干预佛教信仰的统治策略，彰显奚康生对拓跋皇室统治的尊崇，也是奚氏拥护宣武排抑宗室、皇权独尊观念的隐晦表达。学界所谓奚康生有意逢迎胡太后而开凿石窟的观点存在明显的时间漏洞。《敕赐嵩显禅寺碑记》落款从时间推断为奚康生所立无疑，只是恰好处于与前任高绰的交接中，才致铭词与落款的脱节。永平三年（510）《南石窟寺碑》安定胡氏、皇甫氏的“在场”与二《碑记》的集体“缺位”映射出永平初年后宫高氏与胡氏的权力交替。

关键词：南、北石窟寺；《南石窟寺碑》；《敕赐嵩显禅寺碑记》；北魏

泾州是丝绸之路东段北道的重镇之一，由长安出发，经泾州、平凉、固

原、靖远、景泰，间渡黄河抵达武威而进入河西走廊，由此南缘丝绸之路，北依河西走廊，东傍长安的泾州，成为中西交通，尤其是进出长安的关键孔道与门户。自西汉以降，华夏文化的西行，印度佛教的东渐，在丝绸之路的中转流布过程中逐渐被消化、分解，并不可避免地与当地文化熔为一炉。释道安《综理众经目录》搜集东汉至三国两晋时代汉译佛典并将其分为七类，其中第三类即凉土异经录（流行于甘肃地方的不同经典），“所谓异经是道安在河南等地未曾见过的佛典，或不同的佛典，几乎全部是一卷的短篇，译者也不详，其中有不少流行于庶民社会。尤其在凉土或甘肃地方，和以关中即长安为中心的陕西地方，分别流布许多不同的陌生的经典，使人怀疑，弘传于广大中国土地的佛教，早就形成了地域特点”①。泾州沙门刘慧汪聚众起事，一定程度上说明了佛教信仰拥有坚实的民众基础。遍及泾河两岸、星罗棋布的造像、石窟便是“外来”与“本土”文化碰撞、交融的实体结晶，泾川县甚至有“百里长窟”的美誉。诸多石窟中最具代表意义的便是庆阳北石窟寺、泾川南石窟寺。

此前笔者曾撰文考察北魏猛将奚康生，所关注者有二：一是其相州刺史任上“鞭（石虎画）像拔（西门豹祠像）舌”的举动，②二是注意其在西林园政变前后的政治反复及由此导致的死亡事件。③而奚康生之名得以流传于今，端赖泾州南、北石窟寺开创之功。《魏书》本传载“出为平西将军、华州刺史，颇有声绩。转泾州刺史，仍本将军。以辄用官炭瓦为御史所劾，削除官爵。寻旨复之”。由华州刺史转泾州刺史，事在永平二年（509）正月，“是

---

① ［日］塚本善隆著，许洋主译：《魏晋佛教的展开》，载刘俊文主编《日本学者研究中国史论著选译》第7卷《思想宗教》，中华书局，1993年，第217—218页。

② 刘凯：《贤臣·神人与异化的神明：西门豹邺地成神的轨迹及其异化》，《东岳论丛》2019年第7期；刘凯：《奚康生“鞭像拔舌”及相关史事考论》，《中国社会科学院历史研究所学刊》（第11集），中国社会科学出版社，2019年，第45—74页。

③ 刘凯：《奚康生之死与其反复——迁洛后鲜卑姓族政治心态的一个侧影》，《社会科学战线》2017年第6期。

月，泾州沙门刘慧汪聚众反。诏华州刺史奚康生讨之”①。而“永平二年”“大魏永平三年岁在庚寅四月壬寅朔十四日乙卯”，奚康生以极为惊人的速度分别创建了北石窟寺（专指现今编号为165窟的大窟）与南石窟寺（专指现今编号为1的大窟）。目下学界对南、北石窟寺的研究，主要着眼于形制、分期等方面，对其与北魏中后期政局变动关注较少。本文试图从泾川南、北石窟寺所见七佛说开去，从中提炼出奚康生对宣武的政治态度，明晰其与安定胡氏的关系，而后以《南石窟寺碑》《敕赐嵩显禅寺碑记》所列人物的“缺席”与“在场”为切入点，管窥永平至孝昌年间的政局变动。

一、南、北石窟寺七佛布局与宣武帝

奚康生，《魏书》卷七三、《北史》卷三七有传，北魏猛将，泾川南、北石窟寺开创者。其先代人，世为部落大人；本姓达奚，为鲜卑帝室十姓之一。奚康生主要活跃于孝文太和年间，历宣武朝，至孝明正光二年（521）死于元叉之乱，时年五十有四。在北魏太和后政局中，奚康生并非历史舞台上的重要角色，但他人生中有两个转变却吸引了我们的注意：一个是此前发文撰述的、导致其身亡的政治反复；②另一个便是由多所杀戮转为信向佛道。《魏书》本传称：“康生久为将，及临州尹，多所杀戮。而乃信向佛道，数舍其居宅，以立寺塔。凡历四州，皆有建置。”泾川南、北石窟寺就是这一转变后的直接产物。史书没有详细列出奚康生此次转变时间，但从“凡历四州，皆有建置”考索，康生依次担任了青州、华州、泾州、相州刺史，是在青州刺史任上便有佛教建置，则在此时已经转信佛道了。不过据史传所载，此后他并未将信佛与为将杀戮对立起来，而是很“自然”地糅合在了一起：对外与萧梁作战奋勇杀敌，对内镇压泾州沙门刘慧汪聚众起事，皆是此类。

---

① 《魏书》卷八《宣武帝纪》，中华书局，1974年，第207页。

② 刘凯：《奚康生之死与其反复——迁洛后鲜卑姓族政治心态的一个侧影》。

北石窟寺坐落于甘肃省庆阳县西峰镇西南25千米覆钟山西麓，创建于北魏，经西魏、北周、隋、唐、宋、清等朝代的增修和扩建。现有有编号的窟龛308个，石雕造像2126尊，壁画69.7平方米，石碑8通，阴刻和墨书题记150余方，清代献殿遗迹1处，清代木构建筑戏楼1座。[①]北石窟寺在1949年前隶属“襟带秦凉、拥卫畿辅，关中安定，系于此地”的镇原，后划归安庆。其地“二水合流，群峰对峙，龙蟠凤翥，金城汤池，襟带延绥，屏藩关辅”[②]，在地处关中上游、拱卫关中北面的陇东，战略位置至为关键。凭借地处通衢的优越交通地理，北石窟寺以三条古道（东南豳州—雍州大道、西北彭阳—高平大道、西南泾州大道）[③]沟通并统摄陇东佛教区域，并同周围的州县城池衔接，成为地处陇东核心区域、规模最大的早期佛教石窟寺院。窟龛之中有北魏窟龛7个、西魏窟龛3个、北周窟龛13个、隋代窟龛63个、唐代窟龛209个、宋代窟1个。165窟是北石窟寺的创建洞窟，也是规模最大、保存最完整、最具代表性的石窟。窟内身高8米的立身七佛造像成半圆形排布，在同时代造像中极为罕见。实际上最初被称作“北石窟”者，即专指此窟。1963年首次对北石窟寺进行披露介绍的邓健吾便将165窟称为“佛洞”，其余称为“菩萨洞”（240号窟）和“罗汉洞”（165号窟）。

南石窟寺地处泾川县城关镇蒋家村，当地人呼为“佛爷寺”。寺内现存5座编号石窟，奚康生于永平三年（510）创建的1号窟最大，无论形制、造像组合乃至罕见的七佛布局，与北石窟寺165窟基本相同，只是规模略逊。此窟坐北面南，窟高11米、宽18米、深13.2米，呈长方形，穹窿覆斗顶，方形门，门上开明窗。窟内正壁和东、西壁设坛，雕凿七佛及十四身胁侍菩萨。其中，正壁（北壁）三佛六菩萨，东、西壁各二佛四菩萨。佛高6米，菩萨

---

① 崔慧萍：《北石窟寺研究成果述论》，《丝绸之路》2009年第16期。

② 〔明〕顾祖禹：《读史方舆纪要》“陕西七平凉府”条、“陕西六庆阳府”条，中华书局，2005年。

③ 参李红雄、宋文玉：《北石窟寺》，甘肃文化出版社，1999年，第67页。

高3.5米，前壁门两侧各雕弥勒菩萨一身，高5米，未见北石窟的乘象普贤和阿修罗天。北石窟佛像头部与身长之比为1比5，而南石窟则为1比5.5，个别为1比6。[①]留存至今的魏碑《南石窟寺之碑》（原存南石窟寺，1916年移至泾川县城文庙）文末“大魏永平三年岁在庚寅四月壬寅朔十四日乙卯，使持节都督泾州诸军事、平西将军兼华泾二州刺史、安武县开国男奚康生造”[②]可确证系奚康生开创。而北石窟寺有实物为证的最早记载只可推至宋代，北石窟寺藏宋残碑“寺者达千百年矣，究诸寺额口……有本县令柳公图云厥寺案图□□年泾州节度使奚侯创置”云云，文已漫漶，且将唐始见的节度使安到北魏泾州刺史身上颇误，[③]但考虑到两者时代相距“千百年矣”，讹误似在情理之中了。研究者就其他间接史料［主要是清乾隆六十年（1795）《重修石窟寺诸神庙碑记》“今原州之东，有右□□，奥稽厥初，盖创自元魏永平二年，泾源节度使奚侯创造”，民国慕少堂《镇原县志》卷一九《原州彭阳县石窟寺盂兰会记》碑文后按曰］与艺术风格方面的相似推定北石窟寺为奚康生开创于永平二年，大致可信。[④]

永平二年刘慧汪聚众造反并未在史籍中留下太多笔墨，而且看奚康生惊人的建窟造寺速度，估计叛乱并未持续多久即被奚氏敉平。奚康生并非勇而无谋的匹夫猛将，勇猛精进的同时对于政治权谋同样娴熟，最为明显的便是

---

① 暨远志：《泾州地区北朝石窟分期试论》，《考古与文物》2009年第6期。

② 南石窟相关研究可参见甘肃省博物馆：《甘肃泾川南石窟调查报告》，《考古》1983年第10期；《陇东石窟》，图100。

③ 杜斗城《奚康生与南、北石窟寺》（署名“木石戊”，《敦煌学辑刊》1993年第2期）认为“奚侯”应为“奚侯”，理由是“奚康生曾‘赐爵长进侯’”，史料错误，因“赐爵长进侯”是康生祖直的事情：“祖直，平远将军、柔玄镇将。入为镇北大将军，内外三都大官，赐爵长进侯。卒，赠幽州刺史，谥曰简。”（《魏书·奚康生传》）奚康生生前爵是“封安武县开国男”，死后追赠“寿张县开国侯”，但“侯”是否就是“侯”之误，论据不足，暂置不论。

④ 北石窟寺可参见甘肃省文物工作队、庆阳北石窟寺文管所：《庆阳北石窟寺》，文物出版社，1985年，第38—40页；较系统的研究综述可参见崔慧萍：《庆阳北石窟寺的研究现状与尚未解决的问题》，《敦煌学辑刊》2009年第3期。

举重若轻地处理萧衍送弓的事例。[①]而其颇受圣识，实是宣武帝的心腹。延昌二年（513）正月，梁徐玄明斩杀刺史张稷，以城内附，宣武“诏遣康生迎接，赐细御银缠槊一张并枣柰果。面敕曰：‘果者，果如朕心；枣者，早遂朕意。’”。对奚康生寄予厚望可见一斑。此次宣武帝将心腹兼猛将调来担任刺史，同时让其“仍本将军”，保有平西将军的将军号，可领武力，镇压“刘慧汪聚众反”，虽有“高射炮打蚊子”之嫌，但奚氏对宣武让他来“灭火”的关键在于“沙门”二字心知肚明：刘慧汪的沙门身份以及自己“信向佛道”的心态。沙门刘慧汪聚众反说明当地是有佛教基础的，而且在宣武朝，僧侣叛乱不可谓不活跃。太和二十三年（499）十一月即位之初，幽州民王惠定聚众反，“自称明法皇帝”，起事便披上了佛教色彩。而刘慧汪之后明确载诸史册者有二：永平三年秦州沙门刘光秀谋反，延昌三年（514）十一月幽州沙门刘僧绍聚众反。以上4次叛乱，占到了宣武一朝20次叛乱中的五分之一，宣武帝对于北方地区沙门聚众反的形势必然慎重对待。对于有崇佛传统的北魏帝王而言，沙门聚众反的情形是把可资利用的“双刃剑”。除太武有灭佛之举，北魏诸帝多有意重视与支持佛教，以其教义维护政权。冢本善隆指出，从汉魏佛教到隋唐中国佛教诸宗成立的主流，“正是存在于东晋时代北地的佛教”，“不论是神仙道术式佛教，或是承认君主专制、依附国家权力的……佛教，都比江南方外的、贵族的、独善的佛教更富现实性和社会性，具有广济众生的实践宗教的热情”[②]。沙门频繁聚众起事，帝王崇佛与利用世俗威权介入其间，都是北地佛教现实性与社会性的体现。文成帝即位之初便颁布复佛诏书，明言佛教之目的乃是“助王政之禁律，益仁智之善性，排斥群邪，开

---

① 奚康生勇武之名为敌方统治者萧衍所赏，亲自送“长八尺，把中围尺二寸，箭粗殆如今之长笛”的“希世绝伦”两强弓，一能考量虚实来个下马威，二可表自己惜雄爱才，礼贤下士之意，但更深层次是存了离间北魏君臣之意。“康生得弓，便会集文武，乃用平射，犹有余力。……弓即表送，置之武库。”漂亮地将萧衍一石二鸟之际消解，从此事的处理来看，“性粗武，言气高下”的奚氏应当是粗中有细的良将，而非匹夫。《魏书》卷七三《奚康生传》，第1631页。

② ［日］塚本善隆著，许洋主译：《魏晋佛教的展开》，第245—247页。

演正觉”。而自己的举动乃是承袭先代故事，符合当世实情：“故前代已来，莫不崇尚，亦我国家常所尊事也……各当局分，皆足以化恶就善，播扬道教也。”而后便是付诸行动，明目张胆地实施将自家世俗形象移入佛教塑像之上的长远计划：“诏有司为石像，令如帝身。既成，颜上足下，各有黑石，冥同帝体上下黑子。”甫一实施便收到良好效果：“论者以为纯诚所感。”可能出于谄媚者造作，其舆论效果有助于皇帝形象的塑造。兴光二年（455）又将尊祖敬宗的儒家形式移入其中，扩展“佛帝”形象至五帝：“敕有司于五级大寺内，为太祖已下五帝，铸释迦立像五，各长一丈六尺，都用赤金二十五万斤。”[①]生生将道武、明元、太武、景穆还有自己敷入释迦牟尼像中，以世俗威权博得佛家尊位。文成以帝王形象为蓝本雕凿释迦牟尼像，除了祈求自身的安全与冥福，更重要的是“继续利用太武废佛（446）以前，佛教徒宣扬皇帝‘即是当今如来’的欺骗手段，妄图借此缓和人民的反抗”[②]。而和平初年云冈石窟“昙曜五窟”的开凿“当是前不久五级大寺铸像事件的一次重复。这次重复的工程远比五级大寺为巨大，反映了以文成帝为代表的日益虚弱的北魏统治集团，求助于宗教的需要更加迫切了”。世俗政权对佛教造像的控制与利用可见一斑。宣武帝“笃好佛理，每年常于禁中亲讲经论，广集名僧，标明义旨。上既崇之，下弥企尚”。因此之故，“至延昌中，天下州郡僧尼等，积有一万三千七百二十七所，徒侣逾众”。洛阳迎来兴建佛教寺塔的高潮：“逮皇魏受图，光宅嵩洛，笃信弥繁，法教愈盛。王侯贵臣，弃象马如脱屣，庶士豪家，舍资财若遗迹。于是昭提栉比，宝塔骈罗，争写天上之姿，竞摸山中之影，金刹与灵台比高，广殿共阿房等壮。岂直木衣绨绣，土被朱紫而已哉！”[③]宣武帝因势利导，开始专为皇帝乃至皇太后营建石窟以为功德：“景明初，世宗诏大长秋卿白整准代京灵岩寺石窟，于洛南伊阙山，为高祖、文昭

① 《魏书》卷一一四《释老志》，第 3035—3036 页。

② 宿白：《云冈石窟分期试论》，《考古学报》1978 年第 1 期。

③ 范祥雍校注：《洛阳伽蓝记校注》“序”，上海古籍出版社，1978 年，第 1 页。

皇太后营石窟二所。……永平中，中尹刘腾奏为世宗复造石窟一，凡为三所，从景明元年，至正光四年六月已前，用功八十万二千三百六十六。”[①]宣武以世俗威权引导利用佛教信仰的手段之娴熟，不下于其前诸帝，而对于沙门刘慧汪聚众反一事，若能妥善引导并利用当地的信仰基础与群众舆论，聚众反的坏事反而会成为可资利用、巩固统治、宣扬教化的绝佳筹码。奚康生这个“久为将，及临州尹，多所杀戮”的猛将，“而乃信向佛道，数舍其居宅，以立寺塔。凡历四州，皆有建置”的“集合体”（指前述奚康生第一转变，即由杀入佛，却是将信佛与为将杀戮“自然”糅合在一起）是最佳人选了。奚康生在弹压刘慧汪起事后，于永平二年至三年四月短短两年里，连续开凿出泾川南、北石窟寺，其洞窟不仅为开创洞窟，而且历经千余年，依然是南、北石窟寺诸多石窟中最大者。可见当初奚康生开创两窟用功甚著，所需调用人力、资源必广，宣武帝引导利用“沙门聚众反”的政治意图恐怕就在此两窟之上，并非简简单单数平叛乱而已。《魏书》本传载“转泾州刺史，仍本将军。以辄用官炭瓦为御史所劾，削除官爵。寻旨复之”之事由此有了较合理的解释：“辄用官炭瓦”因其禀奉圣意，亟需开凿南、北石窟所致；为御史弹劾免官后，“寻旨复之”，同样是出于宣武。

奚康生开创的南、北石窟寺，独具特色的主体部分便是七佛布局。首先，两窟都采取不同于当时的方式，力求突出七佛的主体位置。为达此目的，两洞窟没有采用当时流行的中心柱式，[②]而是在横长方形平面形制上加覆斗顶，将窟内空间做得更为开阔，同时将佛本生、佛转故事一反常态绘在了窟顶四披上，而敦煌莫高窟大多绘于洞窟两壁较为显著的位置，与南、北石窟寺相类的布局

① 《魏书》卷一一四《释老志》，第3043页。

② 云冈第六石窟便采用中心柱式，宿白认为其完工于迁都洛阳的太和十八年之前（《云冈石窟分期试论》，《考古学报》1978年第1期），与南北石窟寺位置相近而年代稍早的王母宫石窟便采用了当时流行的中心柱式，杨晓春据《金石录》题跋《后魏化政寺石窟铭》推测其开凿年代在太和十九年，是陇东地区开凿最早的石窟（《从〈金石录〉的一则题跋推测甘肃泾川王母宫石窟的开凿者与开凿年代》，《敦煌研究》2008年第1期）。

直至隋代才在第302、423、419窟出现。窟顶四披绘图“客观上暗示出这些造像题材并没有占到洞窟里最重要的位置”[①]。更为关键的方法是将弥勒菩萨放在入口两侧。七佛一菩萨的单体造像在巴基斯坦地区被发现，而其组合方式都是立像造型、并行排列，弥勒菩萨位于七佛的左侧或右侧。[②]公元2世纪后佛教沿丝绸之路传入西域，七佛造像随之进入龟兹，公元4—6世纪克孜尔石窟将七佛一菩萨造像应用于石窟主室营建上，并创造性地将七佛与弥勒菩萨分开放在两个不同的壁面来表现。[③]当然，这种表现形式还远未成熟，未有定规的空间处理方式就是明证。有学者研究指出，克孜尔第114窟弥勒被安置在正壁，七佛在门道上方，云冈石窟第10、11、13窟与之相同；不过，第38、80、97窟则与114窟完全相反：弥勒放在门道上方，七佛置于正壁下，此种做法便有效凸出了七佛的尊位，在同时期石窟中极为少见，[④]而南北石窟寺正是采用了这种空间处理方式，可能受到了克孜尔石窟第38、80、97窟的影响。南、北石窟寺七佛最为独特之处在于置于正壁主体的七佛再次被分布在3个不同的壁面来表现。七佛造像最盛行的排列方式就是起源于印度的横向并列排列，前述巴基斯坦发现的七佛造像便沿袭了此法，而克孜尔石窟七佛，炳灵寺石窟第169窟七佛，北凉石塔七佛，云冈石窟第10、11窟七佛皆没有太大变化。[⑤]有研究者指

---

① 董华峰、宁宇：《南、北石窟寺七佛造像空间布局之渊源》，《敦煌学辑刊》2010年第1期。

② ［日］栗田功：《ガンダーラ美術Ⅱ佛佗の世界》，东京：二玄社，1988年，第108页图291；第107页图289；第109页图294。

③ 赵莉：《克孜尔石窟降伏六师外道壁画考析》，《敦煌研究》1995年第1期；新疆龟兹石窟研究所：《克孜尔石窟内容总录》，新疆美术摄影出版社，2000年，第47—49页。

④ 董华峰、宁宇：《南、北石窟寺七佛造像空间布局之渊源》，《敦煌学辑刊》2010年第1期。

⑤ 分别参见赵莉：《克孜尔石窟降伏六师外道壁画考析》，《敦煌研究》1995年第1期；张宝玺、李现、王万青：《炳灵寺石窟老君洞北魏壁画清理简报》，《考古》1986年第8期；张宝玺：《北凉石塔艺术》，上海辞书出版社，2006年，第16—17页；王雁卿：《云冈石窟七佛造像题材浅析》，载云冈石窟研究院编《2005年云冈国际学术研讨会论文集·研究卷》，文物出版社，2006年，第251页。

出，将七佛分散于三壁之上的做法是参考了云冈石窟第13窟，并略作改动而成：中间的三身立佛和两边的两身立佛上分别加了一个屋形龛，客观上将七佛分成了三组。南、北石窟寺的建造者由此得到启发且更进一步，将中间一组三身造像保持原空间不变，将两侧四身造像从原来的壁面上分离出来放到与正壁垂直的两个侧壁上。在此基础上，三部分的造像体积都有增加，七佛的表达空间得以提升，尤其是占据洞窟内最主要位置的正壁三身佛毫无争议成为主体，给观像者的视觉冲击更为直接。同时，将弥勒菩萨由一变二，分别置于门内两侧，“一是与其余三壁的七佛构成七佛与弥勒的题材，有效地充满了洞窟最主要的空间；二是这样做保持了平衡，使观像者不会有突兀之感。只有置于门内两侧才会有足够的空间营造与七佛大小相匹配的弥勒菩萨”[①]。而此种正壁三佛两侧壁各二佛的七佛布局，至北周时在距北石窟寺不远的固原须弥山石窟第51窟得到应用。[②]

南、北石窟寺七佛造像布局“既受到来自西部的影响，同时也接受了来自东部的影响。东、西两个方向的七佛造像布局方式在河西走廊与中原交界处的古泾州之地相遇，使得南北石窟寺的七佛既有继承也有革新，形成了独具特色的陇东地方风格”[③]。其中心思想便是突出七佛，尤其是正壁三身佛的主体位置。杜斗城受宿白云冈石窟“昙耀五窟”造像可能是兴光元年五级大寺内为太祖以下五帝造像的一次重复推论思想的启发，猜测“奚康生在当朝皇后的故乡选择一七佛题材是否又是师贤、昙耀为‘五帝’造像

① 董华峰、宁宇：《南、北石窟寺七佛造像空间布局之渊源》，《敦煌学辑刊》2010年第1期。

② 宁夏回族自治区文物管理委员会、北京大学考古系：《须弥山石窟内容总录》，文物出版社，1997年，第13—14页。

③ 董华峰、宁宇：《南、北石窟寺七佛造像空间布局之渊源》，《敦煌学辑刊》2010年第1期。

（“令如帝身”）的又一次重复呢？”[①]据前所论，奚康生迅速开凿南、北石窟寺一事背后确实存在宣武帝的影子，杜氏所谓“在当朝皇后的故乡选择一七佛题材”是站不住脚的，下有详论。若抛开逢迎胡氏的谬误，关于七佛当是遵循昙耀首创，从北魏开国太祖到当朝宣武帝七位皇帝为偶像原型开凿的推论，虽然没有确凿证据，却也契合宣武以世俗威权利用、引导乃至干预佛教信仰的北魏统治策略。奚康生行动的指令来自宣武，其服务目标依然是宣武。

杜斗城认为奚康生“在当朝皇后的故乡选择一七佛题材”，所秉持的论点实质与学者所谓奚康生有意逢迎胡太后而开凿南、北石窟的论点如出一辙，甚至借此缘由将奚康生定性为“胡太后的死党”[②]。两说皆值得商榷。首先，“当朝皇后的故乡”说法站不住脚，最关键的点在于时间错位。杜斗城所言“当朝皇后”指明为安定临泾胡氏出身的灵胡太后，然永平元年（508）七月甲午日，高肇侄女高英被立为皇后，直至延昌四年（515）宣武猝崩高肇失势，孝明即位上高氏尊号为皇太后，而后入瑶光寺为尼，此间“当朝皇后”一直是高氏。而安定临泾出身的胡氏在宣武后宫尚未崛起，她命运的转折点，是诞下肃宗孝明帝，时在永平三年三月丙戌，史称“世宗暮年，高后悍忌，夫人嫔御有至帝崩不蒙侍接者。由是在洛二世，二十余年，皇子全育者，惟肃宗而已”[③]，大喜之下的宣武帝进其为充华嫔。永平二年正月沙门刘慧汪聚众反，奚康生开凿北石窟寺立碑在是年之后，永平二年五月左右胡氏怀孕，南石窟寺碑立于永平三年四月十四，南石窟寺此时已大致开凿完毕，胡氏势力

---

① 杜斗城：《奚康生与南、北石窟寺》，《敦煌学辑刊》1993 年第 2 期。李红雄同样提出北石窟 165 窟的七佛当是遵循昙耀首创，从北魏开国太祖到当朝宣武帝七位皇帝为偶像原型开凿的，进一步认为泾州最大的佛教中心北石窟寺实际是北魏统治者拓跋氏的祖庙；而北石窟寺是奚康生“按照他的主子魏宣武帝意志办的”。参见李红雄：《论庆阳北石窟寺创建背景与 165 窟艺术造型》，《固原师专学报》1988 年第 2 期；李红雄：《论北石窟寺诞生的历史根源》，载李红雄、宋文玉主编《北石窟寺》，甘肃文化出版社，1999 年。

② 刘治立：《泾州上游石窟文化的地理环境概论》，《陇东学院学报》2010 年第 6 期。

③ 《魏书》卷一三《皇后·宣武皇后高氏传》，第 337 页。

虽涨却也不能抗衡高氏，身为宣武心腹的奚康生，并不会为了讨好安定临泾出身、尚无势力的胡氏而大动干戈，开凿南、北石窟寺并安排七佛布局的。但不可否认，永平三年三月丙戌胡氏诞下肃宗后，母凭子贵，而安定胡氏又凭女贵，地位同样水涨船高，由《南石窟寺碑》便可见一斑。

二、“缺席”与“在场”：两碑所见永平政局

《南石窟寺碑》立于永平三年四月十四日，所列官衔、人名中有4条安定胡氏资料：别驾从事史安定胡武伯、平漠将军统军兼别驾主簿安定胡元安、省事安定胡季安、平凉郡丞济南侯安定胡□。又有胡氏母舅家皇甫氏参与的痕迹：司马敷西男安定皇甫慎、□酒从事史安定皇甫询。[①]按照时间推算，《南石窟寺碑》中安定胡氏及胡氏母舅家皇甫氏的在场，说明借助胡充华产下皇子的势头，胡国珍及其背后安定胡氏的地位有所抬升；奚康生南石窟寺的开凿，于宣武佛教政治之外，可能又增添了以胡氏生育孝明帝为契机而为宣武（即拓跋/元氏子嗣）祈福的目的与色彩。

胡氏势力虽涨，但永平初年，高氏刚刚斗败代表于谨家族势力的于氏，又册立为皇后，正是权势最盛之时，胡充华在后宫凭子得宠，却也不能于短期内抗衡高氏；且《魏书·奚康生》本传所载“与元叉同谋废灵太后”，鲜明地揭示出奚康生不满孝明即位后灵胡太后临朝听政事，因此奚康生逢迎胡氏之说不成立，将奚康生归入胡氏一党同样值得商榷。

将《南石窟寺碑》与同处泾川、成于永平二年四月的《敕赐嵩显禅寺碑记》罗列人物比较，不难发现后者中安定胡氏的“缺席”，与《南石窟寺碑》的“在场”形成鲜明对比。而《敕赐嵩显禅寺碑记》的实际主体是此时期后宫风头正劲的高氏，其背后是在宣武朝后期权势熏天的高肇。

高肇为宣武帝生母孝文昭皇后高氏之兄，其系本出高丽，攀附为渤海蓨

---

① 甘肃省博物馆：《甘肃泾川南石窟寺调查报告》，《考古》1983年第10期。

人，起自偏僻，门第寒素，只因“景明初，世宗追思舅氏，征肇兄弟等”而骤得富贵，“又诏扬（高肇父，《北史》卷八〇《外戚·高肇》作“飏”。——撰者注）嫡孙猛袭勃海公爵，封肇平原郡公，肇弟显澄城郡公。三人同日受封。……数日之间，富贵赫弈”。嵩显禅寺即初崛起的高氏一族怀念和赞誉高扬等先祖，感报皇帝恩施所建，《敕赐嵩显禅寺碑记》表明“嵩显”之名即出宣武敕赐。嵩显寺遗址即今泾川县城南高峰寺，当地人又呼为高公寺，《碑记》拓片现存甘肃省博物馆，《金石萃编》《陇右金石录》录有碑文，已多漫漶。《敕赐嵩显禅寺碑记》碑文称：“灵降圣德，二后经纶，内光椒掖，外允九臣，帝思渭阳，嘉爵交臻。”“二后”即指孝文昭皇后高氏与刚刚被拜为宣武皇后的高英，高英为文昭皇后侄女，[①]她是高肇为维持骤得显贵的家族而效仿于忠、于烈父子输家族女子入宫为后做法的关键人物。高肇骤得富贵后又取得倒台的咸阳王禧之遗产，并尚高平公主，迁尚书令专权，一时煊赫无两。但其权力完全依附于宣武，不比有乡土势力支撑的“双家制”门阀官僚，因而高肇得势的实质乃是宣武打击宗室诸王、巩固皇权的工具。高肇显然也意识到此点，故除了积极协助宣武帝铲除元详等宗室势力“回报”宣武，还将高英安插至后宫成为“夫人”。[②]正始五年（508）七月甲午高氏拜为皇后，同年八月丁卯改年号为永平。[③]如此永平初年，高氏在后宫已开始掌握权势，而高肇则协助宣武帝以贪腐的借口成功扳倒了元详，“又说世宗防卫诸王，殆同囚禁”[④]。其实是宣武自身的政治意图借助高肇之口宣出。而元详倒台后，宣武乘胜追击，将元详

---

① 《魏书》卷一三《皇后·宣武皇后高氏传》谓：“文昭皇后弟偃之女也。”而高英墓志《魏瑶光寺尼慈义墓志铭》则云：“文昭皇后之兄女。”赵万里《辽居乙稿》指出此差异，赵万里：《汉魏南北朝墓志集释》，新文丰出版公司，1986年，第46页。

② 《魏书》高氏本传记为“世宗纳为贵人”，而《魏瑶光寺尼慈义墓志铭》则云“纳为夫人”。李凭《北魏宣武帝朝三后之争》（《学习与探索》2013年第10期）指出墓志铭称夫人是依据其品位，本传称贵人则是泛称，皆无错误。

③ 《魏瑶光寺尼慈义墓志铭》记立后时间为正始五年，《魏书》本传为永平元年，前者准确。

④ 《魏书》卷八三《外戚下·高肇传》，第1830页。

贪腐的高度上升到“天下为公”的大义名分上，责罚诏曰：

> 王位兼台辅，亲懿莫二，朝野属赖，具瞻所归。不能励德存道，宣融轨训，方乃肆兹贪緬，秽暴显闻。远负先朝友爱之寄，近乖家国推敬所期，理官执宪，实合刑典，天下为公，岂容私抑。但朕诸父倾落，存者无几，便极逮坐，情有未安。可免为庶人，别营坊馆，如法禁卫，限以终身。邦家不造，言寻感慨。[①]

“天下为公，岂容私抑”，冠冕堂皇的借口却遮掩不了同室操戈、清君侧的目的，此举沉重打击了诸王宗室势力，孝文临终费尽心力布置的六辅政局至此破产，[②]高肇一系的权势达到顶峰。

《敕赐嵩显禅寺碑记》落款为“大魏永平二年岁在己丑四月戊申朔八日乙卯使执节都督泾□□”，《新通志稿》“以其语意铭词均似南石窟寺碑，疑属一人手笔”，猜测为泾州刺史奚康生，而《陇右金石录》却以为碑文所称“启踪冀方，树基渤海”“内秉望舒之赞，外整阿衡之翼”皆不能比附康生，“当是两碑搦管或出一人，而立碑之人则属两事”，推论碑为高猛所立，但解释不出高猛并未出任泾州刺史如何可立此碑：“惟传（按即《魏书》卷八三下《外戚·高猛》）言（高猛）出刺雍州而此则以泾州刺史立碑，或者由泾转雍史文不无阙漏，然必非奚康生所立可以断言。”[③]张维以“启踪冀方，树基渤海”等碑文内容不能比附奚康生而断言落款必非奚氏，却忽略了落款之人并非碑文赞颂对象，“启踪冀方，树基渤海”等所指应当是高肇一系的先祖，逻辑上站不住脚。而“当是两碑搦管或出一人，而立碑之人则属两事”的推测却有启发。查检《魏书》，在奚康生之前担任泾州刺史者为高绰，且有“诏假节，行泾州刺史”的记载，与《碑记》“使持节”相对应；高绰为名臣高允孙，出自

---

① 《魏书》卷二一《献文六王上·北海王详传》，第 562—563 页。

② 关于孝文临终的六辅格局，参见祝总斌：《两汉魏晋南北朝宰相制度研究》，中国社会科学出版社，第 232—235 页。

③ 张维：《陇右金石录》，民国三十二年（1943）甘肃省文献征集委员会排印本，《石刻史料新编》第 1 辑 21 册，新文丰出版公司，第 15968—15969 页。

高肇攀附的正宗渤海高氏，孝明帝时期，“御史中尉元匡奏高聪及绰等朋附高肇，诏并原罪”。高绰党附高肇一事虽不可详考，但“诏并原罪”可明证两者之间当有政治牵连，则永平二年正月之前，宣武敕建的嵩显寺已然开工，可能党附高肇的高绰主持事宜。永平二年正月“泾州沙门刘慧汪聚众反。诏华州刺史奚康生讨之”[①]，奚康生由此“转泾州刺史，仍本将军”[②]。则《敕赐嵩显禅寺碑记》所记永平二年四月八日，泾州刺史已是奚康生，但《碑记》可能在此前已经刊刻完毕，故存在“使持节”，由此点言对应的是高绰；若就时间而言，则对应奚康生，不过以前者可能性更大。

永平二年四月建成的嵩显禅寺为高肇一系感报皇帝恩施所建，《敕赐嵩显禅寺碑记》是高氏势力崛起的宣示，此间安定胡氏“缺席”。三月之前，华州刺史奚康生奉宣武旨意转任泾州刺史，并于弹压沙门刘慧汪聚众叛乱后，于永平二年至三年开凿北、南石窟寺，其间使用当时尚未流行的格局来凸显七佛，尤其是居中三佛。永平二年五月左右胡氏怀孕，三年三月诞下孝明，宣武进位充华嫔，四月落成的《南石窟寺碑》有安定胡氏及胡氏舅家皇甫氏“在场”，昭示出南石窟寺存在以胡氏生育孝明帝为契机而为宣武（即拓跋/元氏子嗣）祈福的目的与色彩，同时也说明安定胡氏凭借胡充华的上位，开始积蓄资本，崭露头角。而权势独盛的高肇一系却开始步入鼎盛之后的下坡路。

北魏自道武帝以来，为防范外家为乱，“不令妇人后与国政”，施行子贵母死制度。正平事变后，制度开始背离道武帝初衷。随着大权不断旁落于宦官、权臣与太后之手，尤其是太后势力在后宫逐渐形成绝对权威，发展成乳母干政政治和太后临朝听政，子贵母死制度成为文成帝乳母常氏与文明太后冯氏等排除政治障碍的借口。子贵母死旧制实际上被革除是在宣武帝时期。[③]宣武帝“频丧皇子”，而后宫嫔妃“以国旧制，相与祈祝，皆愿生诸王、公

① 《魏书》卷八《宣武帝纪》，第207页。

② 《魏书》卷七三《奚康生传》，第1631页。

③ 李凭：《北魏平城时代》（修订本），上海古籍出版社，2011年，第153—167页。

主，不愿生太子”。子贵母死故事如同达摩克利斯之剑，悬于诸妃头顶。高英被纳为贵人后曾“生皇子，早夭，又生建德公主”，李凭推测其可能是“一位消极反抗子贵母死制度者”①。而在永平元年被立为皇后之后，高英却又在后宫诸妃头上添了把锁：“性妒忌，宫人希得进御。”史称：“世宗暮年，高后悍忌，夫人嫔御有至帝崩不蒙侍接者。由是在洛二世，二十余年，皇子全育者，惟肃宗而已。”入宫后方为承华世妇的胡氏却以“子生身死，所不辞也”的决绝态度，对此发起了挑战：

> 唯后每谓夫人等言：“天子岂可独无儿子，何缘畏一身之死，而令皇家不育冢嫡乎？”及肃宗在孕，同列犹以故事相恐，劝为诸计。后固意确然，幽夜独誓云：“但使所怀是男，次第当长子，子生身死，所不辞也。”既诞萧宗，进为充华嫔。②

李凭指出，胡氏的举动并非不怕子贵母死的旧制，而“是向妒妇高氏公然发起的挑战。也只有如此，她才能有出头的机会”③。深受子嗣危机困扰的宣武帝除了进胡氏为充华，还对孝明采取了最为严密的防护：“世宗频丧皇子，自以春秋长矣，深加慎护。为择乳保，皆取良家宜子者。养于别宫，皇后及充华嫔皆莫得而抚视焉。”防范的主要目标自然是悍忌的高后，释放出的是宣武在子嗣方面对高氏的不信任信号。胡充华的崛起与宣武对肃宗的防护，预示着高氏后宫独尊的地位开始转折。在宫外，高肇的地位同样发生着微妙的变化。延昌初，高肇迁司徒，“虽贵登台鼎，犹以去要，怏怏形乎辞色。众咸嗤笑之”。史家多以此论称高肇失宠，言说宣武有意剥夺他实权，祝总斌对此已有驳斥，可从，而祝氏认为“宣武帝本来是抬举他，使登台鼎，以提高其声望，然而他却对便于弄权的岗位难于

---

① 李凭：《北魏平城时代》（修订本），第166页。

② 《魏书》卷一三《皇后·宣武皇后高氏传》，第337页。

③ 李凭：《北魏宣武帝朝三后之争》，《学习与探索》2013年第10期。

忘情”[1]，却同样不甚全面。从本文看，应是宣武除了亲情，其与高肇的“合作”，最关键的是更好地控制后者，以明晰何时、何地、何度来用他发挥最大作用。在延昌之前，利用高肇的表演配合，清除了最主要的诸王潜在威胁。宣武实现大权独揽后，高肇的价值更多地体现在处理朝堂间事上；而且高肇因重权在握而可能对宣武权力乃至声望产生影响，代替诸王威胁成为主要矛盾之一，此情况下以司徒优礼而用之，便成了对宣武而言的合宜之举。高肇应该也是意识到诸王威胁的削弱，而使得主要矛盾转移，他并无反心，相反对于宣武心怀感恩，甚至可言忠心耿耿，前述嵩显禅寺可为一例。宣武暴卒后，领兵在外的高肇只身回京，徒手入宫“哭梓宫”，因而见杀也是一例。感恩与忠心背后的实质乃是明晰自身权力来源即系于宣武一身，而诸王势力的削弱使得用武之地骤失，利用价值随之降低，虽登司徒，却是从宣武身边转入朝堂之前，表面尊崇荣光，却也远离宣武，自身权势再也不如此前稳固。由此牵连出后宫高氏地位乃至家族整体地位、权势的不稳固先兆，故而有“虽贵登台鼎，犹以去要，怏怏形乎辞色”的表现。

延昌四年正月宣武暴卒，未留遗诏，于延昌三年（514）受命出征西蜀的高肇得到宣武去世噩耗时“承变哀愕，非唯仰慕，亦私忧身祸，朝夕悲泣，至于羸悴”。返程奔丧，徒手进京。在此时间内，以元雍为首的宗室诸王借助领军将军于忠掌握大权，粉碎势力单薄的高肇党羽王显的负隅顽抗，并于二月庚辰表面尊崇高氏为皇太后，降低高肇警惕，次日将哭梓宫讫后入舍人省的高肇“拉杀之”。随后以宗室三代（元澄，元雍，元怿、元怀）加汉族高门（先是尚书左仆射郭祚、右仆射李平，后稳定为胡国珍）的形式组成新的领导班子。和两晋南朝三公、八公日益虚衔化有所不同，北魏孝文后的三公、八公往往握有实权，“具有汉代辅政大臣的色采，可以说是延缓了虚衔化的过

[1] 祝总斌：《两汉魏晋南北朝宰相制度研究》，第242—243页。

程”[1]。6岁的孝明帝即位，孝明生母胡氏及胡国珍开始爬升。鲜卑宗室、汉族高门与于忠亟需取代高太后之人掌权后宫，便将目光瞄准了胡氏。在“世宗崩后，高太后将害灵太后”的危急时刻，刘腾以告侯刚，刚以告于忠，而于忠问计崔光后将胡氏置于别所，严加守卫。三月甲辰，高太后出家为尼，高肇一系彻底退出政治舞台，胡充华转变为灵胡太后，第一次亲政。

《敕赐嵩显禅寺碑记》中走到权势高位的高氏退出历史舞台，《南石窟寺碑》开始出场的胡氏则扮演起了主角。出身安定临泾的灵胡太后，开始主导这座由游牧民族建立的、较长时期统一华北的王朝巨舰，并在此后的岁月中，每每于关键位置影响航向，直至千疮百孔的大船在“河阴之变”的巨浪中倾覆。

三、结语

安定胡氏伴随灵胡太后的临朝听政，开始进入王朝决策层。南、北石窟寺的开创者奚康生，也已走出泾州：“（奚康生）征拜光禄卿，领右卫将军。”对于宣武帝的忠诚，让他最终走到灵胡太后的对立面：“（奚康生）与元叉同谋废灵太后。”不过等到元叉发动西林园政变，奚康生突然反水，冒死护卫“二宫”，保护胡太后与孝明帝，最终为元叉所杀。奚康生本身是认可宣武帝及其后嗣孝明的统治的，表面对于胡太后的卫护应当是出于保护孝明帝的动机，孝明是否安全才是决定其态度与向背的关键，由此出现其前后对胡氏态度迥异的史料记载，[2]背后的动机并非夺权以“得到比元叉专政时更大的权力”[3]。奚康生一以贯之地忠于道武至宣武拓跋正统的思想，在开创南、北石窟寺时已经初露端倪。

---

① 祝总斌：《两汉魏晋南北朝宰相制度研究》，第240页。

② 刘凯：《奚康生之死与其反复——迁洛后鲜卑姓族政治心态的一个侧影》。

③ 张金龙：《北魏政治史·九》，第172页。

奚康生开创的南、北石窟寺，独具特色的主体部分便是七佛布局。两窟都采取不同于当时的方式，如在横长方形平面形制上加覆斗顶，将佛故事一反常态绘在了窟顶四披上，把弥勒菩萨放在入口两侧，其目的便是力求突出七佛，尤其是占据洞窟内最主要位置的正壁三身佛的主体位置，给予观像者更为直观的视觉冲击。独特的七佛布局，契合宣武以世俗威权利用、引导乃至干预佛教信仰的北魏统治策略，彰显的是奚康生对拓跋皇室统治的尊崇，也是奚氏拥护宣武排抑宗室、皇权独尊观念的隐晦表达。

学界所谓奚康生有意逢迎胡太后而开凿南、北石窟，甚至借此将奚氏定性为胡太后的死党的论点值得商榷。论点最明显的漏洞便是时间错位，此时的当朝皇后是高氏，安定临泾出身的胡氏在宣武后宫尚未崛起；《魏书·奚康生》本传所载“与元叉同谋废灵太后”，鲜明揭示出奚康生与胡氏的对立关系。

从落款时间推断，《敕赐嵩显禅寺碑记》为奚康生所立无疑，只是恰好处于与前任高绰的交接中才致铭词与落款的脱节。永平三年《南石窟寺碑》安定胡氏、皇甫氏的“在场”与二《碑记》的集体“缺位”映射出永平初年后宫高氏与胡氏的权力交替。

注：本文部分内容曾作为《奚康生之死与其反复》的小节刊发，因论述重点不同，当时未及展开，于此增补，辑为此篇。

中国佛教刻经事业的兴起

首都师范大学历史学院　刘　屹

摘　要：无论是从纯书法艺术的角度，还是作为反映佛教信仰与社会互联互动重要方面的角度，佛教刻经活动都日益受到国内外学术界的重视。但在既有的研究中，还存在一些基本认识上的误区有待澄清。例如，佛教刻经活动是否源自古印度佛教传统？是否所有的刻经活动都是为了应对“末法”时代的来临？究竟如何定义中国佛教的刻经活动？等等。本文尝试说明中国佛教的刻经活动，应视作佛教在中国文化背景和环境下新创的一种实践活动，并非所有的佛教刻经都可以用“末法石经”来概括。

关键词：佛教刻经；法灭石经；末法石经

一、引言

本文所谓“佛教刻经”，指的是佛教信徒在摩崖、石壁、石碑、石经幢、石版，有时也包括金属器物等硬面载体上刻写佛经的行为，其中不包括雕版印刷佛经。比较著名的佛教刻经有山东境内发现的多处北朝刻经、传承千年的北京房山石经等。有学者统计或列举出中国境内已知的、现存的佛教刻经活动遗存，大约40处。[①] 这说明佛教的刻经活动持续时间长，活动范围广，有必要作为中国佛教信仰活动中的重要事项来进行专门的考察。[②]

自清末民初起，金石学家就已开始注意到佛教的刻经活动。如叶昌炽最初认为："佛经之有石刻也，其在高齐宇文周时乎？"柯昌泗继而提出："沮渠安周时有造《佛说十二因缘经》刻石，与此时代（后魏）相先后，是已有刻经者矣。"[③]这大概是研究刻经书法艺术的学者最早试图探寻佛教刻经兴起的原因。他们一方面承认中国古已有之的刻石传统，一方面强调北魏太武帝的"灭佛"运动，导致佛教徒采用刻石存经的办法来应对人间帝王的"灭法"。或者认定佛教刻经产生的思想根源，是来自佛教的"末法思想"，刻经就是佛教徒"以备末法之用"[④]。这似乎已成为一种定论。如稻本泰生分析中国和日本佛教造像记与刻经的来源时，就强调佛教刻经是对中国儒家石经的模仿，同时也不忘强调佛教刻经是在"末法思想"背景下兴起的。[⑤]

值得注意的是，一些学者开始尝试从域外佛教的源头来探寻佛教刻经事业兴起的原因。如赖非认为：佛教将经典刻写在石柱、摩崖或石窟内的做法，最早可以追溯到印度阿育王时代；佛教传入中国后，一方面受儒家刻

---

① 云居寺文物管理处、浙江大学文化遗产研究院、房山石经与云居寺文化研究所编：《雷音洞：2012年度考古调查报告》，浙江人民美术出版社，2020年，第1—11页。

② 已有学者对此论题展开系统而专门的论述，如［日］桐谷征一：《中国における石刻経の類型》，《身延山大学仏教学部紀要》第2号，2001年，第39—55页。Robert E. Harrist（韩文彬）, The Landscape of Words: Stone Inscriptions from Early and Medieval China, Seattle and London: University of Washington Press, 2008, pp. 178-182.

③〔清〕叶昌炽著，柯昌泗评：《语石　语石异同评》，中华书局，1994年，第284、291页。

④ 参见王思礼、赖非：《中国北朝佛教摩崖刻经》，载中国书法家协会山东分会、山东石刻艺术博物馆编《北朝摩崖刻经研究》，齐鲁书社，1991年，第1—42页；马忠理：《邺都近邑北齐佛教刻经初探》，同上书，第153—190页；等等。

⑤［日］稻本泰生：《東アジアの佛教と金石文——中国·日本造像記と刻經》，［日］高田时雄主编：《漢字文化三千年》，京都：临川书店，2009年，第69—86页。

经传统的影响，另一方面受佛教教义提倡“转教”、流通佛经的观念感召，佛教刻经事业大兴；西秦建弘年间（420—428）炳灵寺营造的169窟内墨书《佛说未曾有经》，可说是现存最早的石窟崖壁写经，也是后来大规模出现佛教石经的源头。[①]

罗炤在梳理中国石刻佛经简史的背景下，也认为现存最早的佛教石经当属炳灵寺169窟的西秦墨书佛经，其次是北凉石塔上刻写的《佛说十二因缘经》；而在印度和中亚的大小佛塔和石窟中，都尚未发现雕刻经文的实例。他也强调了“末法石经”这一概念。[②]

仓本尚德也完全认同将炳灵寺169窟墨书佛经为中国现存最早佛教石经的说法，而他根据稻本泰生的观点，认为北凉石塔上刊刻的经文具有“法身舍利”的意义，且可溯源至印度佛教。[③]

在前人研究基础上，本文想重点讨论以下问题：佛教刻经的传统从何而来？印度或中亚佛教在传入中国之前，是否有类似的传统？中国目前最早的佛教刻经究竟始于何时？中国佛教刻经的最直接动因是什么？佛教刻经应该看作是外来佛教的传统，还是中国文化的产物？佛教刻经事业与佛教抄经活动，有何异同之处？

---

① 赖非：《北朝刻经的起源、发展与分布》，载焦德森主编《北朝摩崖刻经研究（三）》，内蒙古人民出版社，2006年，第1—24页。以《山东北朝佛教刻经研究》为题，收入《赖非美术考古文集》，齐鲁书社，2014年，第209—230页。又见山东省石刻艺术博物馆编：《山东佛教刻经全集》（上卷），山东美术出版社，2015年，第7—16页。

② 罗炤：《中国佛教石经概述》，《石窟寺研究》（第7辑），科学出版社，2017年，第86—96页。此文的主体即前揭《雷音洞》一书的《绪章》第一节，在此文末，多出了介绍藏文石经情况的部分。

③ ［日］仓本尚德：《从刻经看邺城佛教：以小南海石窟与北响堂山石窟为中心》，2016年日文初刊，此据中文增补修改版，载房山石经博物馆、房山石经与云居寺文化研究中心编《石经研究》（第1辑），北京燕山出版社，2016年，第237—261页。

二、印度的佛教铭刻

在佛陀灭度后，大迦叶和阿难组织佛弟子通过背诵的方式，保留了最早的“佛经”。在此后数百年间，“佛经”仍然通过僧人代代之间口传，没有反映在文字上。很有可能直到公元前后，部分佛经才开始用各种文字来书写。[①]这就意味着，在公元前3世纪，当信佛的阿育王在国境内四处刻写摩崖或石柱敕令时，不可能有佛经的石刻出现。在众多的阿育王石刻中，只有位于加尔各答呗罗特（Bairāṭ）的一条敕令中，出现了阿育王希望僧伽们诵读7种佛陀口传佛经的名称。这7部佛经即《毗奈耶最胜法说》《圣种经》《当来怖长经》《牟尼偈》《寂默行经》《优婆帝沙问经》《说罗睺罗经》等。[②]阿育王石刻在此只罗列了经名，而没有出现经文的内容。

当今世界最早的佛经写本，即写在桦树皮上的犍陀罗语佛经，发现于古代犍陀罗地区，今阿富汗贾拉拉巴德附近的哈达，时代应在公元1世纪的前中期。邵瑞祺（Richard Salomon）研究这批佛经写卷后认为：在公元1世纪前后，只有部分犍陀罗佛教经典以写本形式传播，口传仍是当时主要的传播方式。这些经卷更像是作为口传心记的辅助手段，而不是真正意义上的写本佛经。[③]这就意味着，公元前不太可能有印度的刻经出现，因为那时佛经的文本

---

① 辛嶋静志指出，公元前是佛典仅有口语和口传的时代；公元1世纪前后至3世纪，是佛典的口语、口传和口语、书写（佉卢文）并行的时代。参见［日］辛嶋静志著，裘云青、吴蔚琳译：《佛典语言及传承》，中西书局，2016年，第154—159页。

② E. Hultzsch, *Inscriptions of Asoka*, New Edition, Oxford: The Clarendon Press, 1925, pp.172-174. 并参悟醒译《阿育王刻文·小摩崖法敕·迦如迦达婆罗多法敕》，此据《汉译南传大藏经》，元亨寺妙林出版社，1995年，第70册，第275页上栏。

③ 详见 Richard Salomon, *Ancient Buddhist Scrolls from Gandhāra: The British Library Kharoṣṭhī Fragments*, University of Washington Press, 1999, p.165；并参邵瑞祺著，心举、朗安译，会闲校：《犍陀罗古代佛教经卷：大英图书馆佉卢文残片概述》，中华书局，2019年，第189页。

都还没有最终形成。

玄奘《大唐西域记》记载了贵霜帝国的迦腻色迦王时《大毗婆沙论》的成书经过：

> 健驮逻国迦腻色迦王以如来涅槃之后第四百年，……建立伽蓝，结集三藏，欲作《毗婆沙论》。……是五百贤圣，先造十万颂《邬波第铄论》，释素呾缆藏；次造十万颂《毗奈耶毗婆沙论》，释毗奈耶藏；后造十万颂《阿毗达磨毗婆沙论》，释阿毗达磨藏。凡三十万颂，九百六十万言，备释三藏，悬诸千古，莫不穷其枝叶，究其浅深，大义重明，微言再显，广宣流布，后进赖焉。迦腻色迦王遂以赤铜为鍱，镂写论文，石函缄封，建窣堵波，藏于其中。命药叉神周卫其国，不令异学持此论出。欲求习学，就中受业。[①]

迦腻色伽一世的即位时间，国际学界虽然还没有达成统一意见，但最新的研究比较倾向于定在公元127年。[②]玄奘虽然亲访迦腻色迦王的故地，但他听到的相关传说，毕竟已经比迦腻色迦的时代晚了几百年，而且很可能并不如实地反映公元2世纪的情况。[③]有关迦腻色迦王“以赤铜为鍱，镂写论文，石函缄封，建窣堵波，藏于其中”之说，至多可当作是公元7世纪初印度佛教的一种观念。即便如此，仍可看到：“镂写”的是论师们解释三藏的“论文”，而非佛言的“佛经”；“缄封”则是为了不让“异学持此论出”，或许是为了不给《大毗婆沙论》所属的说一切有部的部派对手们提供论辩的素材。

---

① 〔唐〕玄奘、辩机原著，季羡林等校注：《大唐西域记校注》，中华书局，1985年，第331—333页。

② Joe Cribb, "Numismatic evidence and the date of Kaniṣka Ⅰ", Wannaporn Rienjang and Peter Stewart eds., *Problems of Chronology in Gandhāran Art: Proceedings of the First International Workshop of the Gandhāra Connections Project*, University of Oxford, 23rd-24th March, 2017, Oxford: Archaeopress Publishing Ltd, 2018, pp.7-34.

③ 认为玄奘在此所记是不可依凭的传说之词，见［日］木村泰贤著，释依观译：《阿毗达磨论之研究》，日文初版1937年，商务印书馆台湾分馆，2018年，第126—132页。

事实上，很难从印度佛教传统中找出刻写佛经的文本以图传世永存的观念和行为。邵瑞祺总结了南亚次大陆出现的各种与佛教有关的铭刻资料，其中出现最多的是以布施为目的、体现宗派和寺院组织的捐助铭刻。与佛经有关的铭刻，除前述阿育王石刻，还有巴基斯坦古勒姆（Kurram）出土舍利盒上的铭文所引用到的一则缘起故事文字；出土于巴基斯坦巴焦尔（Bajaur）的公元1世纪早期因陀罗跋摩（Indravarman）舍利盒铭文引用到《增一阿含经》中的字句；斯瓦特地区发现了3则梵文铭刻《法句经》的例子；还有缅甸摩萨（Hmawza）的陶土铭文中引用到巴利语的经典，可能与早期巴利语佛藏有关。[①]这些例子都不是刻写某部佛经的全文。这说明印度佛教传统原本没有把经文刻写在某种耐久不坏的物体上，并希望把经文传之永久的信仰实践。究其原因，大概是因为佛教根本教义恰恰是反对追求永恒、实有之类观念的。在印度佛教这样背景的衬托下，中国佛教的刻经活动，就愈加成为一种值得给予特殊关注的观念和实践了。

中国佛教的刻经活动显然不是直接从印度佛教那里继承或模仿过来的。从佛教初传中国开始，首先面临的重要工作是佛经的翻译。一般而言，只有翻译成汉语的佛经，才会通过抄写来传布。那些从印度和中亚地区带来的各种语言文字的佛经本身，不仅没必要流通起来，而且除了被寺院当作“法宝”供养，对信仰社会产生不了多大的实际影响。在纸张普遍作为书写和文字载体的时代，佛经除了具有承载和体现佛法的重要意义，还可以通过抄写传布佛经来获得功德。前者主要体现在佛寺中数量多寡不均的藏经，后者主要体现在僧俗信徒或亲自抄写，或雇人抄写而产生的大量功德经。原本翻译出来的佛经即便在中国，也是无须刻写在石头上的。因为相比于在纸上抄写佛经，将佛经文字刻写在石头上，本是一种需要耗费更多成本的活动。石经是佛经

① Richard Salomon, *Indian Epigraphy: A Guide to the Study of Inscriptions in Sanskrit, Prakrit, and the other Indo-Aryan Languages*, New Delhi: Munshiram Manoharlal Publishers Pvt. Ltd., 1998, pp.241-242.

传布流通的特殊形式，刻经活动是中国佛教发展到特定阶段后才产生的一种新的信仰实践。

三、中国的石刻传统

刻石纪事、勒石纪功的现象，在很多古代文明中非常普遍。把经典文字刊刻于石上，在中国也早有先例，如先秦时代的《石鼓文》。秦始皇统一六国后，在各地勒石纪功，其中的琅玡台石刻云：

> 群臣相与诵皇帝功德，刻于金石，以为表经。[①]

“表经”意即“典范、准则”。琅玡台刻石的目的，是为了树立起歌颂秦德及始皇功绩的典范文本，供世人学习、效仿和敬畏，其中也蕴含了宣扬国家或官方意志权威性的用意。不仅琅玡台如此，始皇帝巡游各地，到处刻石，都是为了彰明功业、宣告法令。刻石原本是为了“表垂于常式”[②]，这一原初用意，至少在佛教刻经兴起之前，一直是中国石刻活动的主要目的之一。

此前许多学者都提到佛教的刻经是模仿中国儒家刻写石经活动而来的。儒家刻经的目的，本是由官方推出儒家经典文字的定本，用以公示摹写，规范后学。最早如熹平石经：

> （蔡）邕以经籍去圣久远，文字多谬，俗儒穿凿，疑误后学。熹平四年（175），乃……奏求正定六经文字。灵帝许之。邕乃自书丹于碑，使工镌刻立于太学门外。于是后儒晚学，咸取正焉。及碑始立，其观视及摹写者，车乘日千余两，填塞街陌[③]。

蔡邕提议刻写石经的目的，是“正定六经文字”。熹平石经也的确达到了“后儒晚学，咸取正焉”的效果。王静芬（Dorothy C. Wong）分析道：“刊

---

① 《史记》卷六《秦始皇本纪》，中华书局，1959年，第247页。

② 《史记》卷六《秦始皇本纪》，第249页。

③ 《后汉书》卷六〇下《蔡邕列传》，中华书局，1965年，第1990页。

刻在石板上的经典不仅建立了标准版本，而且肯定了经典作为国家文化和政治基础的地位。将这些文本刊刻在能长久保存的石头上是为了确保经典的永恒性，它们被放置在太学门外用来公开宣扬政府的信条。”[①]从原始史料来看，儒家的刻经，主要是出于经典文献版本学上的考虑，也可以认为体现了树立起官方学说和意识形态权威性的目的。至于追求“永恒性”云云，则未必是儒家刻写石经的主要目的。在当时人的观念中，“天地所以长且久者”，是个不言自明的前提。时间对于他们来说，是“有始无终”的无限与无穷。当时的人们固然会因对比宇宙之无穷与人生之短促而生出对人生的悲凉喟叹，但因宇宙时间是无穷无尽的，就不必特意再去追求“永恒性”。所以儒家以刻经的方式来呈现经本，的确是为了能够将这些儒家经典保存得长久一些，却未必是要追求经本在世间存之永久。实际上，从“熹平石经”以降的各朝石经，基本上都没有把追求经本在时间上的“永恒性”作为目标，毋宁说他们一致追求的只是石经经本的权威性和准确性。而“永恒性”恰恰是佛教刻经目的中的一个重要诉求。在这一点上，佛教刻经与儒家刻经的目的还是存在明显的参差。

中国固有的石刻传统，当然不只有儒家的石经，还有各种碑碣、墓志等形式。[②]在涉及死后世界观念的墓志铭中，更多体现了对时间“永恒性”主题的关注。唐代墓志铭几乎随处可见类似如下的表述：“虽陵谷遽迁，而名实不朽”“惧陵谷之推移，勒斯铭于泉户”“幽扃一闭，倏焉千载……桑田或变，德音无昧”“玄宫恒关，洞户弗开。丹青有变，镌石无颓”“恐山移陵谷，海变桑田，阴阳递代，寒暑贸迁，德音莫纪，茂绩销然，式镌金石，功名克宣”“冀勒之玄石，永记遗芳”“镌徽玄石，传芳永载”等等。[③]意即人死

① 王静芬著，毛秋瑾译：《中国石碑：一种象征形式在佛教传入之前与之后的运用》，英文初版 2004 年，商务印书馆汉译本，2011 年，第 74 页。

② 详参赵超：《中国古代石刻概论》，文物出版社，1997 年，第 1—76 页。本文所使用的“石刻”“刻石”等概念，并未严格按照其书中的分类和界定。

③ 早期墓志铭中没有这些内容。大概从南北朝开始，墓志铭有了简单地表示期望死者功名永存地下的祈愿，到唐代墓志这方面的诉求就已是程式化的表达。这也是古代墓志形制和内容发展变化过程中的一个重要方面。

之后，其生前的功名德业，可以通过勒石于地下的方式来达到传之永久的目的。相较于墓表、神道碑等露于地面的碑刻，地下志石可以免却诸多风雨侵蚀，即便出现沧海桑田的变化，墓志石刻所受到的磨损也是最小的。志石上文字所表达的对亡者的纪念和表彰，是最能够达成刻石纪念所追求的“永恒性”目标的。这一点是儒家石经所无法比拟的。而从下文佛教刻经的发愿文辞来看，如何使佛经文字在世间永存不灭，的确是佛教刻经事业之所以兴起的一个重要原因。在这方面，中国本土的墓志传统看似与佛教石经相差甚远，其实却有着比儒家石经更近一层的关联性。①

总之，中国佛教的刻经活动，应是在形式上有对儒家石经的模仿，但其所蕴含的观念和内在逻辑，除了要符合佛教自己的教义，恐怕也不能排除有对包括墓志在内的所有追求“永恒性”石刻的借鉴。中国佛教应该是对中国本土丰富而悠久的石刻传统有过多方位、多角度的吸收和改造，才创造出佛教刻经这一全新的佛教经典表现形式。

四、佛教石经的初现

如前所述，近来学者们公认佛教石经最早之例，当属炳灵寺169窟西秦年间墨书《佛说未曾有经》。炳灵寺169窟是利用天然溶洞修造而成，位于炳灵寺唐代摩崖大佛龛的右上方，高出地面30多米。自清代同治年间游廊、栈道毁废后，一般人不易进入此窟。故此窟所受到的后世破坏相对较少，还保留比较原始的面貌。1963年的调查中，发现了“建弘元年”（420）的题记，从而使得此窟的重要性更加凸显。但也正是这条题记，使得学界认定此窟乃至

① 云居寺辽代刻经埋藏地宫的行为，就有模仿墓志埋藏地下之意。如辽天祚帝天庆八年（1118）《大辽涿州涿鹿山云居寺续秘藏石经塔记》云：“夫见古之墓圹得铭石者，其石温润，其字分朗。今经碑穿地穴秘藏者，取久固不毁者也。”见北京图书馆金石组、中国佛教图书文物馆石经组编：《房山石经题记汇编》，书目文献出版社，1987年，第30页。

炳灵寺石窟都是420年开凿的。这其实是一种误解。若“建弘元年”确可比定为420年，也只是169窟内一条题记的年代，而不能作为开窟的年代，或是把相关的壁画、题记、造像都认作是420年的产物。①

该窟北壁第13龛（不同体系的编号略有不同）释迦、多宝佛龛下方，有一不规则的崖面。壁面敷泥涂垩，共写了51行文字。前42行为《佛说未曾有经》的经文，后9行为发愿文。②论者多以此为420年左右的墨书佛经。其实即便认定169窟最早开窟是西秦建弘年间，也不能否认窟内有晚至隋唐时期的重修和新造。③墨书佛经与墨书建弘元年题记固然大体处于窟内的第一期，但毕竟不能直接将墨书佛经指定为420年的产物。在无法确认具体年代的情况下，应以“公元5世纪初”笼统称之。由于发愿文残损过甚，已难以知晓因何缘由而要在此墨书这部《佛说未曾有经》。不过，这部短小经文的内容，主要是宣扬建塔、造像的功德。发愿文中出现了两次“累劫”字样，但仍不能确定发愿文的作者是要表达希望自己的墨书佛经能够“累劫”不坏，还是说希望三宝、佛法可以“累劫”永住。实际上，用毛笔墨书于洞窟内的石壁，与将文字镌刻在洞壁上所期待文字或经本的“永恒性”，显然是不可同日而语的。也很难想象书经之人会一边用墨在石壁上书写，一边企盼自己的墨书能够“累劫”不坏。因此，发愿文的用意更有可能是祈愿自己的造像、写经功德能够“累劫”永存。这可以理解为是一种特殊的“写经功德”模式，与在纸上抄写佛经换取功德，只有写经载体材质上的不同。

与西秦墨书佛经时代接近的是北凉石塔上的刻经。北凉石塔目前发现共

---

① 曹学文、丁万华：《炳灵寺第169窟“建弘题记”研究述评》，《敦煌学辑刊》2020年第3期，第92—103页。王惠民、韦正等人都认为此“建弘元年”应为“建弘五年”，即424年。

② 张宝玺：《西秦〈佛说未曾有经〉录经校文》，《敦煌研究》2009年第4期，第109—110页。

③ 常青：《炳灵寺169窟塑像与壁画的年代》，1992年初刊，此据同作者《长安与洛阳——五至九世纪两京佛教艺术研究》（上），文物出版社，2020年，第3—47页。

14座，其中有纪年的6座，最早应为公元426年的马德惠塔，最晚是公元436年的程段儿塔。[1]有12座塔的腹部，均刻写了长短不等的同一部佛经经文。其中吐鲁番出土的宋庆塔，有明确的经名《佛说十二因缘经》。不过同名的经本已经不存，现在诸塔都有的“十二因缘”内容，很有可能是来自已经佚失的昙摩难提译《增一阿含经》。[2]观十二因缘，可得辟支佛果，这本是小乘佛教宣扬的内容。而北凉石塔的部分发愿文，又体现出对“生值末法”“生值末世”的忧虑，期望通过造塔来为国主、父母、众生换取功德福报。不少学者正是因此而认定北凉石塔已经显示出佛教信徒对“末法”的恐惧，从而把佛教刻经活动很自然地与应对“末法”的来临联系起来。这其实是一种误解。北凉石塔上出现的“末法”与“末世”，指的都是从佛陀涅槃开始算起，世间佛法就进入一个逐渐衰落的过程，直到最终佛法在人间消亡。这与中国的大乘佛教在公元6世纪中期才建立起的“正像末三时说”下的“末法”是不同的思想脉络。[3]

北凉石塔上如此集中地出现“十二因缘”的内容，应是当时河西至高昌一带某种固定化，甚至有组织的造塔发愿模式。毫无疑问，这的确是中国佛教最早的“刻经”。但这样的刻经活动与6世纪以降在中原地区普遍兴起的佛教刻经，有明显的区别。第一，严格说来，《佛说十二因缘经》是否是一部单独的佛经都很成疑问。这些石塔上究竟是刻写了一部佛经，还是只摘抄了当时人们认为非常重要的佛教观念？若是后者，就不能认定这是刻写佛经。第二，刻经的经本几乎没有选择的余地，只是反复刻写“十二因缘”这一主题，甚至有可能只是作为石塔信仰和佛陀崇拜的附属物存在。第三，刻写“十二因缘”的目的，并不是为了让这部经的经文得以长久保存，只是凸显出

① 殷光明：《北凉石塔研究》，觉风佛教艺术文化基金会，2000年，第61—77页。

② 同上，第201—208页。

③ 刘屹：《佛灭之后：中国佛教末法思想的兴起》，载叶炜主编《唐研究》（第23卷），北京大学出版社，2017年，第493—515页。

“十二因缘”的概念对当时佛教修行的重要意义。

总之，无论是炳灵寺的西秦墨书，还是北凉石塔的“刻经”，都是偏在河西一隅之地的佛教信仰实践。现在还难以说明它们各自的理论依据是什么，两种不同的“写（刻）经”活动之间也很难说有什么内在的联系。至少在公元5世纪初，还看不到成熟完善的佛教刻经理论和实践。

五、佛教刻经事业的兴起

目前所知最早的佛教摩崖石刻经像，是在今河南省博爱县青天河谷发现的北魏永平元年（508）《法华经》文和观音像。经文出自罗什译《妙法莲华经·普门品》的卷首部分，共88字。此后的发愿文讲述当年奉命在此开通道路的将士，看到崖壁上有块自然形成的岩石可以雕成观音模样，遂发愿刊造观音像一躯，希望往来的路人在此休憩时能感念观音护佑平安。尚存一线刻观音像，以及颂语、官将题名等内容。[①]此例刻经只刻写了《普门品》卷首的数十字，再辅以线刻观音像，应属于自发的观音信仰形式，还谈不上具有普遍性。同样地，还有几例孤立地刻写《大般涅槃经》偈颂、《金刚经》《维摩诘经》《观世音经》的全文或节文等，以及小南海石窟、大住圣窟等石窟中节选部分经文的刻经方式，都应是主事者个人选择自己认为重要的经典节文。勒刻的目的并非为使这部分经文长久保存，有可能只是为凸显和强调这部分经文的重要，或是专为某种特定的修行实践。这些刻经活动总体上处于零散、自发、彼此不相关联的状态。

北齐天统四年（568）至武平三年（572）间，唐邕在鼓山（今北响堂山）石窟中刻写了几部佛经。其《刻经碑》云：

> 以为缣缃有坏，简策非久，金牒难求，皮纸易灭。于是发七处之印，

---

① 麻天祥：《中原最早的经像一体石刻——博爱县青天河北魏摩崖石刻法华观音经像考辨》，《西南民族大学学报》2019年第2期，第39—44页。

开七宝之函。访莲华之书，命银钩之迹。一音所说，尽勒名山。于鼓山石窟之所，写《维摩诘经》一部，《胜鬘经》一部，《孛经》一部，《弥勒成佛经》一部。起天统四年三月一日，尽武平三年岁次壬辰五月廿八日。……海收经籍，斯文必传。山从水火，此方无坏。重宣兹义，乃作铭曰：

天文垂象，人文书契。先圣后贤，道继身世。惟皇建国，教通群艺。德实无为，化穷兼济。诸法为祖，诸经亦王。一文半偈，与物行藏。天纵上士，时应有方。群迷升极，至道津梁。杀青有缺，韦编有绝。一托贞坚，永垂昭晰。天神左右，天王拥卫。书未仙游，字无飞灭。地遥常寂，山空避喧。承风觉道，海渧难论。水流可阅，日去无翻。乘兹誓愿，福地常存。[1]

所谓“七处”，指佛说《华严经》的七个场所，分天上四处，人间三处。“七宝”是指金、银、琉璃等七种珍稀材质做成的宝函，用以收藏佛说的经典。“莲华之书”概指佛经。“银钩之迹”，指用刚劲有力的书法书写佛经。“一音所说”，指佛陀用一种语言讲说一切佛法。这里连续几个用典的大意是：尽可能搜集佛陀的金口玉言，书写成佛经。因“缣缃有坏，简策非久，金牒难求，皮纸易灭”，“杀青有缺，韦编有绝”，即通常用来抄写佛经的载体，不易保存久远，所以需要将佛经放在一种恒久不灭的载体上永远流传，于是就想到用“尽勒名山”，即以石刻佛经的方式来确保佛经永存。唐邕不是摘录，而是全文刻写这四部经。他用了7年的时间才完成包括这里四部经在内的全部九部经的刻写，可见这是一种费时费力，需要巨大成本的新的“写经”模式。唐邕身为朝中贵戚尚且如此费力为之，一般的佛教信仰者大概只有通过社邑组织才能共同集资来发愿刻经。

所谓“海收经籍，斯文必传”，指的是佛经中说当佛法在阎浮提最终消亡之时，即佛灭之后1500年预言之期结束，世间面临“法灭”结局，龙王会

---

① 〔清〕陆增祥撰：《八琼室金石补正》卷二二《北齐》三，文物出版社，1985年，第138页中栏。

把陆地上佛教十二部经收入海中供养，人间从此再无佛经。《摩诃摩耶经》卷下云："一切经藏，皆悉流移，至鸠尸那竭国，阿耨达龙王，悉持入海，于是佛法而灭尽也。"[①]敦煌写本S.2109.3《般泥洹后诸比丘世变经》云："龙王当取舍利去，乃取十二部经，于海中供养之。是以大法尽矣。"阿耨达龙王，又译"无热恼龙王"，是印度佛经中原有的八大龙王之一，原本在雪山之顶的阿耨达池，并不承担"法灭"之后收集经籍的任务。因为印度佛教认为，释迦的佛法不会永存于世间，一定会在佛灭之后的某一时刻迎来"法灭"的结局。此后再经过约五十六亿七千万年，弥勒成佛出世，佛法才会再兴。原本在印度佛教，这个释迦法灭至弥勒成佛之间的漫长时期既无佛法，也无佛经。只有《摩诃摩耶经》《般泥洹后诸比丘经》这些中国撰述佛典，才把"法灭"之后佛经的去处，说成是由龙王收集在海中供养。唐邕在此更明确地讲道：现在将佛经"尽勒名山"，正是为了预防佛法将来在人间消亡时，佛经也会随之在世间消失。这说明唐邕这样的大施主，已经开始抛却印度佛教的传统，认为完全可以通过将佛经"镂之金石"的方式，在释迦法灭之后，为世间留存海龙王也无法带入海中的佛经经本。这是促使中国佛教刻经事业兴起的一个重要观念。

所谓"山从水火，此方无坏"，是指宇宙的劫期来临之时，世界会发生天翻地覆的巨变，纵然水火无情，这些刻写在石头上的佛经还会永存。这与墓志铭中常见的强调"沧海桑田""陵谷变迁"之意相同，意即佛教刻经与中国传统的墓志铭一样，都能够在人世间出现宇宙时间长河中必然发生的翻天覆地大变故时，依然可以保存不灭。

类似的观念亦可见于山东邹城铁山北周大象元年（579）的摩崖石刻《石颂》云：

> 于是有齐大沙门安法师者，……书工尤最。乃请神毫于四显之中，敬写《大集经·穿菩提品》九百卌字。遗斯胜句，以□拔世。遂乃约石

① 《大正藏》，T.12，No.0383，页1014a。

图碑，焕炳常质。六龙上绕，口萦五彩之云；双龟下蟠，甲负三阶之路。纵使昆仑玉谍，□观金简，周穆记功，秦皇勒绩，兹今胜迹，譬彼蔑如也。……从今镌构，逢劫火而莫烧；神□□□，对炎风而常住。尔其丹青□□，所以图其盛法。金石长存，□以观之不朽。……乃作颂粤：

……缣竹易销，金石难灭。托以高山，永留不绝。……从兹虎相，树标永劫①。

铁山石刻是在摩崖上刻画出一个碑的形状，还有龙首、双龟等装饰图案。邀请当时的僧安道壹书写《大集经·穿菩提品》（今本作《海慧菩萨品》），再刻写于碑的长方形轮廓之内。在“碑文”左下角，刻写《石颂》。颂文认为铁山的刻经行为足堪比拟于周穆、秦皇之勒石纪功，并强调这样刻写的经文，可以历经宇宙周期交替的“劫火”“炎风”之考验，仍可“观之不朽”，“树标永劫”。《石颂》没有像唐邕《刻经碑》那样强调“法灭”结局到来时海龙王将把陆地上的佛经全部运往龙宫之事。刻经的目的就是要让佛经的经本永存于世。

中国佛教信徒大都服膺于佛教的宇宙观，相信宇宙有大劫、小劫的周期轮替；并且相信每次宇宙周期轮替，世间都会发生天翻地覆、沧海桑田的巨变，因此世间的佛经能否劫难而得以保存，就成为佛教徒所关心的事情。如果是缣帛简纸之类的载体，不要说未来遭逢宇宙劫期的转换，就是遭遇现世水火刀兵之祸，也不能免于湮灭。而儒家石经、墓志铭等石刻的形式，正好可以解决佛教徒的这一忧虑。因此，佛教的宇宙观、佛教重视佛法的承载和象征物——佛经的信仰实践，与中国本土的石刻传统相结合，形成了中国佛教迥异于印度佛教的刻经功德观念。这种带有自觉意识、又有

① 此据《山东佛教刻经全集》上卷，第57页。并参考俞黎华：《〈石颂〉初探》，载中国书法家协会山东分会、山东石刻艺术博物馆编《北朝摩崖刻经研究》，第308—324页。［日］北岛信一著，魏广平译：《铁山〈石颂〉——招魂与送魂的祈祷文》（房山石经博物馆、房山石经与云居寺文化研究中心编：《石经研究》（第1辑），第131—142页）的释文。北岛氏此文除识字略有可取，对《石颂》有根本性的误读。

某种理论依据的中国佛教刻经事业，似乎还是应该从北朝后期才开始兴起的。

受此观念的影响，隋至唐初的静琬，在石经山开窟刻经，开始了长达千年的石经山和云居寺刻经事业。如果说唐邕《刻经碑》还只是体现了印度佛教的“法灭”观念，静琬刻经则体现出明确的“正像末三时说”下的“末法”观念。只有静琬的刻经，才是真正意义上的“末法石经”，即为应对“末法”时代的到来而刻经传世。其他的唐邕、铁山刻经等，都谈不上“末法石经”。相关讨论，我已在另文中撰述，此不赘述。①

这种刻写石经以避“法灭”或“劫火”的愿望，还见于著名的《道因法师碑》。此碑龙朔三年（663）立于长安怀德坊慧日寺，今藏于西安碑林，是欧阳询之子欧阳通所书。道因法师（586—658）在隋末曾到四川躲避战乱，在益州彭门山寺（山即灵岩山，寺即光化寺或上竹林寺）时，主持重修毁废的寺院，

> 以九部微言，三界式仰，缅惟法尽，将翳龙宫。挥兔毫而匪固，籀鱼网而终灭。未若镌勒名山，永昭弗朽。遂于寺北岩上，刻石书经，穷多罗之秘帙，尽毗尼之妙义。纵洪澜下注，巨火上焚，俾此灵文，永传遐劫。岂直迷生之类，睹之而发心；后学之徒，详之而悟道。②

这段文字亦见于《宋高僧传·释道因传》：

> 又以九部微言，三界式仰，缅惟法尽，将翳龙宫。遂于寺之北岩，刻书经典，穷多罗之秘帙，尽毗尼之正文。纵尧世之洪水襄陵，任赵简之北山燎狩，必无他虑，与劫齐休。③

显然是“宋传”根据《道因法师碑》做了一些修改。如将“洪澜下注”和“巨火上焚”改为“尧世洪水襄陵”和“赵简北山燎狩”的典故，仍然强调这些刻经能够挺过再大的水火之灾，与宇宙劫期相终末。

---

① 参刘屹：《末法与灭法：房山石经的信仰背景与历史变迁》，《历史研究》2021 年第 3 期，第 77—97 页。

② 〔清〕王昶：《金石萃编》卷五四《唐十四》，中国书店，影印本，叶五下栏。

③ 〔宋〕赞宁撰，范祥雍点校：《宋高僧传》卷二《释道因传》，中华书局，1987 年，第 26 页。

此外，“九部”指佛教的“九分教”，即按内容将佛经分为九类或九部。在此则代指所有的佛经。“三界”指众生所居的欲界、色界、无色界。三界众生无法摆脱轮回，是故尤其需要仰赖佛法和佛经。“多罗”即“修多罗”，即所有佛陀所说的教法，是真正意义上的“佛经”。“毗尼”即“毗奈耶”，指律藏的经典。两段文字中都出现了“缅惟法尽，将翳龙宫”的表述，这正是前述唐邕《刻经碑》中对“法灭”后佛经入海，世间不再有佛经的担忧。道因法师没有提及“正像末三时”的“末法”，可见当时“末法石经”并非普遍观念，反而是对“法灭”之后佛经下落的关心，构成了唐邕和道因发愿刻经的主要动力。此前的种种刻经，不可否认也属于“石经”，但其刻写的缘由具有很大随机性，目的和功用也彼此相异，都无法与因忧心“法灭”的到来而整部刻经保存经本的活动相提并论。

《道因法师碑》还讲到希望这些刻经能够起到启发“迷生之类”和“后学之徒”的作用。显然，道因刻写佛经的目的，有点类似于熹平石经那样，是要将佛经文本公示给世人，让经典发挥其应有的价值。这一点与唐邕刻经似乎只是强调自己的功德不同，又和静琬最初在雷音洞刻经后将洞口彻底封闭，不想让人看到里面的佛经大有不同。这或说明：刻经本就是中国佛教自创的信仰实践，并没有一个统一的模式。异时异地的主事之人，各有各的理解和实践，并非遵循某种统一的信念或模式。道因法师所刻的佛经和律藏，看起来应该数量不少，可惜现今已难知晓当年的“彭门山寺”北岩刻经的具体情况。[①]如果像“彭门山寺”这样的僻远之地，都不经意间有过规模不小的刻经活动，则北朝以降，各地大大小小的刻经活动，理应不在少数。有理由将刻经活动当作曾经兴盛一时的一种特殊的佛教信仰实践。

---

① 都江堰北边灵岩山发现的唐代石经，有可能是道因及其后继者所刻。刻经活动一直延续到大历年间。参见王国平：《寻找彭门山寺》，《都江堰文艺》2016 年第 2 期，第 120—125 页。

六、结语

若单纯以佛经通过或刻或写的形式留存在石上作为“佛教石经”的定义，似乎佛教石经的出现时间，的确可早到5世纪初。但细究之下，最早出现的佛教石经呈现一种零散的、自发的状态。刻经的载体有的是摩崖，有的是刻碑，有的是刻壁；刻写的内容，有的刻写小篇幅佛经，有的节选某部佛经中的某些段落；刻写的目的，或为自己积累功德，或向特定菩萨祈愿；等等。凡此种种，都是根据主事者个人的信仰需要而定。但佛教刻经事业的兴起，可能不只是考虑佛教“石经”何时最早出现的问题，而应是考虑中国佛教何时开始形成某些与印度佛教不同观念与实践的问题。

应将佛教的刻经事业看作是佛教在中国文化背景和环境下新创的一种实践活动。印度佛教原本没有刻经的传统，印度佛教认为当“法灭”发生时，佛经在人间就不该继续存留。在公元5世纪末、6世纪初，中国佛教先是对这一来自印度的传统做了修改：“法灭”之时，世间佛经将被龙王收集，带入海中的龙宫，陆地上从此再无佛经。到了6世纪中后期，中国佛教又基于“海收经籍”的观念，创生出了刻写石经来确保“法灭”发生时佛经仍可留存于人间的全新观念与实践，这或可称为“法灭刻经”。与此相对的，此前学者们多次强调的“末法石经”，其实只有在静琬等少数特例上才有明确的体现。出于忧心“法灭”而刻经的活动，不会早于公元5世纪前期。所以，既有自觉意识，又有理论依据的中国佛教刻经事业，应是在中国佛教发展到一定阶段时的产物。这一事业的普及和成熟，也是中国佛教相对于印度佛教具备独立性的一个重要标志。

正因没有现成的模式和规范参照，中国佛教刻经事业正式兴起之后，仍然处于一种依据各人理解不同，具体实践也不相同的状况。例如，唐邕与道因可说都是忧心于“法灭”之后佛经的去处，但他们选取刻经留存的具体经目却各不相同。出于这样的目的而刻经，至少选取的经目和篇幅，都要远远超过那些处于零散状态的刻经活动，或许“法灭刻经”才是中国佛教刻经事业的主流。大凡成规模、体系化的刻经活动，主要都是以“法灭刻经”的观念为主要动力。

盖因“刻经”比“抄经”耗费的人工成本巨大，几乎没有人从一开始就要立志刻写整部的《大藏经》。静琬最初选取的也是他认为重要的《华严经》《涅槃经》，他本没有刻写一部完整的《大藏经》传世的计划。只是石经山的名气越来越大，参与刻经活动的人历代不绝，直到辽代才有人发心要刻满一整套《大藏》。但随着雕版印刷佛经事业的普及，石刻《大藏经》愈发显得费力不讨好，所以最终连刻经数量最多、历时最久的石经山，也没有刻成一套完整的《大藏经》。“刻经”与“写经”的直接动因或许不同，终极目的却都是为给信仰者个人增长功德。只不过“刻经”更加费功费时，相比“写经”就更能凸显信仰的虔诚和动机的高尚。实际上，“刻经”中也不乏可以取巧的方式。如石经山历代刻经中，《般若波罗蜜多心经》先后26次被刻写，就是因为《心经》篇幅短小，即便采取刻经的方式，也不会耗费巨大。[①]原本忧虑“法灭”，发心高尚的刻经事业，最终还是会服从于追求功德、满足福报的大众佛教信仰。

总的看来，中国佛教的刻经事业，虽是由不同的起因和动力推动而成，却至少在两点上具有本质上的共通性：第一，这是迥异于印度佛教传统的一种中国佛教自创的尊崇佛法、佛经的信仰实践；第二，雕版印刷佛经对于石刻佛经事业的最终走向，可能有着巨大的冲击作用。这也是佛教刻经主要在公元6—8世纪间比较兴盛的一个重要原因。

---

① Lothar Ledderose, “Changing the Audience: A Pivotal Period in the Great Sutra Caving Project at the Cloud Dwelling Monastery near Beijing,”in John Lagerwey ed., *Religion and Chinese Society*, Vol. 1, *Ancient and Medieval China*, Hong Kong: The Chinese University of Hong Kong and École française d’Extrême-Orient, 2004, p. 395.

从“孝的文明化”看汉代到魏晋南北朝时期孝的转变*

韩国庆北大学　金珍佑

摘　要：代表东亚文明集体心性的孝，相当于诺伯特·埃利亚斯（Norbert Elias）所谓的文明化过程理论的核心人间内心的自律控制机制。孝从西周到秦汉，经历了观念化—思想化—法制化—制度化—理念化—社会化—宗教化等阶段，最终在后汉礼教社会完成了文明化过程。但是，随着对过度化的孝的批评及其与后汉末以来的政治剧变相吻合，魏晋南北朝时期的孝将再次经历新的、重要的变化。第一，孝的政治理念性减弱，通过强调孝本来的血缘价值，继续发挥社会作用。第二，在外来宗教佛教扎根中国的过程中，为了克服不孝的批评，出现了佛教式孝的逻辑和实践方法。第三，在这一时期，文明化的孝在空间上，扩展至朝鲜半岛。因此，魏晋南北朝时期孝的这种变化，即文明化的孝在成为整个东亚文明的集体心性方面起到了重要的作用。

关键词：孝；文明化过程；《孝经》；孝治；佛教的孝

* 基金项目：此文得到韩国教育部和韩国研究财团（NRF-2019S1A6A3A01055801）的资助。

一、序论

韩国社会经历了被殖民地、战争、产业化与民主化的潮流所激荡的20世纪。因此，韩国人只能先以家族之间的纽带为基础来谋求生存。但是，在急剧而残酷的外部冲击下，家族内部的结合变得脆弱，还经历了大规模的集体家族离散。在如此矛盾的家族状况下，传统上代表东亚的孝的价值在很大程度上已经褪色了。尽管如此，在现代韩国社会中，孝依然被强调为必须实践的强力伦理道德。因此，在现代韩国人的心性构造中，孝可以说是连接过去和现在的核心价值。因此，逆向探索孝的价值体系是如何刻印在韩国人内心的尝试为理解今天的韩国人提供了重要线索。

孝是传统时代东亚世界共有的价值体系，是与其他文明截然不同的独特而重要的标志之一。因此，孝在思想上、历史上形成形态的过程是理解东亚世界历史和文明所必需的主题。尤其早期的孝与中国古代政治权力密切相关，成为特定的理念型（Ideology），之后孝（Filial Piety）可以说是与欧洲文明封建的忠（Feudal Loyalty）相提并论的东亚文明传统政治体制所向往的理念型的代表。因此，可以说对孝的理解是从思想上、理念上来说明东亚传统时代政治和国家权力的核心主题。

本文带着以上问题意识，在研究先秦、秦汉时期的孝具备其价值体系的过程中，将采用诺伯特·埃利亚斯的“文明化过程”理论。[①]在此基础上设定了观念化—思想化—法制化—制度化—理念化—社会化—宗教化等各个阶段，并将其设定为“孝的文明化过程（The Civilizing Process of Filial

① 以埃利亚斯的文明化过程理论为题材的最早著作是德语著作，1939年在瑞士、巴塞尔出版(《Über den Prozeß der Zivilisation》)。此后直到1969年才翻译成英文版，他的理论开始广泛流行（*The Civilizing Process, Vol.I. The History of Manners*, Oxford: Blackwell, 1969)。中文版可以参考［德］埃利亚斯著，王佩莉、袁志英译：《文明的进程：文明的社会发生和心理发生的研究》，上海译文出版社，2018年。

Piety)”。在这篇文章里笔者将说明，先秦、秦汉时期孝的文明化过程在所谓的“后汉礼教社会”成立后达到了最高潮，接下来考察文明化的孝在后汉末以来魏晋南北朝时期的新时代变化趋势中呈现出什么样的变化趋势。

二、埃利亚斯的文明化过程和孝

所谓的“文明化过程”是诺伯特·埃利亚斯早前提出的概念。据埃利亚斯介绍，受相互依存的社会结合态（Figuration）约束的个人，将通过各种日常礼仪自行控制自己的动物本性即“野蛮”。通过日常生活的长期且特殊的变化过程实现“文明化过程”，埃利亚斯以中世纪封建社会中绝对主义君主政体及近代国民国家的欧洲文明的历史展开为中心进行了说明。

对于埃利亚斯的方法论，有人批评说，这是欧洲中心主义或文化帝国主义，也有可能会误读所分析的对象资料，说明其学说本身多少也有些模糊。即便如此，此方法论在解释特定文明固有的样式和集体心性长期形成的过程方面，还是有用的。特别是与在埃利亚斯文明化过程中成为分析对象的欧洲中世纪到近代的历史相比，中国古代西周到秦汉帝国的历史进程，亦即从封建到中央集权的政治权力的变化和各种礼仪的形成来看，很大程度上符合埃利亚斯的文明化过程学说。其中，在确立自我内心自发控制机制的文明化过程框架下，孝可以更加明确地被描绘出抽象心性的长期形成过程。

先秦、秦汉时期的政治权力逐渐以一个专制君权为中心实现中央集权，但其下层社会秩序分化成复杂的人际关系相互依存、相互团结的多种社会结合状态。在形成这种政治统一性、专一性和社会多样性、分化性的中国古代文明特质的过程中，前者经过长时间使后者变得稳定、自律的代表性机制就是孝。也就是说，孝的长期的文明化过程，成为抑制人类本来的动物本性且在国家权力-社会秩序-家庭关系内自主控制自身内心的价值体系。

埃利亚斯的文明化过程的概念定义多少有些不明确，侧重于描写（Description）长期历史进程及其脉络。与此相比，如果将中国古代孝的文明化过程设定为观念化—思想化—法制化—制度化—理念化—社会化—宗教化等各个阶段，进而把握其前后关系，文明化过程的概念也会更加明确。

三、先秦、秦汉时期孝的文明化过程概括

正如《说文解字》等所说明的那样，“孝”字的字义为子女很好地赡养父母，从孝的字体开始蕴含着垂直的血缘关系。[①]但是，在父母－子女之间的“亲亲”的感情、史前时代的“生殖器崇拜”[②]等观念性、非历史性的前提条件下寻找孝的起源，严格来说，不过是无法用事实证明的假设而已。另外，仅从字来看，商代甲骨文或金文中确实有孝字被用作人名或地名的例子，因此不能完全排除存在与孝类似形态的观念的可能性。尽管如此，与西周金文中的孝的事例相比，商代有着作为排他性父系血缘集团的核心伦理，很难认为已经形成孝观念。

相反，西周时期作为父系血缘集体确立了宗族顺序，其最高者便是周王。为了加强这种父系血缘集体的垂直、等级结合，强有力的权力机制以“父性（Fatherhood）”为代表。正是通过象征“父性”的祖先崇拜的祭祀礼仪，宗族得以具体形象化。西周金文中的孝是“用追孝”“用享孝”等惯用语表现，主要是指祖先祭祀，青铜礼器中的孝蕴含着对种族内等级秩序绝对服从的观念，更进一步也是对存在于宗族秩序顶端的周王的政治忠诚。因此，在形成西周父系宗族秩序的条件下，孝字的本义，具有“祖先祭祀”和“父母奉养”的意义，作为支撑西周宗法封建秩序的等级性绝对服从的核心伦理，实现了观念化。

在统治贵族的宗族秩序逐渐松懈的春秋时代，孝仍被用于祖先祭祀，但

---

① 〔汉〕许慎撰，〔清〕段玉裁注：《说文解字注》卷八上：“孝，善事父母者，从老省，从子，子承老也。”

② 周予同：《“孝”与“生殖器崇拜”》，载陈平原主编《先秦儒家研究》，湖北教育出版社，2003 年，第 142—160 页。

从春秋金文的用例来看，作为宗族内等级服从的伦理的西周孝观念，逐渐缩小到了直系父母－子女之间的顺从伦理范围。与这些变化相契合，孝通过先秦诸子的各种言论，经历了一系列思想化过程。

首先，孔子强调孝是自己思想的最终目标——仁的实践伦理和修养的出发点——可以说孝的思想化正式启动。继承其学说的曾子将孝升格为与仁一致的天下大经，提出“自身身体的保全”的重要孝义目的，开启了将孝与政治紧密联系在一起的“孝治论”的开端。孟子将孝与最终目标仁义一视同仁，放至君主权力的首位，将舜作为其理想的实践者，通过君主的大孝，开展了理想的“仁政论”。与此相反，荀子并不绝对认为孝的价值，在君主权力专制强化的战国末期，基于道义，将君主所体现的礼法也作为其中一种规范来限制孝。

和正式进行孝思想化的儒家一样，其他诸子也大体上承认父母与子女之间的亲情。尽管如此，他们仍然展开了与儒家不同的有关孝的议论。墨家从天下之利的观点出发，将利于父母视为孝的本质，反对儒家的厚葬，主张节葬。作为兼爱内的相对品德，墨家只是相对提到了对父母慈爱的子女之孝。道家系把孝分为人为，彻底排斥违背道和至仁境界强行施行的儒家之孝。《管子》《商君书》《韩非子》等法家系认为血缘关系取决于欲望和理解，彻底否定儒家的孝，认为它是妨碍君权一元支配的因素。但是，为了稳定乡村秩序，又将对父母的奉养和顺从这一孝的功能作用与对君权的忠联系在一起予以肯定。如上所述，先秦诸子关于孝的言说在讨论各种主题的同时，经历了思想化的过程，其结果是作为血缘秩序内具体的伦理道德的孝，具备了体系的、伦理的、抽象的思想构造框架。特别是儒家展开以孝为核心的政治思想，成为后来汉帝国“以孝治天下”的理念化的重要背景。

在以先秦诸子多种思维的形式抽象化、思想化的孝中，强调孝在基层乡村社会稳定方面的功能作用，并将其与对君主的忠和直接联系起来的法家类的孝认知，正符合战国以来的专制君权。因此，建立统一、专一的皇帝权力的秦帝国和继承秦的汉初以无形的思想的孝，在统一帝国的律令和制度内被有形化，从而法制化、制度化。

这一时期，孝的法制化核心是孝的不定形－不孝－法制化为具体的律名。睡虎地秦简、张家山汉简等秦汉简牍法律资料中有“父母告子不孝”的律条。该条文是子女疏忽奉养或不顺从时，父母可以向官府起诉子女，并处以最高死刑的重罪。由此可见，这是基于法家系的功能性孝认知，彻底为专制权力对民支配做出贡献的孝。

秦、汉初孝的制度化也体现了法家功能性上的孝认知。无论是废除了谥法的秦帝国，还是重新恢复了谥法并在谥号前加上“孝”字的汉帝国，两者在法家所强调的顺从之孝的认识上并没有太大的差异。另外，秦、汉初法家式的功能性孝的制度化，设置三老、孝悌等乡官，并实施王杖赐予、受鬻法等养老政策。这种与孝相关的制度始于秦代，汉初更加积极地实施。这与经历秦末战乱时期的汉初乡村恢复生产力的时代状况相吻合，是积极将“通过供奉来稳定家族－乡村”这一法家类孝的功能作用制度化的结果。对于这种汉初制度化的孝，无论从时间上，还是内容上都与武帝独尊儒术后西汉中后期的孝治理念不同。

先秦时期思想化的孝在秦、汉初时期被法制化、制度化，被纳入国家权力框架内。但是，现在还不能认为孝被全面接受为国家统治理念。因为要想进入理念化阶段，首先必须建立标榜国家统治理念的核心经典，在符合时代脉络的节点上，国家将其作为统治大纲，从皇室到基层社会普及、教育统治理念从而物化。

表彰汉帝国“以孝治天下”统治理念的王朝宪章是《孝经》。关于《孝经》的成立和作者，虽然有过很多讨论，但是作为体现孝理念化的国家经典，其最终成立可以说是在汉武帝时期。孔子以后至汉初，当时通行本《孝经》的原型应该存在，也有可能在汉初存在《孝经》的多个版本。但是，在《史记》《汉书》的武帝前期的记事中，并没有直接提及《孝经》这一书名。另外，与《史记·封禅书》《汉书·武帝纪》等武帝的明堂祭祀记录与《孝经》圣治章中在明堂的祖先配天祭祀内容一致。与以前的皇室教育相比，在经历武帝末戾太子乱后的昭帝时期，皇室开始学习《孝经》。考虑到这一点，从扩张的时代进入守成时代的武帝末年，在昭宣时期的特殊时代脉络下，作为王朝长久之策的核心经典，《孝经》最终成立。从那时起，孝作为《孝经》的孝，即“以孝治天下”的强力国家统治理念被理念化，从皇室开始逐渐向民间系统地传播和普及。由此，汉帝国的皇帝权力成为将宇宙自然的大道——孝——在人间体现为“天子之孝”的最高存在，作为永久不变的体制，深深烙印在汉代人的心性中。

就这样，理念化的孝成为国家权力追求其支配体制永续化的强大工具，经历规范整个社会秩序的社会化过程。汉武帝以后，在西汉中后期巩固生根的孝的社会化过程以《孝经》的教育和普及为中心全面展开。其结果是上层国家机构向符合国家目的性的方向重组社会，其最终文明化的完成状态就是所谓的东汉礼教社会的成立。

为了将孝这种作为国家权力的理念应用于社会，首先得制定人们必须实践的伦理纲目。从董仲舒的《春秋繁露》到东汉的《白虎通》，“君为臣纲、父为子纲、夫为妇纲”这一将垂直服从尊卑关系视为绝对的三纲被提出来，由此确立了理念化的孝作为实践纲目社会化的标准。另外，作为国家和社会以孝为媒介的通道，政府开始选拔孝廉等，自西汉中后期以来，孝成为官吏任用的基本资格。因此，官吏及希望成为官员的士人都必须在日常生活中自觉践行三年丧等孝道，同时作为“移风易俗”的负责人，必须践行孝的教化。与《史记·循吏列传》的人物没有多少儒家色彩相比，《汉书》《后汉书》的《循吏列传》的人物明显是忠于儒教之孝的官吏，这一点非常明确。他们以《孝经》为中心，通过理念化的孝的教育和普及作为实践纲目，通过对孝悌的奖励和对不孝的严厉处罚等，起到了用理念化的孝实现全面社会化直至基层的主要作用。结果，理念化、社会化的孝，即文明化过程形成的孝，深深印刻在汉代人的集体心性上，成为支配一切日常生活的行为规范的核心，从根本上改编并稳定了汉代社会。

在国家理念的孝社会化过程中，为了将其绝对化，并烙印到内心精神世界，巫术化、神秘化、宗教化的过程必然伴随期间。董仲舒将孝解读为“天尊地卑”的阴阳五行，将父子关系与天道常法相提并论，开启了宗教化的开端，但西汉末《孝经》的纬书制作将孝道染上神秘的色彩，正式展开宗教化。另外，从祖先开始，将“生命的永续”的孝的本源价值进行咒术化，产生了将《孝经》视为具有某种神通力的咒语的倾向。这样宗教化、神秘化的孝对基层社会的普通人民具有更强的拘束力，孝的实践也发展为不仅是很单纯的人间伦理，而是感动天地的极端行为。代表性的例子有二十四孝的极端、怪异的孝行，其中许多例子出现在汉代。虽然极端，但是感动天地的孝行故事有效地向基层民众传递了孝。

从前汉中后期以来，从国家法令、制度到整个社会的文化及基层的家族秩序，从根本上以孝为中心进行重组，特别是血缘共同体的“累世同居共财”开始扩散。孝的社会化带来的这种变化强化了血缘结合，导致了以“五口之家”为基础的小农经济的弱化，成为西汉中后期以来以土地兼并为基础的“强宗大姓”豪族成长的重要背景。这直接导致了魏晋南北朝门阀士族的成立。

四、魏晋南北朝时期孝的转变：文明化的孝的弱化以及强调孝的本来价值

从西周时期孝观念的形成开始，经过先秦诸子思想化的过程，秦汉帝国时期孝经历法制化—制度化—理念化—社会化—宗教化等过程，具有符合国家权力支配的一定方向性，向国家→社会→家庭方向进行了文明化过程。其结果可以归结为所谓的礼教社会的成立。也就是说，现在孝的价值已经成为规范日常生活的社会伦理。正因如此，在所有行为都以孝的价值来评判和评价的社会里，这种孝行为只能流于形式或过于夸张，这是不可避免的问题。虽然在当时也有孔融等人的尖锐批判，[①]但尽管如此，在此后急剧

① 《后汉书》卷七〇《孔融传》：“父之于子，当有何亲？论其本意，实为情欲发耳。子之于母，亦复奚为？譬如寄物缻中，出则离矣。”

的政治、经济、社会、思想的变化中，孝仍然受到重视。只是在后汉礼教社会中，对于孝行在形式上的过度表现，随着魏晋以来的新思潮，也有了一定的批判和变化。

魏晋南北朝时期，儒教相对衰退，与汉代的独尊儒术相去甚远。因此，在汉代理念化、社会化的孝不可避免地会发生一些变化。然而，扎根于社会底层的孝对基层民众仍然有相当大的影响力，尤其是东汉以来一直在扩大其影响力的强宗大姓强力支持孝以实现家门团结。对此，开创新王朝的魏晋统治层也继续标榜“以孝治天下”的理念，表面上维持了汉代以来的政策。只是在思想上，玄学的兴起、佛教及道教的扩散这一新环境引发了关于孝的新争论，随之而来的孝的实践方式也发生了某些变化。

首先从政治角度来看，魏晋时期统治阶层的表面上的孝很容易从史料上得到确认。魏晋时期也与汉代的诏书一样，不断颁布劝孝的诏书，[①]皇帝亲自宣读《孝经》，[②]对皇太子的《孝经》教育也依然如故。在这样的氛围下，《孝经》在国家、社会层面依然被诵读，作为具有宗教性的经典，还随道教、佛教的经典一起供奉在坟墓里。[③]

另外，当时激烈展开的丧葬礼相关议论在《晋书》礼志中被详细记载，反映了东汉以来能够直接体现孝价值的丧葬礼比原来儒家的主张更过度和复杂的情况。因此，自后汉以来，在士族们通过儒教性的丧葬礼来炫耀家门的情况下，魏晋国家权力将之纳入国家主导的礼中，试图限制过礼行为，其结果可以从《晋书·礼志》中得到确认。通过制定国家主导的礼，在过礼中体现的极端、形式性的孝得到了一定程度的节制。

虽然从魏开始实行的九品中正制一方面可以看作是后汉以来流行的名士

① 《晋书》卷三《武帝纪》：“诏曰，……士庶有好学笃道，孝弟忠信，清白异行者，举而进之；有不孝敬于父母，不长悌于族党，悖礼弃常，不率法令者，纠而罪之。”

② 《晋书》卷二五《潘岳传》：“元康元年冬十二月，上以皇太子富于春秋，而人道之始莫先于孝悌，初命讲孝经于崇正殿。”

③ ［日］吉川忠夫：《六朝精神史研究》，京都：同朋舍，1984 年。

对人物的评价制度化的一面，另一方面，代表着乡党舆论的中正大体上是以德行和才能为标准来评价人物的。此时德行可说是儒家素养，包含的孝是如何实现孝义价值的？孝行和表达孝行的丧服礼成为重要的判断标准。[①] 虽然通过制定国家主导的礼，限制了过礼，但士族们仍然不得不重视中正的评定，在丧服礼等场合展示孝的实践。

在孝已经社会化、规范所有社会秩序的基础上成长起来的士族家族，现在以孝的价值为核心，强化了家族的结合，进而得到了孝的价值验证，以此作为维持家门的跳板。[②]在这种情况下，不得不与成长为强大政治、经济、社会势力主流的士族家族妥协的魏晋国家权力，虽然在形式上仍然继承着汉以来的孝治理念，但实际上，在社会孝只能起到团结士族家门的作用。也就是说，汉代"以孝治天下"的强大理念性虽然形式上存在，但明显减弱。

孝的理念性虽然弱化了，但魏晋时期在社会底层依然重视孝的价值。这一时期的正史中，以《晋书·孝友传》为开端，开始引进《孝友传》《孝行传》《孝义传》《孝感传》等记录孝子的传记，[③]进入后世二十四孝的王伟元、吴孟宗、杨香、王祥、庾黔娄等孝子故事也持续流行。这种极端的孝行故事继续广泛流行，即使思想、理念、制度发生变化，深深烙印在社会的孝，也会扎根在社会底层，拥有并保持强大的生命力。

无法继续维持统一帝国秩序的魏晋南北朝时期，为统一帝国的理念基础的儒家理论无法继续垄断其理念权威，面临玄学、道教、佛教等新的思潮

---

① 《晋书》卷三《武帝纪》："咸熙二年十一月，乙未，令绪郡中正以六条举淹滞，一曰忠恪匪躬，二曰孝敬尽礼，三曰友于兄弟，四曰洁身劳谦，五曰信义可复，六曰学以为己。"

② ［日］下见隆雄：《儒教社會と母性 - 母性の威力の觀點でみる漢魏晉中國女性史》，东京：研文出版，1994年。

③ 《晋书·孝友传》；《宋书·孝义传》；《南齐书·孝义传》；《梁书·孝行传》；《陈书·孝行传》；《周书·孝义传》；《魏书·孝感传》；《南史·孝义传》；《北史·义传》。

的挑战。作为汉帝国的统治理念，通过一系列文明化过程，成为中国古代文明政治、社会、文化、思想等各类秩序的核心价值的孝也随着时代的发展而展开。

据肖群忠的整理，这一时期关于孝，曾有过“忠孝两全”“真孝假孝”“生孝死孝”等争论。[①]从后汉末直到南北朝，士大夫们都面临政治剧变，不得不为自己的安危和家族存续做出政治选择，在此情况下，他们提出“忠孝两全”的问题。汉代理念化的孝所标榜的忠孝一体在这种情况下陷入了矛盾，士大夫们对于既维持符合自身利益的孝本身的价值，又在理念上对与孝相结合的忠义价值提出了疑问。从东晋功臣温峤的事例中可以看出，[②]自东汉以来，士族们经常处于不得不在忠与孝之间选择的困境，即使为国家选择忠，不孝的羁绊也会伴随一生，相反，放弃忠贞选择孝，获得孝的美名的情况很多。在《世说新语·轻诋篇》中，邴原主张回到“父子一本”的更根本的孝，在忠孝冲突的情况下，父亲应该优先于君主，[③]这种逻辑在当时政治选择危及人身和家族存亡的情况下，把孝优先于忠，为门阀士族的进退提供了孝的名分。

从忠孝一体这一理念化孝道中剥去忠义枷锁的孝中，又出现了“真孝假孝”的问题。代表性的例子有阮籍，[④]从现有的丧礼来看，他的作为完全是

---

① 关于魏晋南北朝时期孝的一系列争论，参见肖群忠：《孝与中国文化》，人民出版社，2001 年，第 84—89 页。

② 《晋书》卷六七《温峤传》：“初，峤欲将命，其母崔氏固止之，峤绝裾而去。其后母亡，峤阻乱不获归葬。”《世说新语·尤悔》：“温公初受刘司空使劝进，母崔氏固驻之，峤绝裾而去。迄于崇贵，乡品犹不过也，每爵皆发诏。”

③ 《世说新语·轻诋》：“按邴原别传，魏五官中郎将，尝与群贤共论曰，‘今有一丸药，得济一人疾，而君、父俱病，与君邪？与父邪？’诸人纷葩，或父、或君。原勃然曰‘父子，一本也。’亦不复难。”

④ 《晋书》卷四九《阮籍传》：“性至孝，母终，正与人围棋，对者求止，籍留与决赌。既而饮酒二斗，举声一号，吐血数升。及将葬，食一蒸肫，饮二斗酒，然后临诀，直言穷矣。举声一号，因又吐血数升。毁瘠骨立，殆致灭性。”

破坏礼教的行动，对于东汉时人来说，是完全难以容忍的。但在魏晋时期，因为心灵的哀痛而伤害肉体的阮籍被评价为至孝，这与汉代不同，由此出现了将尽心尽意的真孝视为至孝的变化。从这里可以看出，魏晋以来，比起忠孝一体或虚假的孝礼，门阀士族更重视根本性的父母、子女间的真情和真孝、至孝。

就这样，摆脱了礼教的表面形式，将更忠于感情的孝定为真孝，并产生了“生孝死孝”的争论。在《世说新语》德行篇中，出现了王戎与和峤同时遇丧时的故事。[①]在这里，王戎的孝是“死孝”，意思是怀着对父母的极度悲痛的心情，身体受到了伤害。与此相比，和峤的孝是生孝，父母去世时，他们会好好地举行葬礼，在哀悼的同时不会伤及身体。死孝是展现尽孝的至诚之心，生孝是进行孝的表面性、形式性的礼仪，其中蕴含着哀痛之心。时人认为二者中，死孝如实表达内心至孝、真孝，所以得到了更高的评价。

大体上，魏晋南北朝时期，国家层面表面上提出“以孝治天下”的理念，并提倡“孝”，但其理念性明显减弱。尽管如此，统治整个社会的门阀士族仍然把重视基于父子之间的至诚之情的孝的本意作为团结的核心机制，并强调为保存自我而尽孝之心即至孝。对此，孝在门阀士族的团结目的下，依然在强调其根源价值的同时，继续发挥着社会作用。

魏晋南北朝的孝中，不得不提到作为外来宗教在中国扩散的佛教的孝。这一时期，随着鸠摩罗什等对佛教经典的汉译，人们对佛教教理的本质的理解逐渐加深，因此有人开始正式批判与中国传统相冲突的佛教教理和修行方式。批评的核心就是佛教教理排斥对父母的孝顺。在应对这种攻击的过程中，佛教将中国的孝与佛教教理结合起来，重新诠释为佛教式的孝，

---

① 《世说新语》德行：“王戎、和峤同时遭大丧，俱以孝称。王鸡骨支床，和哭泣备礼。武帝谓刘仲雄曰：‘卿数省王、和不？闻和哀苦过礼，使人忧之。’仲雄曰：‘和峤虽备礼，神气不损，王戎虽不备礼，而哀毁骨立。臣以和峤生孝，王戎死孝。陛下不应忧山乔，而应忧戎。’”

即祈求对父母的报恩和来世追福，比起父亲更强调母亲的恩惠，展现了以佛的修行方法实践佛教式孝的东亚佛教固有的特征。

佛教是以从苦人生中摆脱获得根源性解脱为目标的宗教，因此，出世的佛教必然与以现世为中心的儒家产生本质上的冲突。魏晋以来，佛教传入后逐渐扩张其势力，儒家主要从孝的价值上集中攻击佛教，即出家的佛教僧侣削发破坏了从父母那里继承的身体的不孝，出家后无后嗣，也是无后的不孝，出家后不赡养父母的不孝、出家的僧侣不向父母和君主鞠躬，又是不忠不孝。

对于这4种不孝的批评，佛教方面不得不进行解释，例如《牟子理惑论》引用《孝经》等儒家经典或提及孔子、孟子、吴太白等，展开了佛教教理不违背孝的理论。另外，慧远还主张“沙门不敬王者”，积极应对对不忠、不孝的攻击，进一步在佛经中寻找符合中国之孝的内容进行重新解释，并制作专门讲孝的伪经，积极应对“不孝宗教”这一儒家的攻击。

汉译佛教经典《尸迦罗越六方礼经》《佛升忉利天为母说法经》《六度集经》《善生子经》《那先比丘经》等均通过重新解释主张佛教本来就很重视孝的内容，基于此，孙绰早在《喻道论》中就主张僧侣出家是令父母感到尊严和光荣的最高孝行。[①]特别是竺法护汉译的《佛升忉利天为母说法经》的内容是释迦牟尼得到感悟后，前往秀美山顶端的陶里川为母亲说法并奉养至极，因此强调佛教本质上并不与孝顺对立。

更引人关注的是专门讲孝的佛教伪经的制作。例如，《佛说大报父恩重经》详细描写了父母生养无休的恩情，特别强调母亲的恩情。为了报答他们，子女应该通过制作经典、烧香、礼佛、供奉僧侣、布施修福等佛家修行来为父母祈福。虽说西晋时期竺法护进行了汉译，但很有可能是伪经的

---

① 《弘明集》卷三《孙绰·唯道沦》：“故唯得其欢心孝之尽也。父隆则子贵，子贵则父尊，故孝之为贵，贵能立身行道，永光厥亲，若匍匐怀袖，日御三牲，而不能令万物，尊巳举世，我赖以之养亲，其荣近矣。”

《佛说盂兰盆经》，可以说是佛教的《孝经》，其内容非常感人。它以释迦牟尼的弟子目连营救在地狱的母亲为内容，强调释迦牟尼和目连的出家都是为了救父母的孝的价值。从那以后，随着《佛说盂兰盆经》，每年农历七月十五日百中日（相当于中国的盂兰盆节），为了拯救父母和七代祖先的盂兰盆斋流行起来，在东亚佛教文化圈广为接受。另外，虽然鸠摩罗什也汉译过，但很有可能是伪经的《梵网经》也主张将父母、师傅和僧侣称为"三宝"，表现出孝与佛教的戒律相结合的特点。

印度佛教传入中国以来，在本土化的过程中，佛教将传统孝的价值为教理，提出了佛教式孝的逻辑和实践方法，克服了儒家的攻击，在中国社会乃至整个东亚社会扎根。佛教特别强调母亲方面的恩惠，通过佛事主张死后父母和祖先的拯救，将宗教的拯救和孝结合起来，排除理念性的孝可以在基层社会发挥作用，即经过文明化过程的孝从魏晋南北朝以来，国家方面虽然削弱了强大的理念力量，但依然能够维持其社会功能，以东亚文明的特质得以持续，佛教也发挥了其宗教作用。

从魏晋南北朝以来孝的变化来看，中国古代文明化的孝进行了空间性扩散，具体方向是朝鲜半岛。可以说，向朝鲜半岛传播孝与儒家思想的传入和接受是一脉相承的。1990年代初，据说是在平壤出土了《乐浪郡初元四年（前45）县别户口簿》，还有《论语》竹简。因此，通过汉四郡可以推测出儒家思想最初流传开来，也许可以说同时传播了文明化的孝。

此后从高句丽初期开始出现孝和不孝的表述，到372年小兽林王时期设置学校教授儒家经典的内容，再到百济博士王仁向日本传达《论语》《千字文》《孝经》等记载，再到新罗的花郎世俗五戒之一就是"事亲以孝"等，由此可见，高句丽、百济、新罗都已广泛普及。统一新罗神文王时期的国学或元圣王时期读书出身三品科将《孝经》编成共同科目进行教育，作为官吏任用的标准。同时，类似中国二十四孝的向得、孙顺、知恩等孝行之谈也很流行，可以说中国的文明化的孝已经在民间社会以实践伦理广为人知。在高丽时代，儒教也作为国家统治理念扎根，文明化的孝受到重视，系统地实施《孝经》的教育、孝行奖励、不孝处罚等。尽管如此，从三国时代到高丽时代，虽然国家权力接受了中国式文明化的孝，在政策上予以鼓励，但在实际的宗教意识和日常生活中，佛教的孝具有支配性的影响力，并以盂兰盆斋等佛教意识为中心实践孝道。中国式文明化孝在整个社会扎根，是在排斥佛教、确立儒教为统治理念的朝鲜时代。朝鲜王朝希望通过引入代替佛教仪式的《朱子家礼》，在全社会扎根儒教的生活方式。同时，《孝经》也依然具有必读书的地位，太宗以来一直发行《孝行录》，之后扩大至《三纲行实图》等儒教实践伦理书的编纂。在整个朝鲜王朝，作为儒教的实践伦理和修养的根本，孝不断得到强调，由此可以说，从国王到士大夫家族和基层社会，中国的文明化孝在真正的韩国传统社会中站稳了脚跟。

五、结论

本文关注孝这一代表东亚文明的集团心性，并试图将其与诺伯特·埃利亚斯的文明化过程理论相结合。将埃利亚斯的文明化过程应用于先秦、秦汉时期的孝，细分其悠久的文明化过程，可将其区分为观念化—思想化—法制化—制度化—理念化—社会化—宗教化等过程。孝的文明化最终可归结为东汉礼教社会的成立，但对于在其顶峰的形式化及变得过度的孝的批评与东汉以来的剧变时代状况相吻合，再次引发了新的变化。本文大体上对魏晋南北朝时期孝的变化归纳为三种。

第一，结合魏晋南北朝时期的政治巨变，王朝表面上标榜理念性的国家主导的孝，但实际上理念性明显减弱。尽管如此，为了维持门阀士族的家门，仍然强调血缘间的真情和至孝，孝的社会作用仍在继续。

第二，作为外来宗教，佛教在应对有关对其教义不孝的批判的同时，也强调了佛教特有的孝。这种佛教的孝，在强大的理念力量减弱的魏晋以来，依然维持社会功能，进而对孝扩散至朝鲜半岛等外部起到了重要作用。

第三，中国的孝很早就传播到了朝鲜半岛，并且孝已经在高句丽、百济、新罗广为人知。这种在空间上、水平上扩散的孝，虽然从三国时代到高丽时代，在国家政策性鼓励下，实际日常的孝也具有强烈的佛教色彩，中国式文明化的孝完全扎根于整个社会，是在进入朝鲜王朝之后。孝在东亚长期的集团心性结构中作为核心价值长期发挥着作用，对今天的东亚人也依然作为强有力的行动的自律性约束而存在。笔者认为，将这种孝的长期形成和变化过程以一系列文明化过程为模型进行讨论还是很有意义的。如果今后将研究对象的范围进一步扩大至日本、越南、蒙古国等国家并进行比较的话，期待以孝为中心，能够做出说明东亚世界的有意义的成果。

附记：本文对已经在韩国出版的《东亚古代孝的诞生 孝的文明化过程》(韩国：图书出版 平沙里，2021年）中的一些内容进行了修改。

货币论在古代东亚的传播*

日本早稻田大学文学部　柿沼阳平　撰

中国社会科学院古代史研究所　王　博　译

摘　要：钱是古代东亚世界共通的政治课题之一。特别是在古代中国和日本，从很早开始就围绕钱的相关政策开展了讨论。本文以《经国集》所收下毛野虫麻吕的对策为线索，追溯货币论的文献起源。论述以下七点：1.下毛野虫麻吕对策（含策问）的典据是《汉书·食货志》及鲁褒《钱神论》；2.宋伯宜《对泉货》中并没有直接的典据；3.《对泉货》并非唐代所撰，而是东晋末至南朝宋的作品（有可能是谢灵运所撰）；4.《钱神论》传至日本的媒介并非通过《晋书》，而是《艺文类聚》《修文殿御览》《华林遍略》中的某一部类书；5.《钱神论》的部分内容在7世纪也传至新罗；6.《钱神论》中诙谐的内容、带有韵文及对话形式的赋，以及出场人物“綦毋先生（其母先生）”都受到傅巽《七诲》的影响；7.在汉代出现了传东方朔《七谏》，此后曹植创作了《七启》，傅巽创作了《七诲》。综上，《钱神论》（或至少其中部分内容）在唐代初期传播到了东亚世界。因此，古代日本的官员针对中国钱的形状及铸造方法，加深了对钱的用途及其哲学性质的理解。

关键词：《经国集》；下毛野虫麻吕；《钱神论》；《对泉货》；宋伯宜

---

* 本文基于拙作：《古代東アジア世界における貨幣論の伝播》，《中国学術の東アジア伝播と古代日本》，东京：勉诚出版，2020 年，第 119—136 页。

前　言

钱是古代东亚世界共通的政治课题之一。特别是在古代中国和日本，从很早开始就围绕钱的相关政策开展了讨论，其中部分内容被记录于史书中。

在中国的春秋战国时代，钱开始流通。到秦汉时期则流通了作为统一青铜货币的半两钱及五铢钱。布帛或黄金等也在某些时期及地区成为经济流通手段。[①]魏晋时期钱在民间市场的流通开始盛行起来，甚至出现了讥讽金钱至上主义的《钱神论》（见后文）。[②]在接下来的南北朝时期也可以证实钱的流通，此后至唐代则铸造了开元通宝（开通元宝）。

日本也在天武十二年（683）四月的诏中，有“自今以后，必用铜钱，莫用银钱”的记载（《日本书纪》天武十二年条），似乎在683年以前已经流通了银钱（或铜钱）。在开始营造平城京的和铜元年（708）二月就已经初设催铸钱司（《续日本纪》和铜元年条[③]），可以想见，在此前后河内铸钱司等已开始运作。[④]和铜元年五月铸造了银钱，同年八月铸造了铜钱（《续日本纪》和铜元年条）。[⑤]

这样的话，在中国及日本列岛的部分地区自古便已流通了钱，并使得当时政府为之苦恼。在中国自春秋战国时期以后，屡屡围绕钱进行争论。在古代日本，虽然也围绕是否将和同开珎前后的钱看作流通货币，其流通范围程度如何（钱渗透到民间的程度为何），争论者间意见不统一，但在《日本书纪》《续日本纪》中记载了多次改铸钱的记录。对此进行探讨，有助于我们更

---

① 拙著《中国古代貨幣経済史研究》，东京：汲古书院，2011年。

② 拙著《中国古代貨幣経済の持続と転換》，东京：汲古书院，2018年。

③ 始置催铸钱司，以从五位上多治比真人三宅麻吕，任之。

④ ［日］荣原永远男：《鋳銭司の变遷》，《日本古代銭貨流通史の研究》，东京：塙书房，1993年，第119—166页。

⑤ ［日］冈裕次：《文体の变遷——南朝时代を中心として》，《お茶の水女子大学人文科学紀要》第2号，1952年；［日］冈村繁：《曹丕の『典論論文』について》，《支那学研究》第24、25号，1960年。

好地把握古代东亚货币政策的实态以及对相关政策引发争论的时代背景进行理解。在中国，由于钱的历史悠久，相关的学术性见解及经验十分丰富，因此古代日本的官员们往往会立足于此来阐述自己的意见。通过探讨这一过程，不仅能看出古代日本官员的学识的丰富程度，以及他们是如何体会汉籍并试图将之活用于本国政策之中，还反映出他们是如何接受和吸收汉籍的。本文以《经国集》所收下毛野虫麻吕的对策为线索，追溯货币论的文献起源。

一、从《经国集》来看下毛野虫麻吕的货币论

《经国集》是平安前期的汉诗文集。据其序文，始编纂于天长四年（827）五月左右，当时淳和天皇下诏令滋野贞主、良岑安世、南渊弘贞、菅原清公、安野文继、安部吉人等负责编纂。书名取自三国时期魏文帝在《典论·论文篇》中的“文章经国之大业，不朽之盛事”。《典论》并非宣扬文学（含赋、诗）重要性的文章，而是主张作为“一家之言”的文章而不朽这一点。[①]据《典论》，“一家之言”是宣扬反对“贫贱则慑于饥寒，富贵则流于逸乐”的“志士”之志的文章。滋野贞主等在曹丕《典论》中特意选择“经国”为书名，并集合了作为“一家之言”的文章。

据《经国集》序文，《经国集》收录了从文武天皇庆云四年（707）至天长四年的17首赋、717首诗、51首序、38首对策（选拔官吏的考试答案），依照《文选》的体裁进行分类。现存有卷一（赋），卷十（乐府，梵门），卷一〇、一三、一四（杂咏），卷二〇（对策），共六卷（且并不完整）。《经国集》虽然是次于《凌云集》《文华秀丽集》的排名第三的敕撰集，但相较前两者而言规模较大，且含有官吏选拔考试所用的诗及对策这一点也很特别。

本文特别想关注其中卷二〇的对策中的内容之一，即下毛野虫麻吕（后

① 《后汉书》卷六《顺帝纪》阳嘉元年条载：“丙辰，以太学新成，试明经下第者补弟子，增甲、乙科员各十人”的唐李贤注引《前书音义》有“若录政化得失，显而问之，谓之对策也”。

文简称虫麻吕）年轻时在接受官员选拔考试之际向考官所提交的对策（解答）中是如何主张当时的日本对钱的运用的。严格地说，古代日本的对策是在选取秀才与进士时在式部省所实施的一种考试，[①]秀才需要完成两条方略策，进士则需要完成两条时务策。[②]方略策是问政治上的要点（实际上包含有许多琐事，需要庞大的知识储备），时务策则是问各时期的特有议题。[③]本文所涉及的虫麻吕所答对策的策问部分有“尔进士应识公方”，其应是时务策。[④]

对于虫麻吕的对策，小岛宪之氏已经有了很详细的研究。此外，津田博幸氏也于最近出版了详细的注释书。在此，笔者先介绍小岛论述的中心思想，同时参考津田博幸氏的译注。[⑤]据小岛氏，《经国集》卷二〇所收对策文，“从排列顺序来看，和铜四年（711）三月五日以前的对策文，或许是同时或庆云四年以后的”。其中，有两首是虫麻吕的对策。虫麻吕在养老四年（720）正月成为大学助教从五位下，养老五年（721）正月成为从五位上，是因文章成为典范而受到表彰的文官。虽然在养老五年六月晋升为式部员外少辅，但他不久便在36岁时死去。他的作品留存很少，如《怀风藻》载其汉诗：

圣时逢七百，祚连启一千，
况乃梯山客，垂毛亦比肩。
寒蝉鸣叶后，朔雁度云前，
独有飞鸾曲，并入别离弦。

---

① 《后汉书》卷六《顺帝纪》阳嘉元年条载：“丙辰，以太学新成，试明经下第者补弟子，增甲、乙科员各十人”的唐李贤注引《前书音义》有“若录政化得失，显而问之，谓之对策也”。

② 《令义解·考课令》考贡人条。

③ ［日］小岛宪之：《对策文の成立》，《国風暗黒時代の文学》上，东京：塙书房，1978年，第158—249页。

④ ［日］津田博幸编：《下毛野虫麻吕·偽金駆逐》，《経国集対策注积》，东京：塙书房，2019年，第319—338页。后文作津田。

⑤ ［日］小岛宪之：《『古事記』周辺》，见《万葉以前》，东京：岩波书店，1986年，第210—264页。

从中可窥见他的文学造诣。这首诗是他在长屋王宅接待新罗使者时所作。通常被译作："天子统治达七百年，皇祚开千年盛运，何况外国的使臣长发至肩，寒蝉在树叶下鸣叫，南飞之雁穿越云间，演奏飞鸾之曲，举行离别的饯行吧。"[①]

（一）下毛野虫麻吕的对策

具有如此文采的虫麻吕在进士考试时所见策问（试题）如下。作题者身份不明。在难以理解的单词后，笔者于〔 〕内补充了相关解释。

> 问。既号天龙，无足而走，还称地马，无翼而飞。虽逐时文异，如泉利同。岂可起〔帮助〕诈之子，檀放西蜀之伪，干没〔以图投机〕之夫，专行东吴之私。斯滥群小，罔冒公司。屡烦丹笔，徒圄黄沙〔牢狱之名〕。谓尔进士，应识公方。惩兹不轨，用何能肃。

据小岛氏，本条策问中多处与《汉书》《文选》《艺文类聚》相似。如"天龙"和"地马"出自《汉书》卷二四《食货志下》：

> 又造银锡白金。以为天用莫如龙，地用莫如马，人用莫如龟。故白金三品。其一曰，重八两，圜之，其文龙，名"白撰"，直三千。二曰，以重差小，方之，其文马，直五百。三曰复小，椭〔细长形状〕之，其文龟，直三百。

这段记载内容涉及西汉武帝元狩三至四年（前120—前119）的币制改革。[②]《史记·平准书》中有同样记载。在当时的日本，《汉书》是常读之书。如后所述，虽然所谓"无足而走"及"无翼而飞"的出典并非《史记》与《汉书》，但作为对其出典进行考察的小岛氏的功绩毋庸置疑。

对此条策问，虫麻吕充分发挥了其汉籍知识的积累，写下了如下对策（答案）。

---

① ［日］江口孝夫全译注：《懐風藻》，东京：讲谈社，2000 年，第 219—226 页。

② 关于此，参见拙著《中国古代貨幣経済史研究》，第 169—170 页。

对。窃闻。沙石化为珠玉，良难可以疗饥。仓囷实其坻京，唯易迷以济命。是知，写图而前〔伏羲之前〕，犹事血饮。调律而后〔黄帝以后〕，谁不食谷。自太公开九府之制，管父通万钟之式，龙文错于郭里，龟册入于币闲，白金驰其奸情，朱仄竞其滥制。西蜀铜岳，徒擅佞幸之门，东晋金沟，遂满夸奢之室。姬景舍轻，单穆陈拥子之讥，刘文〔西汉文帝〕放铸，贾生〔贾谊〕致转祸之谈。实由弃耕桑之务，争锥刀之末。伏惟，圣朝握天镜，纽地钤，德音被于有截，至教翔于无垠。衔禾之兽屡臻，见穰之鳞荐集。今欲既停起诈之功，终断冶镕之途。诚使三农叶节，千箱盈庾，淮阳高枕，追长孺之芳趣，耶谷送归，发祖荣之清辙。则铢文曷惑，镪贯无讹。顿屏磨屑之风，永绝炭挟之俗。谨对。

在对策问的回答中，虫麻吕认为盗铸钱是问题所在，提出让人们转向农业劳动非常重要。关于文末的“永绝炭挟之俗”，小岛氏认为“或意为止舍农事而挟铸钱之风。待考”。津田博幸氏认为其典据为《汉书·王莽传》的“欲防民盗铸，乃禁不得挟铜炭”，“挟”即“私藏”。正是如此。在出土的西汉初期的张家山汉简《二年律令·钱律》中记载除禁止盗铸钱，还禁止购买炭。在出土的东汉初期关于盗铸钱的官制文书中有“禁吏民毋得铸作钱，及挟不行钱”的文字，“炭”及“挟”都是与铸钱相关的用语。[①]

在对策部分也含有出典。虽然考试时间从早晨六点一直持续到傍晚，[②]但虫麻吕是否能在如此有限的时间内写下如此富有技巧且含有多种典据的对策也是一个疑问。小岛氏认为，“在和铜时期，考生们根据时间大致可以推测出进士考试的题目，并可能在考试前多少做一些准备。此外，还有可能被默许带参考书入场”。小岛氏还广搜本文出典，指出其与宋伯宜《对泉货》有很强的关联。接下来看宋伯宜《对泉货》的具体内容。

① 拙著《中国古代貨幣経済史研究》，第217—248页。

② 考课令贡举人条及其注释书《古记》。

二、关于《对泉货》的探讨

（一）《对泉货》的策问部分

宋伯宜《对泉货》是被收于《文苑英华》卷四九九策二三及《全唐文》卷九五七的对策。小岛氏仅提及其名，策问部分内容如下：

> 问。羲农之时，市井爰立。夏殷以往，泉货无闻。太公立九府之法，夷吾通万钟之藏，轻重良由于出令，敛散实在于得时。自此以还，资币数改。景王宝货，单穆立母子之讥。文帝四铢，贾生深博〔知悉〕换之叹。既而〔不久〕白金易贱，赤仄难行。小则米石至万，大则一当五百。禁铸弥重，奸钱益多。虽复弃市相寻，黥罪日报，苟非其术，为害更深。且示以厚利，随以重辟，是诱良民，陷之坑阱。朕属此流弊，情甚伤之，故罢均输之官，省盐铁之利。复欲收铜于断铸，劝百姓于农桑，夺商贾之权，塞兼并（并）之路。而象〔《易·系辞下传》〕称交易，书〔虞书益稷〕载懋迁，历代相承，行之已久，一日变改，公私非便。且军国所须，虚（一作縻）费犹〔依然〕广，尺寸〔布帛〕为用，分裂亦难。益国宁民，应有长策，明言尔志〔文章〕，以沃朕心。

据其中内容，首先羲农（羲和、神农）之际形成市场，周代则流通了钱。但是钱的管理在各时期都伴随着问题。因此需要重视农业及纺织业，制约商人的行动，以防兼并之路（贫富差距扩大）。现在商业交易历史悠久，不能突然废止钱。而且目前军费依然很高，即使扩大绢织物的作用以替代钱，由于绢织物无法切碎，不便于进行小额交易。在这种情况下增加国家利益，则民心何安。本条策问正是问有关长期发展的内容。

据笔者所见，本策问的出典基本上来自《史记·平准书》与《汉书·食货志》。其中似乎没有一条是魏晋南北朝时期的故事。

（二）《对泉货》的对策部分之一

对于前揭策问，宋伯宜做了如下解答：

> 对。臣闻。楚王明月之珠，寒而不可服。魏王照室之宝，饥而不可饵。然则养群黎〔民〕之气命，为万姓之衣被，苟异农桑，义难丰渥。虽继天〔继天帝意志〕象，日之际，犹为血饮。但立地甄海，而还谁不粟食。质文〔内容与形式〕空变，高深自徙。亲藉〔从事农作〕躬桑，殊途共致〔方法虽异，结果却一致〕。故得时名〔一时的名声〕有道。世号无为，英声〔很高声誉〕鼓而未穷，茂实〔优良的本质〕飞而讵已。方验称为宝者，不劳气白如虹。谓之天者，不假圆而似盖。且铸金为贝，信有从来。汉改四铢，秦行半两。用舍更互〔轮换〕，废轻就重之宜〔合适的形态〕，损益不常，地马、天龙之异。复有豫章铜岳、蜀道铜山，全归佞幸之炉，顿入诸侯之冶。所以公私大半，伪实相蒙，奸佞用此而兼并，豪戚因兹而聚敛。洛京三廛之内，贾客云屯。齐宫七市之间，商人雾塞〔多种物品集中于一处〕。乃令（今）〔于是首次〕，东汉楚子，高阁浮空。西蜀彭家，连楼跨术。雷车电骑，多出工巧之家。列鼎撞钟，无非货殖之里。宾徒藿肉，鲍〔鲍宣〕书不足论。僮仆藜余，张诗莫能序。三田为之废业，五稼由此多荒。

这段记载是宋伯宜的“对”的前半部分。据其可知，钱本身在饥寒交迫之际毫无作用，要吃饱穿暖只有依靠农业和纺织业，一味地扩大领土并不能满足百姓。如果皇帝率先重视农业和纺织业，民亦会纷纷效仿吧。即使追逐一时的名声，如果没有内容则毫无意义。凡是被称作宝物的自然会发光，但其中并无实质。自古以来，钱与宝贝被作为货币只是“从来”（历史上）如此。如同汉王朝铸造四铢钱，秦帝国使用半两钱一样，随着时代不同，钱的大小轻重都不尽相同。西汉时期占有铜山者（刘濞、邓通）私欲膨胀，引发豪族与大商人的兴起，以至于贫富差距逐渐增大，从而对至关重要的农业带来障碍。此后，宋伯宜在“对”后半部分提倡钱的废止论。

文中有各种故事。如“地马、天龙之异”的出典是《汉书·食货志下》等，秦汉时期的典据很多。另外，“东汉楚子”“电车电骑”“僮仆藜余”的出典不详。“蜀彭”是在蜀设置彭州的唐贞观七年（633）后的词语（《旧唐书·地理志》），但也可将之理解作是自秦汉以来“庸蜀”或“彭濮”的略语。“列鼎撞钟”可见于隋开皇初期虞思道的词中（《隋书·虞思道传》）。刘宋鲍照的诗中可见类似表达方式（击钟陈鼎），其典故可以上溯至《左传》哀公十四年（前481）或《孔子家语·致思》。

（三）《对泉货》的对策部分之二

接下来看宋伯宜的“对”的后半部分。其中正式论述了钱的废止论。

> 伏惟，陛下依乾度，立坤功，道则光格四天，德乃牢笼九地。五羊衔粟，时和之，义先表。双雀飞鸣，岁稔之征已见。尚留情天下之命，置怀天下之本。欲绝彼工商，断兹盐铁，乃还淳之要术，非进取之权道。何者。今，东南虽款〔服从〕，西北未平，戎马可驰，兵车骤转。假复铜头，铁额，本无敌于黄轩。缮甲行师，固有劳于苍帝。诚宜立彼田畯，辟兹泉府，既笃垦草之功，还修上林之务。耕疆〔划定国境〕抗陆〔加高山岗〕，织室开扉，采彼三条，藉〔课税〕兹千亩。时行范子擒吴之秘计，兼宏管相霸齐〔管仲助齐桓公成霸业〕之远略。陇西马援，监旧铸之司。淮阳汲黯，塞奸炉之巧。乃复罄杜治之便宜，疏郑陂之浩淼，羽林创其始，中郎嗣其末。王基进业，劳就沮漳。邓艾申权，功成陈蔡，邱陵灭矣。禾粟之饶未亏。洛水竭焉，资贮之蓄宁灭。于是修天阵，纵天兵，既饮马于南池，遂征鹈于西海，然后收铜勿用，沉璧而归，崇士女于耕桑，禁绮绣于商贾。则尧心舜行，并可陵胜，火职云司，翻能度越者矣。谨对。

据此可知，皇帝长期以来实现了天下安定并重视农业。现在进一步“欲绝彼工商，断兹盐铁”，但这并非“进取之权道”。虽然目前“东南”方向已服从，但“西北”方向依然与“戎马”持续着战争。要想打破这种现状，需要鼓励推动农业和纺织业，必须废止“泉府”。特别是在整备灌溉设施提高农业生产力后，运用军事谋略进入“南池”或“西海”，此外将钱的原料（铜）置于国家的管制之下禁止铸钱，并应压制商人的地位。

这就是宋伯宜对策的全部内容。从中可以看到在从历史中探寻钱之所以为货币时的类似于现代经济学者的一些思想，虽然令人惊讶，但其结论与虫麻吕的几乎一样。换言之，两者都提倡钱的废止论。如小岛氏所述，两者间类似之处颇多。

三、《对泉货》的撰写时期

（一）是宋伯宜还是谢灵运?

接下来，在回到探讨虫麻吕对策的出典之前，再进一步看宋伯宜对策的史料性质。宋伯宜是什么时代的人呢？该对策被收入《全唐文》之中，《全唐文》作者认为宋伯宜是唐人。小岛氏根据《文苑英华》卷四九九所收录对策的排列顺序依次为兵真孙（时代不明）、宋伯宜、岑文本（初唐）、骆宾王（初唐）、白居易（中唐），认为宋伯宜或许是初唐时期的人。而《全唐文》卷九五七中在宋伯宜前后排列着晚唐人的对策，因此也有可能是晚唐时期人。据此，小岛氏指出虫麻吕有可能直接参照了宋伯宜的《对泉货》，也有可能依据了与宋伯宜相同出典的文献。[①]

然而，《新唐书・艺文志四》云：

> 宋元嘉策五卷，又元嘉宴会游山诗集五卷，宋伯宜策集六卷，卞氏七林集十二卷，颜之推七悟集一卷，袁淑俳谐文十五卷，颜竣妇人诗集二卷。

---

① ［日］小岛宪之：《『古事記』周辺》，《万葉以前》，东京：岩波书店，1986 年，第 210—264 页。

其中可见“宋伯宜策集六卷”的记载。与之相关联的是《隋书·经籍志》所载：

> 策集一卷，殷仲堪撰。策集六卷，梁有孝秀对策十二卷，亡。宋元嘉策孝秀文十卷。

《旧唐书·经籍志》有：

> 宋元嘉策五卷。策集六卷，谢灵运撰。七林集十二卷，卞氏撰。七悟集一卷，颜延之撰。

清人姚振宗对《隋书·经籍志》“策集六卷”的考证有：

> 案，两唐志各有策集，而撰人各不同。未详孰是。谢灵运有赋集，连珠集等凡八种。见前宋伯宜，始末未详。

关于“策集六卷”，此外不见于其他史料。兴膳宏、川合康三《隋书经籍志详考》中也认为“撰者未详”。因此，据现存史料来看，“策集六卷”有可能是宋伯宜撰或谢灵运撰，从排列来看，这两位都应该是南北朝时期的人。如此一来《对泉货》便有可能是撰于南北朝时期。那么，究竟怎样看才更妥当呢。

（二）《对泉货》的撰写时期

从结论来说，笔者目前推测“策集六卷”是《对泉货》的出典，《对泉货》应该是南北朝时期（特别是东晋末至南朝宋）的产物。理由如下。

第一，“宋伯宜是唐人”这一说法的论据是《文苑英华》（撰于北宋）及《全唐文》（撰于清代），但更早的史料则有《隋书·经籍志》。据《隋书》原跋，《经籍志》作为《五代史志》的一部分始纂于贞观十五年（641），于高宗显庆元年（656）献上。其中便有“策集六卷”。因此“策集六卷”是658年以前的书籍。在前揭《隋书·经籍志》与前揭《旧唐书·经籍志》（撰于五代十国时期）中，“策集六卷”被夹杂在南朝时期的史料中，因此其当撰于南朝时期。那么，而且据《新唐书》，“策集六卷”的撰者是宋伯宜。那么，宋伯宜《对泉货》也当是南朝时期的产物。

第二，在《对泉货》的策问中有“朕……罢均输之官，省盐铁之利。复欲收铜于断铸，劝百姓于农桑，夺商贾之权，塞兼并之路……”在设定策问当时均输官与盐铁专卖制都存在。而且“复”以后为皇帝的愿望，可见现实正相反，当时向民间开放了铜山，并许可民间铸钱。然而，在南朝宋时期，虽然有盐铁专卖制，但自南齐以后向民间开放，在隋唐（肃、代朝实施榷盐法之前）也保持了开放。[①]在隋代至唐初原则上禁止民间铸钱。[②]也就是说，从内容上来看，《对泉货》并非隋唐时期的产物，而只可能是南朝宋（或此前稍早）时期。

第三，在《对泉货》所列故事中，最早始于先秦时期，此后有汉代马援及汲黯的事例，再到三国魏的王基和邓艾，未见有三国魏之后的例子。如果这条对策是唐代撰成的话，不可能不列举南北朝及隋唐时期的例子。

第四，对策中有“今，东南虽款〔服从〕，西北未平，戎马可驰，兵车骤转”。表明当时“东南”虽然归顺帝国，但西北仍旧处于不安定的政局中。所谓“东南虽款”是指平定孙恩、卢循之乱（399—411），如果“西北”的“戎马”是指五胡十六国（包括405—413年谯纵所建西蜀）的话，这条对策则完全符合东晋末至南朝宋初的状况。

第五，《对泉货》表面看似乎是关于贡举（即科举，后文作科举）的对策，类似的对策在魏晋南北朝时期选拔秀才时也出现过，特别是东晋末义熙七年（411）因为刘裕的申请而在选拔秀才、孝廉时实施了“策试”。[③]此外，

---

① ［日］佐伯富：《中国塩政史の研究》，京都：法律文化社，1987年。

② 《隋书·食货志》《旧唐书·食货志》。在《隋书·食货志》中有“晋自过江，凡货卖奴婢、马牛、田宅，有文券。……历宋齐梁陈，如此以谓常。以此人竞商贩，不为田业，故使均输，欲为惩励。虽以此为辞，其实利在侵削”。在《通典·食货十一·算缗》中从“晋自过江”以后除了“至于梁陈”，几乎记载相同。据此，似乎可以认为在南朝时期不存在均输。但是，如笔者在拙著《中国古代貨幣経済史研究》中所述，汉代的均输中的对象并非单一。在南朝时期也一样，南朝只是没有“奴婢、马牛、田宅”的均输而已。

③ 《宋书》卷二《武帝纪》义熙七年条。

《对泉货》本身虽然作为对策被收录于《文苑英华》及《全唐文》中，但其原本是臣子们对皇帝下问的回答，因此仅仅看其文章，并不一定能将之断定为是科举的答案。

根据上述五点，推测"策集六卷"与《对泉货》应是东晋末至刘宋初的产物。在此基础上，笔者甚至怀疑含有《对泉货》的"策集六卷"的撰者或许可能是谢灵运。关于宋伯宜的线索完全不见于史料。但谢灵运则不同，他曾在东晋末元兴年间（402—403）任官，因支持刘裕（之后的南朝宋建立者）的政敌刘毅，在刘毅战败身死后，于422年被左迁为永嘉太守，在任一年便辞职。426年被南朝宋文帝再次起用，历任秘书监及侍中后，于428年离开中央政界，其后因傲慢得罪人而被处刑。[①]在南朝宋，元嘉七年（430）开始铸造四铢钱，禁止盗铸钱。[②]在此前的永初二年（421），刘裕为解决钱不足的问题，试图购买民间的青铜原料并增铸五铢钱，未果。[③]因此，在公元403年至422年左右，铜山向民间开放，并对五铢钱由国家专铸的得失进行了讨论，此时并未制约民间铸钱。当时的谢灵运正处于中央政界，在时间上满足撰写《对泉货》的条件。另外，有一个叫范泰的人在永初二年曾反对铸钱计划，并将民间的农业生产力不足和储藏不足看作问题。在相较于钱而言更应重视农业这一点上与《对泉货》的观点如出一辙。由于他与谢灵运是好友，因此谢灵运具有同样的想法也不足为奇。事实上，虽然一般认为谢灵运对政务的兴趣不大，但其对农田的对策上体现了异常的热情。[④]因此，有可能宋伯宜和谢灵运为同一人，也有可能是将谢灵运误写为

① ［日］小尾郊一：《謝霊運——孤独の山水詩人》，东京：汲古书院，1983年。

② "冬十月……戊午，立钱署，铸四铢钱。"（《宋书》卷五文帝本纪元嘉七年条）。"先是患货重，铸四铢钱，民间颇盗铸，多翦凿古钱以取铜，上患之。"（《宋书》卷六六《何尚之传》）。

③ 《宋书》卷六〇《范泰传》。

④ ［日］小尾郊一：《謝霊運——孤独の山水詩人》，东京：汲古书院，1983年，第131—137页。

了宋伯宜。[1]由于不明宋伯宜与谢灵运之间的关联，为避免连续臆测，现回到对虫麻吕对策的探讨上。

四、追溯《钱神论》

（一）西晋·鲁褒的《钱神论》

如上节所述，小岛氏认为虫麻吕的对策受到了来自《对泉货》的影响，因此笔者对《对泉货》进行解读，并认为其很可能是东晋末至南朝宋的对策。其属于《策集》六卷之中，之后被《全唐文》及《文苑英华》所收录，内容与虫麻吕的对策十分相似。这也是小岛氏认为《对泉货》是虫麻吕对策的出处，或与虫麻吕对策的出处相同的依据。在虫麻吕撰写对策之时（707—711左右），没有证据表明《对泉货》是否已传至日本，《全唐文》《文苑英华》传至日本则是以后的事情了。《策集》也不见于《日本国见在书目录》（藤原佐世于891年左右制作的汉籍分类目录），其当时传至日本的可能性很低。因此，两者间的共通性应该源自同一出典（如《汉书·食货志》）。

在虫麻吕的对策中，也有《对泉货》中所没有的特点，特别是其一开头的“既号天龙，无足而走，还称地马，无翼而飞”，与《对泉货》的“地马，天龙之异”类似，让人感觉似乎都出自《汉书·食货志下》的“以为天用莫如龙，地用莫如马”。但“无足而走”及“无翼而飞”在《对泉货》《汉书·食货志下》《史记·平准书》中皆无，有可能出自别的出典。

---

① 《新唐书·艺文志四》在《宋元嘉策》《宋元嘉宴会游山诗集》之后有《宋伯宜策集》，“宋”字有可能是南朝宋的国名。而传世文献的“伯”字常常意为“王”。417年—420年，刘裕称“宋王”。“宜”可以解释作“合适的、恰当的”之意。因此，《宋伯宜策集》是“宋王刘裕时期的恰当的策集”之意，其撰者为谢灵运，从该《策集》摘选《对泉货》策的人或许误以为这是由一个叫“宋伯宜”的人所撰的策。这些说到底都是笔者的推测，作为一种可能性列于此。

关于这一点，津田博幸氏指出应与《钱神论》有关。关于《钱神论》，福原启郎氏已进行了译注及分析，笔者在参考其内容的同时进行大致介绍。[①]《钱神论》是西晋时期鲁褒所撰述的文章。在《艺文类聚》卷六六及《晋书》卷九四《隐逸鲁褒传》中有其较多佚文。在《初学记》及《太平御览》中有少量佚文。鲁褒出身于南阳郡，或许终生未出仕，担忧世道多贪欲庸俗而在晋惠帝元康年间（291—299）以后撰写《钱神论》。虽然在曹魏末期至西晋初可能已有题为《钱神论》的成公绥所作文章，但成公绥《钱神论》是否存在，鲁褒是否参考了其中内容无法确定（福原氏本人在论文结论部分认为实际存在成公绥《钱神论》，且鲁褒在撰写《钱神论》时对其进行了参考）。

（二）虫麻吕对策文与《钱神论》的关系

鲁褒《钱神论》是主要围绕“司空公子”和“綦毋先生”二人的对话展开的游戏文学，形式上为赋。富有的司空公子常衣着华丽在都内游逛。某日，在人群中停车回望四周，发现了綦毋先生。綦毋先生虽然已生白发但仍未工作，正在不断找工作。司空公子便对綦毋先生说：“当今世事，如果不准备‘币帛’的话就不可能找到工作。归根到底这个世道还是‘钱’。”其意在表明在选拔人才时用钱行贿的重要性，进而强调钱是万能的。换句话说，鲁褒以此讥讽当时的拜金主义，同时也在讥讽执着于清谈的綦毋先生的固执。

《钱神论》体现出在魏晋时期货币经济已经发挥了作用。在此值得注意的是其中的一段文字。

> 亲爱如兄，字曰孔方，失之则贫弱，得之则富强，无翼而飞，无足而走，解严毅之颜，开难发之口，钱多者处前，钱少者居后。

这与虫麻吕的“无足而走”“无翼而飞”语句相同。笔者认为，这一语句不见于《钱神论》以外的史料。因此，如津田博幸氏所指出的，这正是虫麻吕

① ［日］福原启郎：《『錢神論』の世界》，《魏晋政治社会史研究》，京都：京都大学出版会，2012 年，第 295—326 页。

对策中一开头内容的出典吧。这一段文字不仅被引用于《艺文类聚》卷六六与《晋书》卷九四《隐逸鲁褒传》中，在《太平御览·文部十一论》所引《钱神论》佚文中也可见到。在虫麻吕撰写对策之时（707—711年左右），《太平御览》（完成于983年）与《晋书》都没有传至日本。①《日本书纪》（完成于720年）也未将《晋书》作为典据，而是存在别的典据，因此有典出《艺文类聚》（完成于624年）的说法，②典出《修文殿御览》的说法，③以及典出《华林遍略》的说法。④后两者均与《太平御览》有关。因此，虫麻吕的策问中的“无足而走”“无翼而飞”的语句应该选取自前揭三部类书中的其中某部吧。津田博幸氏认为应该是《艺文类聚》。贞观二十二年（648）太宗李世民下赐新罗《晋书》，⑤《钱神论》的传播应该在此时或更早些时日。

五、从傅巽《七诲》到曹植《七启》，再到传东方朔《七谏》

（一）傅巽《七诲》与《钱神论》的关系

在最后通过探寻产生《钱神论》的中国古代文学土壤，来看是什么导致《钱神论》的出现，乃至发展到虫麻吕的策问，上溯并刻画出这一久远的过程。换句话说，《钱神论》本身完全是鲁褒本人的创作还是存在其他出典？

---

① ［日］榎本淳一：《遣唐使による漢籍将来》，《唐王朝と古代日本》，东京：吉川弘文馆，2008 年，第 197—233 页。

② ［日］小岛宪之：《日本書記の述作》，《上代日本文学と中国文学》上，东京：塙书房，1962 年。

③ ［日］胜村哲也：《修文殿御覧天部の復原》，载山田庆儿编《中国の科学と科学者》，京都：京都大学人文科学研究所，1978 年。

④ ［日］池田昌广：《「日本書記」と六朝の類書》，《日本中国学会报》第 59 集，2007 年等。

⑤ 《旧唐书·东夷新罗传》：“太宗因赐以所制温汤及晋祠碑并新撰《晋书》。将归国，令三品以上宴饯之，优礼甚称。”

如前所述，成公绥《钱神论》有可能是其出典，但是否存在更早的类似作品呢？

在此需要注意的是《钱神论》是基于韵文的问答体，带有赋的传统。此外，《文馆词林》卷四一四（内阁文库藏）所收三国魏傅巽《七海八首》值得关注。《文馆词林》是唐高宗李治时期中书令许敬宗（592—672）所撰著作，于显庆三年（658）十月十二日完成并奏上。虽然似乎在北宋初亡佚，但由于很早便传至日本，在高野山正智院及宝寿院存有残卷。在其中的部分残卷上有特征显示是仪凤二年（677）书写的附记，可见是自许敬宗上奏后20年内的写本，基本被认为是弘仁十四年（823）的钞本。[1]其中有三国魏傅巽《七海八首》的佚文。

> 其母先生体壮志烈，贵义尚功，晞（希）慕明哲。忿愠末俗□□□□朱紫杂形，是非散乱，雅郑糅声。乃捐绪业，弃缙绅，慕彭聃，思真人，愿松乔，晞（希）烈仙。藏身严穴，托体名山。绝圣释智，含和养生。同欲婴儿，致思玄冥。方有在溺，惜足濡而弗拯也。或困涂炭，宝一毛而不营也。安有公子者，先生之旧也。闻而瞿然曰："夫智可以学益，而性不可迁。彼将有激。亿可诲焉。"于是登险阻，历高乔，披蓬莱，济崎岖，乃睹先生……公子曰："……吾将诲子以至言。子其省乎。"先生曰："诺哉。"

这段文字是诙谐类文学作品，由居于险峻山中以保持自身高洁的"其母先生"与对其进行批判的"公子"间的对话构成。如《七海八首》题目所示，原本是由八段落所构成，但后半部分已佚，只有在《北堂书钞》卷一四二、卷一四四、卷一四五、卷一四八，《初学记》卷二六，《太平御览》卷八五〇等残存其佚文。引用部分是其一开始的段落。虽然其以"七……"的形式这一点与由三部构成的《钱神论》不同，但诙谐的内容、带有韵文及对

① 许敬宗（罗国威整理）：《前言》，见《日藏弘仁本文馆词林校证》，中华书局，2001年。

话形式的赋，以及出场人物“綦毋先生（其母先生）”等共通之处应该只存在于《钱神论》及《七诲八首》之中。

该文的撰者傅巽字公悌，北地郡泥阳县（今属陕西省耀州区）人，生年不明，卒于太和年间（227—233）。建安年间为曹操阵营中的东曹掾，说服荆州刘琮归附曹操。黄初年间升为侍中，后成为尚书。因此傅巽《七诲八首》在《钱神论》之前，鲁褒应当受到来自该文的影响。

（二）从傅巽《七诲》到曹植《七启》，再到传东方朔《七谏》

再来探寻傅巽《七诲八首》的典据，王粲（177—217）的《七释八首》与曹植（192—232）的《七启八首》中有几乎同样的体裁，都收录于《文馆词林》卷414中，特别是曹植《七启八首》序文有如下文字：

> 昔枚乘作《七发》、傅毅作《七激》、崔駰作《七依》、张衡作《七辩》，辞各美丽，余有慕焉，遂作《七启》，并命王粲等作焉。

据此，曹植本人作有《七启八首》，并让王粲等也作了类似的文学作品。王粲在东汉末出仕刘表，于208年归于曹操，217年去世。因此曹植《七启八首》或王粲《七释八首》都应作于208年至217年间。

据前揭《七启八首》序文，这样一种“七+〇”的形式起源于枚乘的《七发》（收入《文选》卷三四）。据李善注又可进一步上溯至传东方朔《七谏》（收入东汉中期王逸《楚辞章句》）。[①]原本《七谏》是模拟《离骚》等屈原的赋而作于汉代的文学形式，虽然南宋朱熹《楚辞集注》等批判其在语言及意义上缺乏感染力，但《七谏》与《哀时命》《九怀》《九思》等同为批判疏远屈原这样的能臣，重用无能之辈的战国乱世怪相的作品，[②]其作为批判当世的文学作品的性质被《钱神论》完美地继承了下来。在这个意义上《七谏》

① 七发者，说七事以起发太子也。犹楚辞、七谏之流。

② ［日］矢田尚子：《無病の呻吟——楚辞「七諫」以下の五作品について——》，《東北大学中国語学文学論集》第16卷，2011年，第7—22页。

十分重要。

但在具体内容上，传东方朔《七谏》或枚乘《七发》几乎与《钱神论》毫无关联，而曹植的《七启》则更加值得关注。曹植《七启》是赞颂当时政权（曹魏政权）的“镜机子”劝诫远离俗世，轻视俸禄、物欲，气度高洁的“玄微子”的内容，以物欲为主题这一点与《钱神论》颇为相似。因此，在汉代文学作品中出现了《七谏》，并在受到曹植《七启》及傅巽《七诲》的影响下创作出了《钱神论》。其内容最终传至日本，促成了虫麻吕对策的产生。

结 语

本文论述了以下七点：1.下毛野虫麻吕对策（含策问）的典据是《汉书·食货志》及鲁褒《钱神论》；2.宋伯宜《对泉货》中并没有直接的典据；3.《对泉货》并非唐代所撰，而是东晋末至南朝宋（有可能是谢灵运所撰）；4.《钱神论》传至日本的媒介并非通过《晋书》，而是在《艺文类聚》《修文殿御览》《华林遍略》中的某一部类书；5.《钱神论》的部分内容在7世纪也传至新罗；6.《钱神论》中诙谐的内容、带有韵文及对话形式的赋，以及出场人物“綦毋先生（其母先生）”都受到傅巽《七诲》的影响；7.在汉代出现了传东方朔《七谏》，此后曹植创作了《七启》，傅巽创作了《七诲》。

综上，《钱神论》（或至少其中部分内容）在唐代初期传播到了东亚世界。因此，古代日本的官员针对中国钱的形状及铸造方法，加深了对钱的用途及其哲学性质的理解。虫麻吕除了文章措辞，结合日本古代的实际情况提出了作为时务策的对策，如果该对策受到当时政府高层的高度评价的话，则在古代日本和同开珍（铜钱）出现后数年间，便会形成高水准的货币流通。这一问题期待由日本古代史学者给出答案。

道宣与玄奘

——从西明寺僧职的选任谈起

日本京都大学人文科学研究所　仓本尚德

摘　要： 初唐长安的弘福寺、大慈恩寺、西明寺都是由皇家发愿建立的重要寺院，并从全国各地招集高僧入住。这些皇家寺院的上座可以说是当时僧界的一时之选。显庆三年（658）高宗、武后供养的大寺院西明寺落成，其上座由原弘福寺上座智首弟子道宣担任。有学者依据道宣《续高僧传·玄奘传》中对玄奘的高度评价，认为道宣与玄奘的关系极好，因此玄奘推荐道宣为西明寺上座。本文重新检讨显庆元年（656）末建立智首碑的背景、玄奘回国前弘福寺的情况、西明寺僧职的人选，发现道宣其实并不赞同玄奘门下的教学，反而极力赞扬、支持严厉批评玄奘新译经论的弘福寺灵润。原来的弘福寺门风强调禅定、戒律等佛教实践，玄奘回国后首先在弘福寺译经，原来的禅院被改为翻经院，并从全国各地征集义学高僧至弘福寺。玄奘至弘福寺的种种举措很可能改变了弘福寺的风气。显庆二年（657）左右，玄奘与高宗、武后之间产生矛盾，重视禅定、戒律等佛教实践的僧人（智首弟子道宣、弘福寺灵润等僧人）又重新取得国家寺院的领导权。道宣正是在这样的背景下被选为西明寺上座的。

关键词： 道宣；玄奘；西明寺；僧职

一、前言[①]

初唐长安的弘福寺、大慈恩寺、西明寺都是由皇家建立的重要寺院，该时期基本上没有设置沙门统等僧官，因此这些皇家寺院的上座皆可说是当时僧界的代表人物。[②]玄奘是规划西明寺的检校僧，也是先皇师，该寺上座理当由玄奘担任。然而西明寺落成后，玄奘却不在寺院干任的人选中，更令人疑惑的是，上座由已经隐居山林多年的道宣就任。目前研究道宣生平最详细的学者藤善真澄依据道宣《续高僧传 · 玄奘传》中对玄奘的高度评价，认为二人关系良好，[③]并推测可能是玄奘推荐道宣为西明寺上座。然而，也有学者指出二人之间其实有一种微妙关系。[④]正如评介藤善教授著作的陈怀宇说道："道宣与玄奘的关系十分值得讨论。"[⑤]

若要谈论道宣与玄奘的关系，恐怕必须回头考察玄奘回国前的长安佛教，尤其是太宗供奉的敕愿寺院——弘福寺。值得注意的是，道宣的律学师

① 初稿在 2018 年 11 月史语所讲论会上报告，部分内容已发表。参见拙稿：《『続高僧伝』智首伝と「故首律師高徳頌」の関係について》，《印度學佛教學研究》第 67 卷第 2 号，2019 年，第 226—231 页；《弘福寺靈潤と西明寺道宣》，《印度學佛教學研究》第 67 卷第 2 号，2020 年，第 267—273 页。

② 关于唐初寺院的三纲制度，参见杨维中：《唐初佛寺"三纲"名称的确定及其排序》，《宗教学研究》2018 年第 3 期，第 76—83 页。

③ ［日］藤善真澄：《道宣伝の研究》，京都：京都大学学术出版会，2002 年，第 143—145 页。同样的意见又见［日］池丽梅：《西明寺時代の道宣伝—顕慶 · 麟徳年間を中心として》，《日本佛教綜合研究》第 15 号，第 113—143 页；王亚荣：《道宣评传》，宗教文化出版社，2017 年，第 129 页。

④ 详细内容在下一节讨论。

⑤ 陈怀宇：《藤善真澄著〈道宣伝の研究〉》，《汉学研究》第 22 卷第 2 期，2004 年，第 488 页。

父智首律师的纪念碑——《大唐弘福寺上座故首律师高德颂碑》[①]（以下简称《智首碑》）——并非在智首圆寂后即刻建立，而在20年后的显庆元年十二月刻立，恰好是西明寺开始动工4个月后。从其建立的时间与内容，不但可以了解当时弘福寺的景况，也可窥见道宣与玄奘的微妙关系。

二、学术史回顾

玄奘与道宣都是初唐佛教史上的关键人物，相关研究颇多，而且已经有几篇学术史回顾论文。[②]在这里主要就玄奘与高宗、武后的关系，道宣生平及道宣对玄奘的看法这两个主题，集中回顾过去研究。

关于前者，宋道发首先阐明高宗对玄奘本人的控制远甚于对译经的支持，关于显庆二年随皇驾赴洛阳之行，指出“玄奘虽名为在宫中译经，实同软禁”[③]。刘淑芬则更详细地讨论玄奘从永徽六年（655）吕才事件发生以后的困境，并指出他因被归入曾臣事太宗的旧臣系，而导致高宗对玄奘的不信任。吴智勇则反对她的看法，说道：“玄奘与永徽六年废立皇后之争中的新旧两系大臣，都有接触，这在尊佛十分普遍的唐代是难以避免的，但慎于政治言行的玄奘，

① 关于智首碑的研究，参见王建中：《唐〈弘福寺首律师碑〉考释》，载西安碑林博物馆编《碑林集刊》（第10辑），陕西人民美术出版社，2004年，第29—35页；曹旅宁：《读唐〈弘福寺碑〉论隋唐戒律的成立》，载西安碑林博物馆编《碑林集刊》（第10辑），陕西人民美术出版社，2006年，第9—17页；余华青、张廷皓主编：《陕西碑石精华》，三秦出版社，2006年，第48页。

② 黄夏年：《百年玄奘研究综述》，《广东佛教》2001年第1期，第42—55页；白杨：《玄奘研究综述（1994—2007）》（上），《新疆师范大学学报》（哲学社会科学版）2008年第1期，第20—25页；白杨：《玄奘研究综述（1994—2007）》（下），《新疆师范大学学报》（哲学社会科学版）2008年第2期，第28—33页；赵欢：《近五年玄奘研究综述（2008—2013）》，《世界宗教文化》2015年第1期，第148—157页；海波：《2014—2018年玄奘研究综述》，《世界宗教研究》2019年第6期，第172—183页；国威：《作为宗派的存在——中国律宗研究综述》，《世界宗教文化》2014年第4期，第120—125页。另外，上述陈怀宇《藤善真澄著〈道宣伝の研究〉》也介绍研究道宣的著作。

③ 宋道发：《玄奘法师与唐太宗、高宗——初唐政教关系的个案研究》，《普门学报》2003年第17期，第1—11页。

很难说跟他们有过深入的交往。”[①]他找到别的原因，说道：“与朝臣不同的是，玄奘与武后有较密切的联系。他在中宗诞生时所上的《赤雀表》，因其隐伏敏感的典故而含藏了深刻的政治意蕴，至少有挑动皇子夺嫡之嫌，这是高宗十分警惕的，故而可能在唐代被查禁。我们有理由相信，玄奘上此表，非率意而为，这反映了他欲成就人间弥勒净土的宗教信念，却也可能因此卷入高宗与武后的政争，受到高宗的冷遇与防范。”[②]关于显庆元年玄奘主动请求监译等事情，杨志飞也反对刘淑芬认为玄奘监译并非出自其本意和请求的看法。[③]

笔者同意玄奘没有被归入旧臣系的看法，但不同意玄奘卷入高宗与武后政争的观点（在下节讨论）。

关于道宣生平以及他与玄奘的关系，藤善真澄的大作《道宣伝の研究》最全面探讨了道宣的整个生平。最近池丽梅也发表道宣传记研究论文[④]。二者都认为道宣与玄奘的关系很好。王业荣虽然没有参考藤善的著作，但同样认为玄奘支持道宣担任上座。[⑤]

然而历来也有学者指出二人之间其实有一种微妙关系。最早《续高僧传》卷四《那提传》的内容充满着侮辱玄奘的语词，熊十力认为这是旧学派对新学派的攻击。[⑥]关于翻译问题，朱东润早已指出道宣批评玄奘的直译、广译[⑦]；最近船山彻阐明，关于梵语sattva/satva的意译，道宣没有采用玄奘的新译“有情”，而一直使用旧译“众生”，从此得知，道宣虽然参与过玄奘译场，但

---

① 吴智勇：《六到七世纪僧人与政治——以个案研究为中心》，博士学位论文，复旦大学，2013年。

② 吴智勇：《六到七世纪僧人与政治——以个案研究为中心》，第99页。

③ 杨志飞：《论玄奘译场的文臣监译》，载杜文玉主编《唐史论丛》（第30辑），三秦出版社，2020年，第217—234页。

④ [日]池丽梅：《西明寺時代の道宣伝—顕慶・麟徳年間を中心として》，第113—143页。

⑤ 王亚荣：《道宣评传》，宗教文化出版社，2017年。

⑥ 熊十力：《唐世佛学旧派反对玄奘之暗潮》，载哲学研究编辑部编《中国哲学史论文初集》，科学出版社，1959年，第97—103页。

⑦ 朱东润：《道宣〈续高僧传〉之传叙》，《中华文史论丛》2015年第1期，第1—15页。

对新经论的内容，有可能保持谨慎的态度。[①]而且很多学者证明道宣的戒体论不是根据玄奘翻译的新经论，而是根据属于旧译的真谛《摄大乘论》。[②]

还有学者强调道宣重视南方传统，尤其强调戒坛与舍利在南方的传承。[③]也有学者阐明道宣与天台宗以及贤首大师法藏等其他宗旨僧人的密切关系。[④]上述翻译论、戒体论、道宣与其他宗旨僧人的密切关系等都显示道宣并没有完全支持玄奘的翻译事业与教学，应该更仔细探讨二人之间的关系。笔者在下文首先回顾高宗时期的玄奘处境，其次拟厘清长期被忽略的关键人物灵润法师与道宣的密切关系，最后讨论道宣与玄奘的关系。

三、西明寺的建造与玄奘的处境

西明寺是唐高宗、武后为新皇太子李弘病愈祈福所修建的皇家敕愿寺院。很多学者阐明西明寺的重要性，[⑤]然而除了藤善真澄，没有人仔细分析西明寺

---

① ［日］船山徹：《衆生から有情へ，そして再び衆生へ——サンスクリット语 sattva 漢訳史》，《東方學報》第 94 册，2019 年，第 33—66 页。

② ［日］平川彰：《道宣の法華経観》，载坂本幸男编《法華経の中国的展開》，京都：平乐寺书店，1972 年，第 319—341 页；［日］西山明彦：《南山大師道宣の唯識受容について》，《戒律文化》第 8 号，2011 年，第 45—55 页；Newhall, Thomas, "A Study of the Concept of Jieti "The Essence of the Precepts" in Daoxuan's (596-667) Vinaya Commentaries," *Journal of Chinese Buddhist Studies*, vol.27(New Taipei: Chung-Hwa Institute of Buddhist Studies, 2014), pp.181, 208.

③ Chen Huaiyu, *The Revival of Buddhist Monasticism in Medieval China*(New York: P. Lang), 2007.

④ 参见湛如：《唐代长安西明寺与天台山交流融合的历史意义》，《中国宗教》2020 年第 2 期，第 78—80 页；ダニエル・ウィックストローム：《賢首大師法藏の研究》，博士论文，日本龙谷大学，2019 年，第 54—75 页；季爱民：《从道宣的戒坛设计到法藏的华严寺造像——以碑林藏神龙二年（706 年）造像座为中心》，载杜文玉主编《唐史论丛》（第 11 辑），三秦出版社，2009 年，第 199—211 页。

⑤ 关于西明寺，参见［日］小野胜年：《長安の西明寺とわが入唐僧》，《佛教藝術》第 29 号，1956 年，第 28—45 页；安家瑶：《唐长安西明寺遗址的考古发现》，载荣新江主编《唐研究》（第 6 卷），北京大学出版社，2000 年，第 337—352 页；罗小红：《唐长安西明寺考》，《考古与文物》2006 年第 2 期，第 76—80 页；冉万里：《唐长安名刹西明寺补正——兼论西明寺学派的特征及形成原因》，《西部考古》2019 年第 1 期，第 183—207 页。

初建时寺院僧官人选问题。永徽六年十月王皇后被废，武氏升为皇后。3个月过后，显庆元年正月，李忠被废黜皇太子之位，改立武后的亲生儿子李弘为皇太子。想当然尔，西明寺当系由武后主导发愿建造。西明寺于显庆元年八月动工，显庆三年六月落成，规模宏大，如《大慈恩寺三藏法师传》所述：

> 其寺面三百五十步，周围数里。左右通衢，腹背廛落。青槐列其外，渌水亘其间，亹亹耽耽，都邑仁祠，此为最也。而廊殿楼台，飞惊接汉，金铺藻栋，眩日晖霞。凡有十院，屋四千余间。庄严之盛，虽梁之同泰、魏之永宁，所不能及也。[①]

当时，西明寺是长安第一寺院，其庄严华丽的程度甚至超过梁朝同泰寺、北魏永宁寺。高宗原想利用延康坊濮王故宅修建佛寺、道观各一，于是下敕玄奘检视其地。玄奘汇奏土地狭窄，不容两所。于是延康坊所有土地都用于营建佛寺西明寺，道观改建于普宁坊。[②]

西明寺落成后，该寺的最高职位上座理应由玄奘担任，实际上却是由在终南山隐居长达12年的道宣担任。藤善真澄认为是玄奘举荐道宣的。[③]该观点或有商榷之处。刘淑芬曾详细阐述永徽六年之后的玄奘处于困境中。吴智勇反对她的一些看法。如下略述当时的政治背景与玄奘处境。[④]

永徽年间（650—655），正是长孙无忌、褚遂良、杜正伦等太宗旧臣，与高宗、武后争权的时期。永徽六年是高宗朝政局的“分水岭”。[⑤]该年十月，原王皇后被废，改立武氏为皇后。显庆元年正月，高宗、武后的嫡子李弘被立为皇太子。

---

① 〔唐〕玄奘著，孙毓棠、范祥雍点校：《大慈恩寺三藏法师传　释迦方志》卷一〇，中华书局，2000年，第214页。

② 〔唐〕玄奘著，孙毓棠、范祥雍点校：《大慈恩寺三藏法师传　释迦方志》卷一〇，第214页。

③ ［日］藤善真澄：《道宣伝の研究》，第150页。

④ 刘淑芬：《玄奘的最后十年（655—664）——兼论总章二年（669）改葬事》，《中华文史论丛》2009年第3期，第1—97页。

⑤ 刘淑芬：《玄奘的最后十年（655—664）——兼论总章二年（669）改葬事》，第17页。

永徽六年五月发生“吕才事件”。尚药奉御吕才撰写《因明注解立破义图》一文，批判玄奘弟子们的著疏内容互相矛盾，慧立致书于志宁进行反驳。[①]此论争闹到朝廷，十月高宗敕令“遣群公学士等往慈恩寺请三藏与吕公对定”。结果“吕公词屈，谢而退焉”。玄奘虽然获得胜利，但该事件对从前一帆风顺的译经事业带来很大的冲击：当年，玄奘没有译出任何经论。[②]

显庆元年是玄奘与高宗、武后关系最密切的一年。正月，高宗于慈恩寺为皇太子设五千僧斋，黄门侍郎李义府来谒问玄奘。为了得到高宗、武后的支持，玄奘趁此机会，请求由6位大臣监督译经事业，又请高宗御制《慈恩寺碑》。四月该碑完成，高宗御幸安福门，士女等百余万人皆来观看玄奘迎接高宗御撰御笔的《慈恩寺碑》文。五月，玄奘旧病复发，高宗派遣御医悉心治疗。病愈后，迎法师入宫，安置于凝阴殿院西阁供养，让他于此翻译。同年八月，高宗、武后为他们的孩子李弘病愈祈福，策划建立西明寺，命玄奘视察工地。此时玄奘似乎很顺利地得到他们的支持与信任。同年十月武后难月，归依三宝，请玄奘保佑。玄奘趁此机会大胆地提出交换条件，就是如果男子出生，要求让他出家，这得到皇帝、皇后同意。十一月五日武后顺利生男子。当天显庆殿庭帷内忽然出现一只赤雀，玄奘上表祝贺，高宗没违背许诺，加新生儿名号为“佛光王”。生满3天，玄奘为他授三归依，穿上袈裟。十二月五日，为他剃度。吴智勇说，玄奘上表祝贺赤雀出现，异乎寻常，这种祥瑞很可能成为将来皇子夺嫡的凭借。正如吴先生所说，《赤雀表》的确触犯皇家禁忌，但“因此事与武后建立某种更加深入的信任关系”[③]的观点值得商榷。玄奘为了迎合武后之意，才上表祝贺，应该没错，但是从此以后玄奘陷入的

---

① 刘淑芬：《玄奘的最后十年（655—664）——兼论总章二年（669）改葬事》，第28—35页。

② ［日］吉村诚：《玄奘の事跡にみる唐初期の佛教と國家の交涉》，《日本中國學會報》第53卷，2001年，第72—86页。这并不意味翻译事业完全停顿。

③ 吴智勇：《六到七世纪僧人与政治——以个案研究为中心》；［日］吉村诚：《玄奘の事跡にみる唐初期の佛教と國家の交涉》，第99页。

困境，刘淑芬已经详细叙述，史籍中没有武后帮助玄奘译经事业的记载。武后即位后，也没有表扬玄奘，反而有把玄奘设计的印度式大雁塔改造为中国式等不尊敬玄奘的行为。[①]玄奘的名誉等到中宗时期才恢复，这是刘淑芬阐明的事实。[②]吴先生忽略武后除了玄奘门下高弟，还重视禅宗的神秀、净土宗善导等高僧。武后有可能不想让佛教权威集中在某一个僧人的手中，尤其玄奘这样的伟大高僧，而想要集中在自己身上。笔者认为玄奘在佛光王出生时提出的要求有点过分，武后与高宗一样，对玄奘提高警惕。

显庆二年二月，高宗、武后前往洛阳，命玄奘随行。此次随行，高宗与玄奘之间产生更多矛盾。同月高宗下诏僧道等不得受父母及尊者礼拜。此事很可能与佛光王出家有关联，就是消灭将来佛光王成长后受父母礼拜的可能性。

在洛阳，玄奘实际上是被软禁于远离皇帝的积翠宫，翻译事业自然也毫无进展。同年五月，高宗敕命玄奘优先翻译尚无汉译的经论，虽然玄奘奉诏后立即向高宗交代重新翻译的重要性，并得到继续翻译《发智论》《大毗婆沙论》的许可，但他的译经事业已受到严重的打击。[③]九月，玄奘请求至远离都城的嵩山少林寺译经，高宗断然拒绝。十一月，玄奘又因罹患重病，擅自出宫至寺院寻医。为此，玄奘甚至必须表示深刻的反省并向高宗谢罪。显庆三年六月，西明寺落成，道宣被选为上座。同年七月，玄奘被迎进西明寺，却未被委派任何职位，仅得到一间上房及新度沙弥10人。协助译经的亲近弟子大多被留在慈恩寺，翻译事业持续停滞，玄奘只能在慈恩寺短暂滞留的时间中执行。此时，上座道宣也没有参与他的翻译事业。显庆四年（659）十月，玄奘请求转往玉华寺。显然，显庆二年以后，玄奘备受冷落，道宣被选为西明寺上座一事，

① “长安中，更拆改造依东夏刹表旧式。”参见〔宋〕宋敏求著，辛德勇、郎洁点校：《长安志》卷八《长安志图·慈恩寺》，三秦出版社，2013年，第287页。

② 刘淑芬：《玄奘的最后十年（655—664）——兼论总章二年（669）改葬事》，第91—96页。

③ “所欲翻经论，无者先翻，有者在后。”《大慈恩寺三藏法师传》卷九，第203页。

不可能是玄奘的推荐，应该是得到其他僧团的支持。道宣的律学师父是智首律师，以下考察《智首碑》的创建背景，可以见到高宗、武后与智首门人逐渐靠拢。

四、《智首碑》与《续高僧传·智首传》

道宣撰写《续高僧传》时，经常参考僧人的碑铭，如昙询和僧邕传。[①]不过，《续高僧传》初稿完成于贞观十九年（645）[②]，《智首碑》刻立的时间是显庆元年十二月八日，道宣撰写《续高僧传·智首传》初稿时，《大唐故首律师高德颂碑》尚未刻立，从时间以及碑文的内容推测，可能反倒是《智首碑》参考了《续高僧传》。不过，现存的《续高僧传》却提到此碑，想必道宣在二稿、三稿中才增补了相关内容。

智首，俗姓皇甫氏，出生于北齐时代的漳滨（邺都附近），曾师事云门寺上座智旻禅师（僧稠之高足）。历时3年遍访郑、卫学习戒律，22岁时受具足戒。之后，师事慧光再传弟子道洪律师（静洪）。初露头角时，宝山灵泉寺名僧灵裕法师曾率弟子来听其讲座，再增声誉。仁寿三年（603）隋文帝召智旻入京时，智首随从入京。大业年初，移住大禅定道场。[③]大业十一年（615），授道宣具足戒。唐初武德四年（621）开始，受弘法寺静琳法师所请，开讲律

---

① ［日］仓本尚德：《碑文と〈續高僧傳〉諸本の比較研究——曇詢・僧邕傳を例として》，《日本古寫經研究所研究紀要》第3号，2018年，第9—26页。

② “始岠梁之初运，终唐贞观十有九年，一百四十四载。包括岳渎，历访华夷，正传三百四十人、附见一百六十人。”〔唐〕道宣著，郭绍林点校：《续高僧传·序》，中华书局，2014年，第2页。关于初稿本的成立，参见［日］池丽梅：《道宣の前半生と〈続高僧傳〉初稿本の成立》，《日本古寫經研究所研究紀要》第1号，2016年，第65—95页。

③ 关于智首移居大禅定道场（西禅定寺）的年代，陈金华认为在大业元年。但是根据《续萨婆多毗尼毗婆沙序》（T23, no. 1440, pp. 558c, 559a）的记载，大业二年十二月他还在东禅定寺。参见 Chen, Jinhua, “An alternative view of the meditation tradition in China: meditation in the life and works of Daoxuan (596-667),” *T'oung Pao* 88 , 2002, pp.332, 395。

典20回。听讲者众多，以静琳、玄琬、道宣、道世等僧人为代表。[①]贞观初，参加波罗颇迦罗蜜多罗（波颇、Prabhākaramitra）的译经，贞观八年（634）就任初落成的弘福寺上座，翌年四月二十二日迁化。[②]

图1　《大唐故（智）首律师高德颂碑》[③]

---

① 关于智首的律法讲义，参见［日］池丽梅：《青年時代の道宣伝——〈含注戒本疏批文〉に基づく再考》，《佛教史學研究》58（1），2015，第4—18页。

② 关于智首的年谱，参见 Chen, Jinhua, "An alternative view of the meditation tradition in China: meditation in the life and works of Daoxuan (596-667)," *T'oung Pao* 88, 2002, pp. 332, 395。

③ 陕西省社会科学院、陕西省文物局编：《陕西碑石精华》，三秦出版社，2006年，第48页。

1982年《智首碑》在西安市莲湖区丰禾路（唐修德坊西北隅，弘福寺遗址内）出土，2000年收藏于西安市文物保护考古所。碑高223.5厘米、宽107厘米、深28.5厘米。碑首为高浮雕的蟠螭，碑文以楷书书写，文字有33行，每行73字。碑额篆书刻写“大唐故首律师高德颂”，碑身首行刻写“大唐弘福寺故上座首律师高德颂”。参与建碑者有“礼部尚书皇太子宾客[1]高阳公许敬宗文”（撰文）、“右屯卫大将军兼太子右屯卫大将军兼太子左卫率上柱国部国公郭广敬书”（书写正文）、“太子中允裴宣机篆书”（书写篆字碑额）。启人疑窦的是，智首贞观九年（635）四月二十二日圆寂，20多年后的显庆元年十二月八日（657年1月2日）智首碑才被刻立于弘福寺门前。智首是唐代首位享受国葬待遇的高僧，但为何在其没后20多年才建碑呢？

《智首碑》的“大檀越”是“镇军大将军、上柱国、虢国公张士贵”。此人在《旧唐书》卷八三、《新唐书》卷九二中均有传，墓志（《唐代墓志汇编》显庆〇五六）也有留存。张士贵，虢州卢氏（现河南省三门峡市卢氏县）人，善骑射，以武勇闻名。隋末曾为贼，掠夺城邑，后为唐高祖所招，遂投奔高祖，拜右光禄大夫。此后直至太宗时期，屡建功勋，贞观末期拜金紫光禄大夫、扬州都督府长史，死后陪葬昭陵，乃唐初大功臣之一。太宗驾崩时，他在扬州任扬州都督府长史，永徽二年（651）高宗召他入长安，拜左领军大将军。四年（653），屡次因眼睛疾患请求辞职上表，高宗允许，“因许优闲，尤加缛礼，授镇军大将军，封如故，禄赐防合等，一同京官职事”。永徽六年

① 皇太子宾客是显庆元年模仿前汉“四皓”，为皇太子调护、侍从、规谏设置的官职。当初由于志宁、韩瑗、来济、许敬宗四名担任。“汉高帝时，有四人年老，以上慢侮，逃匿山中，义不为汉臣，谓之四皓。东园公、绮里季、夏黄公、角里先生。高帝不能致。及将废太子，太子迎四人至，侍从太子，须眉皓白，衣冠甚伟。高帝既见，曰：‘烦公幸卒护太子。’太子由是不废。（中略）大唐显庆元年正月，以左仆射兼太子少师于志宁兼太子太傅，侍中韩瑗、中书令来济、礼部尚书许敬宗，并为皇太子宾客，遂为官员，定置四人。掌调护侍从规谏。凡太子有宾客之事，则为上齿，盖取象于四皓焉。资位闲重，其流不杂。”《通典》卷三〇《职官一二·太子宾客》，中华书局，1988年，第822页。

又罹患风疾，他担任建立《智首碑》的大檀越，有可能为了祈求其病愈。显庆二年他冒病随从皇驾至洛阳，名医旬月累至，同年六月三日在河南县显义里第去世，高宗深感悲痛。墓志记述："帝造深于寿器，鼓鞞之恨无追；朋情结于生蒭，李桃之悲何已？赠辅国大将军，使持节都督荆、峡、岳、朗等四州诸军事、荆州刺史；赙绢布七百段，米粟七百石，陪葬昭陵。赐东园秘器，并给鼓吹往还。仍令京官四品、五品内一人，摄鸿胪卿监护。易名考行，谥曰襄公。"从墓志文得知，张士贵是受到高宗十分尊重的武人。

碑文撰写者许敬宗（592—672），《旧唐书》卷八二、《新唐书》中均有传，活跃于太宗、高宗期，尤其在武氏立后一事上功劳甚大，是武后的得力助手，数次帮助武后除去政敌。文笔流畅，曾参加贞观十九年弘福寺玄奘的译经，跟道宣、灵润（对西明寺僧职人选有影响力者，见后述）在同一译场，与道宣、灵润等人皆应有认识。

大檀越张士贵与撰碑文者许敬宗都与皇家有密切关系，高宗、武后应该会知晓他们参与立智首碑的事业。

《续高僧传·智首传》与《智首碑》二者的内容，虽然并无整段相同的文字，但语句间有许多类似之处，文章的整体结构顺序也相似（请参见文末附录对照表）。当然也有可能二者都参考了现已逸失的行状类文献。但是道宣是智首的嫡传弟子，传记的内容颇多与戒律有关的专业用语，笔者认为《续高僧传》的《智首传》，道宣原创的可能性极高。许敬宗撰写《智首碑》文，很可能参考了《续高僧传》的初稿。不过，《智首碑》文中，除了分量较多的典故，仍有少量未见于《续高僧传》的内容，许敬宗可能还参考了其他的材料，比方说行状类文献。

《智首传》的最后，记有"慕义门学共立高碑，勒于弘福寺门，许敬宗为文"[①]。虽然大檀越是张士贵，但真正的发愿者，应是"慕义门学"，换言之，

---

① 《续高僧传》卷二三《智首传》，第856页。按：本文采用中华书局点校本《续高僧传》，乃以碛砂藏三十一卷本为底本，其卷次分合与《大正藏》（以高丽再雕本为底本）不同。

即是智首门下众弟子（应该包括道宣）。“高碑”即指《智首碑》，出土地在旧弘福寺地境内，此记载可确定属实。《续高僧传》初稿完成时，《智首碑》尚未刻立，现存《续高僧传》有关《智首碑》的内容，必定是道宣在显庆元年十二月以后增补的。西明寺开始动工4个月后刻立的《智首碑》，对于道宣而言，除了进一步将《续高僧传》补全，或许还有其他的特殊意义，因此有补录的必要，或许代表着自身师承再次受到重视。《智首碑》的建立，通过檀越张士贵与撰文者许敬宗等高贵人物的中介作用，想必让智首门下僧人的信息传到高宗、武后。

立碑的前一年永徽六年，吕才事件发生，对玄奘翻译事业带来相当大的冲击，玄奘只好放缓翻译速度。该事件发生以后，玄奘更意识到获得皇帝支持的重要性，然后上表请求建立《慈恩寺碑》。《智首碑》就是这个时候建立的，智首门下有可能认为有可乘之机，而且因建立《慈恩寺碑》事业受启发，亦得到了高贵的资助人，才决定建立纪念智首的碑。接下来为了进一步了解弘福寺的门风与“慕义门学”的成员，再回头考察玄奘回国前的长安佛教，尤其是太宗供奉的敕愿寺院——弘福寺。

五、玄奘回国之前的弘福寺

贞观八年（634）太宗为母亲太穆皇后窦氏追福，建立弘福寺。该寺位于长安贞安坊（长安城最北边，靠近宫城，后改为修德坊）之西北隅，寺西北有太宗所说“甚虚静”的禅院。[①]智首原先被诏请为寺主，不久升为上座，[②]担任征选弘福寺僧人的工作：

---

① 关于弘福寺的具体位置与寺内环境，参见罗丰：《怀仁〈集王羲之圣教序碑〉——一个王字传统的构建与流行》，载荣新江主编《唐研究》（第23卷），北京大学出版社，2017年，第23—31页。

② 《大唐故（智）首律师高德颂》：“爰制嘉名，号之弘福。于是广征僧宝，妙选纲维。特屈律师，亲临寺主。寻降纶旨，升为上座。”参见文末对照表中的碑文。

> 至于八年，上以圣善早丧，远感难陈，虽化满天下，而罔极之情未展，奉为太穆皇后于宫城之西造弘福寺，广延德望，咸萃其中。恐侥幸时誉，妄登位席，以首道素严正，不滥邀延，百辟上闻，召为弘福上座，即总纲任，采擢僧伦。其有预在征迎，莫不咨而趣舍，使夫众侣云会，等臭如兰，不肃成规，流芳不绝。①

弘福寺是太宗供奉的寺院，唯恐名实不符者成为弘福寺僧，窃取名声。智首素来严正，不会浮滥延请僧人，因此公卿百官上奏，请智首担任弘福寺上座，统领寺院僧官，选拔僧人。各方希望征引的人选，都必须事先咨询智首的意见。诸多僧侣聚集在弘福寺，相处和睦，不用整肃便自然循规蹈矩，芳名远播。

经过智首认可，住锡于弘福寺的主要僧人，大多是禅僧、律僧，很少有纯粹的义学僧人②（参见表1《玄奘归国之前弘福寺的主要僧人》）。除了智首，尚有3位僧人——慧斌、智晔、道懿——于玄奘回国前担任弘福寺三纲（上座、寺主、都维那）。以下逐一考察3人的生平以及其他值得注意的僧人。

慧斌，俗姓和，兖州人。博览经艺，19岁为州助教，23岁才出家，经常听闻经典律法，但他内心向往着禅修。当他见到喧闹的讲席，顿时感到这只是在争取声望与势力，于是进入五台山修禅。8年过后，慧斌往赴泰山灵岩诸寺修习行道。34岁才取得官方的僧籍，居住在泰州梁父甑山存道寺，学习律学。仁寿三年（603）被征召入禅定寺。他当时法腊最轻，专心在功业上，从不评论他人，因此获得声誉。同时，他也十分重视戒律，每年夏安居时，为了避免伤害虫蚁，都会先行打扫。贞观八年，被征召为弘福寺寺主。贞观十九年（645）十月六日去世。道宣详细记述了他的德行：

> 自斌之入道，生常恒务，多以行道咒业为心，或诵释迦、观音，或

① 〔唐〕道宣著，郭绍林点校：《续高僧传》卷二三《智首传》，第856页。

② “纯粹的义学僧人”的意思为专门钻研佛经论并演讲，很少做坐禅等实践方面的人。在弘福寺僧人中，僧辩算是这种人。其实《续高僧传·义解篇》里有很多重视禅观的僧人，除了灵润，还有静琳等。

行文殊悔法，岁中八十一日六时行业，前后通数八十道场，身心悦怿。所得法利，未可知也。至于教诫门学，惟论烦恼须断，每有出罪露过，无不为之流涕。喜怒不形，诵持无忘。故羯磨之匠，通僧仰属。道俗归戒，其徒弘矣。故使魏王以下内外懿亲，及梁、宋诸公，皆承戒素。[①]

慧斌平常的功课，以行道诵咒为主，有时念诵释迦、观音。他还特别重视修行文殊菩萨悔过法，这是连续81日的六时行业，总共修持了80回。[②]慧斌教诫门生时，只说烦恼必须断灭，不分道人、俗人，如魏王李泰、梁公房玄龄、宋公萧瑀等人，都归依他，并从他受戒。

智晔，江州人，出家住庐山西林寺，隋朝征入日严寺，唐朝召居弘福寺，贞观十九年70余岁时担任上座[③]，80岁去世。他善于转读、书法，乐爱《法华经》，自己每天写五纸。以得到的供养金雇人抄写佛经，总共抄写2000余部。[④]

道懿（或名道意），《续高僧传》无传，与慧命、慧思二师的弟子慧耀禅师在江陵导因寺长达14年，足不出户，专修禅定。[⑤]贞观十五年（641）五月太宗御幸弘福寺时，以寺主的身份得到接见。[⑥]

以上是贞观十九年前弘福寺的纲任，接着考察弘福寺其他的僧人。

---

① 《续高僧传》卷二〇《慧斌传》，第751—752页。

② 《七佛八菩萨所说大陀罗尼神咒经》卷二：“我文殊师利，今欲说神咒。（中略）若男子行者，九九八十一日。若女人行者，七七四十九日。复昼夜六时勤心读诵。烧黑沈水、白旃檀香。散华供养十方诸佛，六时读诵曾不废忘。日数足已，结使即灭。其心泰然，无复淫欲。”(T21, no.1332, pp.544c, 545a)

③ 《续高僧传》记载为“总寺任”，参考智首传的上述引文“召为弘福上座，即总纲任，采擢僧伦”，应是上座。

④ 见《续高僧传》卷二九《道积传附》，第1179页；另外参见《弘赞法华传》卷一〇，T51, no. 2067, p. 46a.

⑤ 《续高僧传》卷二七《慧耀传》，第1064页。

⑥ 〔唐〕道宣撰，刘林魁校注：《集古今佛道论衡校注》卷三《文帝幸弘福寺立愿重施叙佛道先后事第八》，中华书局，2018年，第228页。

僧辩，南阳张氏。他是弘福寺为数不多的义解僧，开皇初年，年纪幼小时便出家为僧，受具足戒后，师从智凝法师。大业初，被召入大禅定道场。隋大业年间他在该寺时，与智首、法常、慧明等僧人，都享有声誉，并曾共同请求道岳法师讲授。[①]换言之，僧辩和智首在隋代时已经结识了。武德初，前往河东地区，宣扬《摄论》。贞观初，参与波罗颇迦罗蜜多罗的译场，如前述智首也参加了该译场。接着被召入弘福寺。从道岳法师学《俱舍论》，贞观十六年（642）去世。除了讲听，他深怀慈悲。道宣说道："路见贫苦，不简人畜，皆尽其身命，济其危厄。"[②]西明寺落成后，显庆三年八月，建立的《弘福寺辩法师碑》，《集古录目》记载："秘书丞李俨撰。[③]洋州司户薛纯陁书。法师名机，字辩，姓张氏，南阳人，为弘福寺沙门。"[④]僧辩就是南阳张氏，这无疑就是僧辩的纪念碑。《智首碑》与此碑的建立应该可以视作显庆年间弘福寺僧人复兴运动的一环。

玄会，原为安定席氏，后居京兆樊川秘坂。12岁时，隋汉王杨谅见而奇之，奏度出家，住海觉寺，成为涅槃众主法总法师的弟子，专门学习《涅槃经》，撰《涅槃义章》四卷。昙延、净影寺慧远去世后，大家都沿袭师父的说法，只有他独创新说。唐武德初，昙献造慈悲寺，上奏请他为寺主。贞观八年敕住弘福寺后，他突然"讲事都废，专修定业。梦登佛手号无量寿，遂造弥陀像一座，常拟系心，作身同观。欲入山林，寺众劝住，请讲《涅槃》"[⑤]。

---

① "岳以后至名重学不从师。虽欲播扬未之有许。时有同德沙门法常、智首、僧辩、慧明等，并名称普闻，众所知识，相为引重，创为请主。岳撝谦藏器，退辞师授。"《续高僧传》卷一三《道岳传》，第454—455页。

② 《续高僧传》卷一五《僧辩传》，第518页。

③ 李俨还撰写道因法师碑文，参见〔清〕董诰等编：《全唐文》卷二〇一《益州多宝寺道因法师碑文》，中华书局，1983年，第2033—2035页。他还撰写道世《法苑珠林》序、《金刚经集注》序。

④ 《宝刻丛编》卷七所引《集古录目》，载新文丰出版公司编辑部辑《石刻史料新编》（第1辑），新文丰出版公司，1977年，第18206页上栏。

⑤ 《续高僧传》卷一五《玄会传》，第526页。

贞观十四年（640）去世。

道抚，原来是精通《摄论》的著名义解僧，住锡于总持寺，后移居弘福寺，很有可能接触玄会等僧人的阿弥陀信仰，他慕名往赴并州玄中寺道绰禅师处，“同其行业，宣通净土”，贞观十九年道绰往生后3天亦去世。[①]

玄览，赵州房子县李氏，伯父蒲州万泉县令膝下无子，视其如己出。玄览离家至汾州超禅师所私行出家。贞观年初，入长安得到公度，配住弘福寺，“常乐禅诵，礼悔为业”。他常常跟同修僧人说誓愿舍身，贞观十八年（644）四月他果然舍身投入渭水。[②]

慧云，太原王氏。远祖避地九江。年少时就乐爱佛道，投靠本地匡山大林寺沙门智锴禅师出家。智锴是天台智顗的弟子，他认为江州戒律未弘，于是远赴长安，从智首律师学律。其后，敕令住于弘福寺，他善于读诵，每次斋会大集，常坐居首席，群公卿士都谦逊地坐在一旁。当他一口气读诵五卷后，大家都称赞他。[③]贞观二十年（646）思慕本乡，还归九江本寺。[④]也许是因为玄奘开始在弘福寺译经后，弘福寺重视实践的风气有所改变，遂离开了弘福寺。同年，道宣也离开弘福寺。

综上所述，弘福寺在贞观十九年玄奘到来前，是重视戒律、忏悔、禅定、读诵等的实修场所。后文所述的灵润，在贞观八年也入住弘福寺，贞观十九年玄奘译场的人员，列有“弘福寺沙门灵润”，灵润在贞观十九年仍在弘福寺，那么灵润与弘福寺上座智首及其弟子，应该关系甚笃。

---

① 《续高僧传》卷二〇《道绰传附》，第762页；另外见卷一一《辩义传》《法侃传》。亦见《净土往生传》卷中，T51, no.2071, p.118b。

② 《续高僧传》卷二〇七《玄览传》，第1160页。

③ 《续高僧传》卷三〇《慧云传》，第1228—1229页。

④ 〔唐〕释道世撰，周叔迦、苏晋仁校注：《法苑珠林校注》卷三三，中华书局，2003年，第1464—1465页。

表1　玄奘归国之前弘福寺的主要僧人

僧名	籍贯	俗姓	僧职	生年	卒年	师	行业	《续高僧传》卷次
智首	安定→漳滨	皇甫	上座	567	635	智旻、道洪	“兼勤于听说，重于行事。随务造仪，皆施箴艾。”	二十二（二十三）明律
智晔	江州	?	上座	?	?	?	“工转读”“日恒自厉。写《法花经》五纸。”	二十八（二十九）读诵附
慧斌	兖州	和	寺主	574	645	无	“多以行道咒业为心，或诵释迦、观音，或行文殊悔法。”	二十习禅
道懿	?	?	寺主	?	?	?	“积十四年，不出户庭，惟味禅静。”	二十五（二十七）感通附
僧辩	南阳	张		568	642	智凝、道岳		十五义解
灵润	河东虞乡	梁		580	667—	灵璨、道奘	后述	十五义解
玄会	安定→京兆	席		582	640	法总	“讲事都废，专修定业。梦登佛手号无量寿，遂造弥陀像一座，常拟系心，作身同观。”	十五义解
道抚	?	?		?	645	法侃	“宣通净土。”	二十习禅附
玄览	赵郡房子	李		?	644	汾州超禅师	舍身。“常乐禅诵，礼悔为业。”	二十七（二十九）遗身
慧云	太原→九江			?		智锴、智首	“偏能读诵。”	二十九（三十）兴福

六、西明寺僧职的人选

高宗曾下敕委托所辖部门选任住西明寺大德50人，曰：

先委所司简大德五十人、侍者各一人，后更令诠试业行童子一百五十人拟度。[①]

① 〔唐〕玄奘著，孙毓棠、范祥雍点校：《大慈恩寺三藏法师传　释迦方志》卷一〇，第215页。

苏颋《唐长安西明寺塔碑》详细记载西明寺僧官名单如下：

> 征海内大德高僧，有毗罗静念，满颢广说，鹏耆辩了，鹙子知会，凡五十人；广京师行业童子，有空净闻道，善思喜法，须迦分施，撰择不染者，凡一百五十人。（中略）若普闻名称，时立威仪行则上首，举为左臂者，上座道宣；寺主神察；都维那智衎、子立；传学玄则；栖禅静定；持律道成、怀素等八法师。[①]

以上8位法师，藤善真澄曾有详细的考证，不过，他延续玄奘主导西明寺僧职的观点，因此不断强调8人与玄奘关系密切。[②]关于大寺院的入住大德的人选，一般由官方决定，但实际上他们是听取高僧的意见后决定。

关于上座，《宋高僧传》有如下记载："及西明寺初就，诏宣充上座。三藏奘师至止，诏与翻译。"[③]

有学者根据如上《宋高僧传》的记述，认为玄奘入住后就替道宣担任西明寺上座。[④]然而这是对史料的误读。该文的意思是："玄奘到西明寺居住，皇帝就诏令道宣参与玄奘的翻译事业"，并没有说玄奘替道宣担任上座。而且其他任何资料（例如更可靠的《大慈恩寺三藏法师传》、石刻资料《西明寺塔碑》等）都没有记载玄奘担任西明寺上座之事迹，《大慈恩寺三藏法师传》提到"法师亡后，西明寺上座道宣律师有感神之德"，却没有提到玄奘担任西明寺上座之事，玄奘弟子都维那慧立不能随从玄奘离开西明寺，如果玄奘真的

---

① 《文苑英华》卷八五五。《全唐文》卷二五七亦载此文，文字稍有异。至于《佛祖统纪》卷四〇的记载"诏道宣律师为上座，神泰法师为寺主，怀素为维那"，因其有误，不足为证。藤善真澄已详细论证当时神泰还在慈恩寺。

② ［日］藤善真澄：《道宣伝の研究》，第150页。刘淑芬亦引用此碑文，介绍碑文的大概内容与撰写碑文的目的等。参见刘淑芬：《唐代玄奘的圣化》，《中华文史论丛》2017第1期，第21—23页。

③ 〔宋〕赞宁撰，范祥雍点校：《宋高僧传》卷一四《道宣传》，中华书局，1987年，第328页。

④ 罗小红：《唐长安西明寺考》，《考古与文物》2006年第2期，第76—80页；［日］吉村诚：《玄奘の事跡にみる唐初期の佛教と國家の交渉》，第82页。

担任上座重责，不可能过一年就离开西明寺。而且藤善真澄等学者已经很详细地说明《宋高僧传·道宣传》有许多错误，玄奘在西明寺时期翻译的译场列位名单中也没有道宣的名字，[①]因此道宣参与玄奘译场之事也值得怀疑。

“寺主神察”，有不少学者认为他是玄奘的高足神泰，但如藤善真澄所说，其人并非神泰，而是目睹令狐元轨写瑞经的僧人。[②]高宗时期，神察才参与玄奘的译场，其后也未参与玉华寺的译经，应该不是玄奘的亲近弟子。[③]

都维那智衍是弘福寺灵润法师（后述）的侄子，他继承灵润的学问，讲《涅槃》《摄论》，后来在蓝田法池寺成为高僧，屡次受到赞扬，道宣描述灵润与智衍的师徒关系如同道安与庐山慧远的关系一样难得。

另外一位都维那子立，即是《宋高僧传》卷一七所记载的魏国寺惠立（慧立），是玄奘高足，为其师撰写《大慈恩寺三藏法师传》，原先未列入8人名单中。因其在显庆三年西明寺落成后召开的道佛论争大会上表现良好，得到高宗极力称赞，于是七月高宗敕命鸿胪卿韦庆俭“补充”他为西明寺都维那。[④]

传学玄则原来在洛阳天宫寺，贞观十九年就参与弘福寺译场，从头至尾参与玄奘译场，算是玄奘的高弟。麟德二年（665）他受敕命与弘福寺沙门会隐等10人在北门西龙门修书所编纂《禅林钞记》三十卷，有《注金刚般若舍卫国》二卷等著作。

---

① 参见张娜丽：《玄奘の譯場と玄應の行實——敦煌・吐魯番文獻と日本古寫經の傳えるもの》，收入［日］土肥义和、［日］气贺泽保规编《敦煌・吐鲁番文書の世界》，东京：公益财团法人东洋文库，2017 年，第 331—371 页。

② ［日］藤善真澄：《道宣伝の研究》，第 151 页。

③ 藤善真澄提出的证据是显庆四年七月三日完成翻译的《阿毗达磨大毗婆沙论》卷一结尾处译场列位里同时出现“大慈恩寺沙门神泰证义”与“西明寺沙门神察执笔”(T27, no.1545, pp.4c, 5a)。

④ 杨维中认为智衍与慧立不是同时二位，而是前后关系。但根据武则天时期天册万岁元年（695）《大周刊定众经目录》结尾部分附的僧人名单，或者《宝雨经》译场列位，大周东寺、佛授记寺、大福先寺等大寺院都设有二位都维那，因此西明寺也应该设有二位都维那。

静定是《续高僧传》卷二〇的“静之”（604—660），他是从七八岁就开始学禅观的大禅师，主要活动在四川地区，撰有《诸家观门》一卷，后人十分重视该书。显庆三年他在西明寺另开“禅府”。虽然他显庆五年就去世，但禅学的传统便因此在西明寺流传。[①]他似乎与玄奘没有特别的交集。

道成是《宋高僧传》卷一四的恒济寺道成律师，又称“道诚”，继承相州法砺律师的学问。道成律师于显庆年中（656—661）宣扬《四分律》，垂拱年中（685—688）被选为日照三藏（地婆诃罗）译经事业的十大德，后来成为太原寺上座。

怀素是《宋高僧传》卷一四的恒济寺怀素律师，贞观十九年出家时师从玄奘，然而受具足戒后，专门学习戒律，从道成律师学四分律，著有《四分记钞》等五十余卷，他的律学系统后来成为“东塔律”系。

后来道成与怀素都参与纪念道宣新建立戒坛的授戒仪式，[②]他们应该与道宣有密切关系。

曾担任慈恩寺上座的玄奘，虽然于显庆三年七月受敕入住西明寺，新度沙弥海会等十人为弟子，但是没有任何寺职，刘淑芬以“无形的牢笼”形容他的处境。[③]他的主要弟子，除了慧立、玄则，如神泰、神昉、靖迈、普光、窥基、慧贵，都被排除在西明寺大德50位的人选，只有嘉尚当选。[④]当时，西明寺未设有翻经院，玄奘只有赴慈恩寺才能翻译，翻译事业进度迟缓，玄奘自觉余生不多，感到非常焦急。[⑤]显庆四年奉上给高宗的《法师玄奘重请入山表》充分表示其困境：

---

① ［日］古田绍钦：《長安西明寺攷》，《佛教研究》4：6，1940年，第77—84页；［日］小野胜年：《長安の西明寺とわが入唐僧》，第34页。

② 参见《关中创立戒坛图经·戒坛受时仪轨第九》，T45, no.1892, pp.0816b26, 0817a07。

③ 刘淑芬：《玄奘的最后十年（655—664）——兼论总章二年（669）改葬事》，第40页。

④ 参见《阿毗达磨大毗婆沙论》译场列位，T27, no.1545, pp.4c, 5a。

⑤ 关于翻译的速度，参见石万寿：《论玄奘译经的进度》，《成功大学历史学报》1975年第2期，第179—201页。

沙门玄奘言：名庸虚，幸参梵侣。贞观之日，早沐殊私；永徽以来，函叨恩遇。顾循菲劣，每用惭负。自奉诏翻译一十五年，夙夜匪遑，思力疲尽，行年六十，又婴风疹，心绪迷谬，非复平常，朽疾相仍，前涂讵几。今讵[1]既不任专译，岂宜滥窃鸿恩？见在翻经等僧并乞停废，请将一二弟子移住玉华，时翻小经，兼得念诵，上资国寝，下毕余年，并乞卫士五人依旧防守。庶荷宸造，免其□戾，无任恳至。谨诣阙奉表以闻，轻触威严，伏深战惧。谨言。[2]

关于此上表，陈景富说道："不难看出，奏文中除了充满老病之叹以外，最主要的是字里行间不加掩饰的牢骚和怨恨，很有破釜沉舟、违诏抗旨的意思。"又说："整个表文中，关键词是'不任专译'和'翻经等僧并乞停废'。这两个关键词虽然至写奏表时才出现，但其中所蕴含的情绪却蓄之已久，可以这样说，自从大慈恩寺迁住西明寺之初就开始了。"[3]正如他所说，玄奘在西明寺时期很不自由，最后不得不向高宗、武后提出如上坚决的要求。

最后讨论上座道宣。道宣在显庆四年写的《释门章服仪》后批里自述：

余以贞观末历，摈景山林，终于显庆二年，十有二载，年立耳顺，朽疾相寻，旦夕守死，无容于世。不以庸薄，曾预见闻。辄舒引示，式酬来贶。诸后遇者，幸究远图，愿不以情累于文也。显庆四年重于西明寺，更为陶练，文不逮意，略可详之。终拟诸后，披而拔俗者可。不尔，徒虚言尔。终南山沙门吴兴释道宣记其程器时序。[4]

道宣从贞观二十年（646）至显庆二年（657）隐居终南山长达12年。已经60岁的道宣，自述已老衰疾病，等待他的似乎只有死亡。显庆二年至赴西明寺

---

① "讵"应该是衍字。

② 《寺沙门玄奘上表记》，T52, no.2119, pp.826a29, 826b9。

③ 陈景风：《玄奘迁至玉华寺翻译与政坛风云的关系》，载李利安编《玄奘与丝绸之路学术研讨会论文集》，西北大学出版社，2017年，第192—200页。

④ 《释门章服仪》，T45, no.1894, pp.839b5, 839b12。

期间，道宣几乎没有发表任何著述。[①]为何隐居终南山10余年的道宣，会被突然招来，成为西明寺的上座呢？藤善真澄认为是玄奘推荐的。但是，当时玄奘与高宗的关系恶化，恐怕无力举荐任何人。事实上，能够影响高宗、武后决定者应是弘福寺灵润（灵闰）法师。唯有得到灵润的认可，才可以就任西明寺上座。[②]8世纪初成书的慧祥《释门自镜录》[③]卷一有如下记载：

明解，字昭义，姓姚，吴兴武康人也。童幼出家，住西京普光寺。为性聪敏，少有文藻、琴、书、丹青，时无与竞，颇种三绝。然矜名浅识，滞酒荒情，盖为文侠者所知，贞淳者所弃。每见无学问僧，多号之驴子。显庆五[④]年天皇大帝造西明寺，搜集龙象以居之，其取一人，令弘福寺灵闰法师详择可否。时有僚宰数人，俱来闰所，共荐明解。闰曰："公等国器名臣，出言不易。宜求戒定慧学，增长福田，何乃举酒客画师，以当洪寄？"官等失色流汗，逡巡俯退。明解因其致憾，尤轻法化。俄而上征四科，不间[⑤]道俗。解应诏自举，射策升第。喜谓友人曰："解今得舍驴子皮而复人身矣。"[⑥]

关于明解，《续高僧传》卷二〇五、[⑦]《法苑珠林》卷七九、神清《北山录》

① ［日］藤善真澄：《道宣伝の研究》，第157页。

② 杨维中引用该史料，伊藤尚德也注意到灵润参与西明寺僧人的选拔，但都没有进一步的解释。参见杨维中：《中国唯识宗通史》，凤凰出版社，2008年，第117—123页；［日］伊藤尚德：《唐初佛性論諍の再考察——引用經論の分析から》，《佛教學》第54号，2012年，第23页。

③ 伊吹敦考证《释门自镜录》的作者不是怀信，而是《弘赞法华传》的撰者慧祥。参见［日］伊吹敦：《唐僧慧祥について》，《早稲田大学大学院文学研究科紀要別冊》第14号，1987年，第33—45页。

④ 应作"显庆三年"。

⑤ "间"，应作"问"。

⑥ 《释门自镜录》卷一，T51, no.2083, p.810a。

⑦ 《明解传》属于《续高僧传》后补的部分。

卷九[①]都有记载，他俗姓姚，吴兴武康人，是居住普光寺的僧人。明解自负文琴书画样样精通，常蔑称无学问的僧人为“驴子”。显庆三年，西明寺完工，高宗寻有德者居之。每选一人，就命弘福寺灵润法师审查（《北山录》直接说高宗诏令他选有德僧人）。数名大臣推荐了明解，灵润训斥他们说：“你们都是国家重臣，不能随意轻率发言。推荐善于戒、定、慧三学者，才能增长福德。怎能够举荐一沉溺酒肉的画师，委其重任？”不久高宗下诏征四科，僧人也可以应征，明解果然考中，还俗后说道：“舍驴子皮而复人身。”[②]

灵润胆敢拒绝几位大臣共同推荐的僧人，足见关于西明寺大德的选任，灵润具有相当大的发言权。

值得注意的是，贞观十九年玄奘译经开始时，灵润被选为翻经大德，担任证义，[③]而且排在第一位。但过一年多就离开译场，后来没有再参与玄奘译场。他离开译场后，对玄奘新翻译的经论提出14个疑问，似乎并不认同玄奘。值得一提的是，西明寺都维那智衍是灵润之侄，继承灵润的学说。此事可证明《释门自镜录》《北山录》记述的真实性。同时，西明寺为了对应慧、定、戒三学，各设有寺职：传学（慧）、栖禅（定）、持律（戒）。这可能也是受到前述灵润要求具备戒、定、慧三学优越者下的影响。那么灵润为何许人也？

---

① 〔唐〕神清著，〔宋〕慧宝注，〔宋〕德珪注解，富世平校注：《北山录校注》卷九《异学》，中华书局，2014年，第740—741页。

② 根据如下两条记载，这里指龙朔元年（661）高宗在洛阳征集“征诸三教有能观国者”的事情。“会龙朔之中，征诸三教有能观国者，策第宾王。解因此际，往赴东都，策第及之，行次将仕，乃脱袈裟。”《续高僧传》卷二〇五《明解传》，第1077页。“至龙朔元年，举应诏人，躬赴雒阳。及升第归俗，颇有余言，未几而卒。”《法苑珠林》卷七九，第2325页。

③ 据《佛祖统纪》卷四三（T49, no. 2035, p.398b）说明，证义为与译主评量梵文，但如果在玄奘译场，其主要任务应该是评量翻译后的汉文。

七、灵润法师的行迹

灵润的传记在《续高僧传》卷一五，属于《义解篇》。杨维中从宗派史的角度详细介绍了灵润的生平经历。[①]从《续高僧传》并未记载灵润生卒年的事实推测，道宣去世（667）时，他可能尚在人世。灵润23岁时，赴禅林寺听志念法师讲座，志念法师在仁寿二年（602）八月隋文帝皇后崩御后才到长安，滞留长安仅百余日，由此可推算灵润是出生于北周大象二年（580）。[②]灵润是净影寺慧远高足灵璨的弟子，一生中，讲《涅槃》70余遍、《摄论》30余遍，因此多数学者认为他属于涅槃宗或摄论宗。但他实践的显著行迹也不容忽视。

灵润是河东虞乡人，俗姓梁，"家世衣冠，乡闾望族"。他的父亲、数位亲戚皆担任地方官员，但自他出家后，即便路过也未曾前往攀缘。道宣赞其"割爱从道"。可能因为他是望族出身，因此13岁前就能正式出家（公度），师从灵璨法师，13岁初听《涅槃经》就通达其文义，15岁开始登席讲座。

仁寿二年他随从灵璨法师前往怀州供奉舍利，官方供有驿乘，他却独自"乞食徒行，独无受给"。到怀州后，道俗都佩服他的精诚行范，皆从他受菩萨戒。[③]他的名声从河北远播到长安。其后他并未归返长安，直接前往山东泰岳灵岩寺修习般舟三昧，其坚持精励的态度获得同修僧人的尊敬。他下山后前往青州道藏寺，跟从道奘法师学《摄论》，受具足戒。同年，赶回长安，听志念法师讲小乘论典。同时，也在净影寺听辩相法师讲《摄论》，曾援引过去

---

① 杨维中：《中国唯识宗通史》，第117—123页。

② 参见［日］池田将则：《道基の生涯と思想——敦煌出土『雜阿毘曇心章』卷第三（S.277 + P.2796"四善根義"を中心として）》，收入船山徹编《眞諦三藏研究論集》，京都：京都大学人文科学研究所，2012年，第261—302页，注70。

③ 陈金华介绍仁寿舍利塔敕使大德到目的地后举行的佛教仪礼：七日行道，发露忏悔、授菩萨戒等。参见 Chen, Jinhua, *Monks and Monarchs, Kinship and Kingship: Tanqian In Sui Buddhism And Politics*(Kyoto: Scuola Italiana di Studi sull'Asia Orientale, 2002), pp.68, 75.

于道奘法师处学习的内容提出议论，与会者都惊奇诧异地表扬他，随即受到辩行法师的反驳，灵润无法应对，当众辞谢。虽然灵润得到负面评价，但是他仍然“神气自得”，即使听到别人对自己的坏话也不动怒，好像没听到一样。道宣称赞他是“末法攸寄，诚可嘉焉”。

大业初年（605）是灵润人生中道业的转折点。该年，他忽然患染风疾，对于繁杂的世俗生起厌离心，开始重视实践修行，于是前往终南山北，与空藏、慧琎、智信、智光等京师高僧一同修习寒林头陀行。其中重要的人物是扬州江都人慧琎，他从曹毗弟子僧荣法师出家，学习《摄论》。隋仁寿中，随从师父居住在禅定寺。受具足戒后专学律仪，从洪遵、智首学习四分律。贞观初任云花寺上座，晚年又担任普光寺纲任。

大业末年，朝廷不许僧人外出，于是灵润返回大兴善寺西院，一食入净，常讲《涅槃》等经，徒侣逐渐增多，有时僧粲法师（三国论师）率领50余僧来参加他的法席。对于当时许多人的问难，灵润皆能应对自如，其称誉广布，僧粲法师的徒众也信服他了。大业十年（614）被召入鸿胪教授三韩，并在大兴善寺从事翻译事业。隋末隐居于蓝田化感寺，在该寺住锡长达15年。若有人请法，随即讲法，开示新论，春秋二时修习禅定。与志超禅师、智信、智光等“义解钩玄，妙崇心学。同气相求，宛然若旧”[①]。

贞观初，波颇译经开始后，昙藏推荐化感寺灵润法师担任大兴善寺寺主，他勉强接受。贞观八年太宗敕命修建弘福寺时，灵润被征召入住。贞观十九年参与玄奘译经，但灵润无法认同玄奘新翻的经论，一年后就离开译场。道宣说道：

> 即现翻译，证义须明，众所详准，又当斯任。至于词理有碍，格言正之。同伦纠位，斯人最上；京邑释门，实惟僧杰。

若翻译词语与义理有滞碍、矛盾之处，灵润会以相对完整、独立的语句修正。道宣称赞灵润是参与译场中最好的僧人，尽管灵润参与译场的时间只有一年多。

---

① 《续高僧传》卷二〇《志超传》，第755页。

灵润有两则饶有趣味的事迹。其一，武德七年（624）化感寺寺主智信被人告发时，国王敕令士兵包围寺院，灵润说道："我等僧众山居行道，心无违背大众，这是贤圣都知道的，没有你们所说的事。"来者听到后更发怒，不过这时候突然"大风雷震，山崩树折。吹其巾帽坐席，飘落异处"。来者纷纷丧失胆识，寻求忏悔过失。其二，灵润居住在弘福寺时，一位僧人曾因事奉敕还俗，希望再次出家，因此灵润与大德们联名同举得度。太宗听到后大怒，下敕深责，将灵润贬至南部边疆的驩州行道。灵润容仪自若，说道："三界往还，由来恒理。敕令修道，何有悲泣？"不久敕追，把他安置洛东。灵润在此推广《涅槃经》。灵润寄信给长安门人说，此次东行有三个好处。房玄龄遇见他后称叹不已，不久皇帝召他回京。

综上所述，灵润既是讲《涅槃》70余遍、《摄论》30余遍，并造诸经论义疏的义解僧，也是长期钻研禅修的大禅师，他无惧权力的威胁。从《灵润传》显见道宣对灵润评价极高。道宣与灵润的密切来往可能始于贞观十九年共同参与玄奘译场时。此外，之前智首门下的慧琎与灵润曾经是共同修寒林头陀行。如陈金华所述，道宣十分渴望禅修。①因此二人更可能早已听闻过彼此，并且互相敬重，当二人在玄奘译场相遇后，即刻成为良师益友。

八、灵润与神泰的论争以及道宣的立场

贞观十九年，玄奘从西域归国，在太宗的大力支持下，召集全国高僧，开始大规模的译经事业。道宣和灵润起初也加入译场，不过隔年道宣遁入终南山，次年之后灵润再也没有出现在玄奘译场相关的记录中。玄奘对旧译经典采取强烈的抵制态度。《续高僧传·法冲传》正反映着当时对于新、旧译经典的争执：

---

① Chen, Jinhua, "An alternative view of the meditation tradition in China: Meditation in the life and works of Daoxuan (596-667)," *T'oung Pao*, 88, 2002, pp. 332, 395.

又三藏玄奘不许讲旧所翻经。冲曰："君依旧经出家，若不许弘旧经者，君可还俗。更依新翻经出家，方许君此意。"奘闻遂止。斯亦命代弘经护法强御之士，不可及也。……显庆年言旋东夏，至今麟德，年七十九矣。①

玄奘原先不允许宣讲旧译经典，无奈遭到法冲的反驳，只得放弃。显庆二年五月高宗敕命玄奘优先翻译尚无汉译的经论，②不难想象，这应是来自拥护旧译经典僧人的要求，以防止新学派对旧学派的攻击。显庆二年已经开始筹划西明寺大德的选任了③，灵润可能就是其中一位主导者。

根据《释门自镜录》，灵润离开译场后，于永徽、显庆年间在长安的胜光寺、玄法寺等寺院积极推广自己的涅槃学说。④649—659年间，灵润撰写《一卷章》，指出玄奘新译经典与旧译经典相违之处，略出"众生界内立有一分无佛性众生""二乘之人入无余涅槃，永不入大"等十四门义，严厉批判玄奘门下的新唯识学。⑤灵润说道：

《涅槃经》云："于我所说若生疑，尚不应受，况如是等。是故应当

① 《续高僧传》卷二〇七《法冲传》，第1080页。

② "所欲翻经论，无者先翻，有者在后。"〔唐〕玄奘著，孙毓棠、范祥雍点校：《大慈恩寺三藏法师传　释迦方志》卷九，第203页。

③ 显庆二年道宣受敕就任上座。"二年敕授西明寺上座。大师恳辞不受。敕遣鸿胪卿刘审，躬往终南，礼拜迎请，送上此寺。"《释门归敬仪护法记》，X59, no. 1094, p. 432c。

④ "至永徽三年，于胜光寺听闰法师讲《涅槃经》。……以显庆五年八月，闰法师又于玄法寺讲《涅槃经》。"《释门自镜录》卷上《唐玄法寺僧玄真破斋受罪事》，T51, no.2083, p.812b。

⑤ 关于新旧学派的佛性论争，先行研究颇多，中文论文的详细内容请参考第221页注①引用的研究综述。此处只有列举具有代表性的日文论考，［日］常盘大定：《佛性の研究》，东京：丙午出版社，1930年，第220—308页；［日］富贵原章信：《霊潤神泰の仏性論争について》，《同朋佛教》第5号，1973年，第57—71页；［日］伊藤尚德：《唐初佛性論諍の再考察——引用經論の分析から》，第19—39页；［日］吉村诚：《中国唯識思想史研究——玄奘と唯識学派》，东京：大藏出版社，2013年，第366—503页。

善分别如是善不善、可作不可作。如是作已，长夜受乐。”今诸后生未有所识，忽闻新义，用为奇特，不知思择，遇便信受，及谤旧经云非佛说。为愍斯等长夜受苦，须善分别。第一。立有一分无佛性众生者，此是凡小不了义执。不闻不信如来秘藏大乘妙典，作如是执。[①]

灵润批评后学僧人轻易相信新译经论，并以此批评旧译经典。他认为建立“一分无佛性众生”义者，就是凡小不了义执。649—659年间，[②]玄奘门下的神泰对此加以驳斥，从而开始了激烈的论争：

唐朝翻经证义沙门神泰法师，亦造《一卷章》，愍喻灵润法师曰：

谤法者言：“第一。有一分无性众生者，此是凡小不了义执。不闻不信如来秘藏大乘妙典故，作如是执者。”

愍喻曰：“其理不然。如汝所言，便是谤毁诸佛菩萨，是其凡小，岂毁余人。一分众生无佛性义，佛于《涅槃》及《善戒经》，亲自演说。弥勒菩萨又于《大庄严论》《地持论》《瑜伽论》中，亦作此说。无著菩萨于《显扬论》亦作此说。汝言‘凡小作此说执’者，岂非呵毁佛菩萨耶？如《涅槃经》，上下每说：‘若言一切众生悉有佛性，是人则名谤佛法僧。’依此经文，已判汝是谤法阐提、断善根类。”[③]

神泰严厉反驳灵润的说法，认为“一分众生无佛性义”在许多经论中都有提起，并且引用《涅槃经》，批评他是谤法一阐提、断善根之类。神泰既然是玄奘的弟子，其年龄至少比灵润少20岁。由此可知，玄奘门人亦是勇于为自身的学说辩护，不容小觑。

值得注意的是，道宣对于《涅槃经》的佛性论，也表达了自身的立场。道宣破例在《续高僧传》中详细介绍了灵润的学说，并且高度赞赏他的解释，

---

① 《法华秀句》卷中本，载《传教大师全集》卷二，东京：天台宗宗典刊行会，1912年，第173页。

② ［日］吉村诚：《中国唯識思想史研究——玄奘と唯識学派》，第367页。

③ 《法华秀句》卷中本，第173页。

认为“涅槃正义，惟此一人”，等于否定了玄奘弟子们（包括神泰）对于《涅槃经》的解释。

《续高僧传》灵润传里道宣引用的灵润三无性学说也是与法相宗意见分歧的论点之一。上述灵润提及的十四门义之第十三是“三无性观，但遣分别，不遣依他”，这就是灵润批评玄奘门下只有舍遣分别性，没有舍遣依他起性。[①]

尽管道宣在《续高僧传·玄奘传》里给予玄奘高度的评价，但是道宣晚期编写的《大唐内典录》有对玄奘的评述：“始自弘福，今迄北宫，一十八载，传度法本虽非超挺，然不坠译功。庶后之明识，因斯重复尘黄也。”[②]道宣认为玄奘翻译有功，但对于佛法要义的领略并不出众，可见道宣并未全面性地给予玄奘高度评价。而且在神泰与灵润论争一事上，道宣是支持灵润的。如前所说，灵润的侄子智衍担任西明寺都维那，宣扬灵润的学说，道宣还赞扬二人的关系犹如道安与庐山慧远的关系一样美丽。[③]两相比较，道宣给予灵润的赞赏是高于玄奘及其门下的。

九、小结

本稿阐明的事实如下：

（一）在上座智首律师的影响下，玄奘归国前的弘福寺原来有重视戒律与禅观的道风。玄奘归国后，禅师们修行的重要场所禅院被改成翻经院，全国各地的义学高僧集中在此从事翻译事业，原来弘福寺的道风有所改变，智首门下的地位自然下降。贞观二十年，慧云离开弘福寺返乡，也许与此时玄奘

---

① 详细内容请参考吉村诚：《中国唯識思想史研究——玄奘と唯識学派》，第135—162页。

② 《大唐内典录》卷五，T55, no.2149, p.283b。

③ “沙门智衍，即润之犹子也。幼携入道，勖以教宗，承明词义，深有会击。讲《摄论》《涅槃》。近住蓝田之法池寺，统律成匠，亟动时誉。然有法以来，师资传道，其宗罕接。惟润之绪，继美前修，亚迹安、远。斯尘难济，见于今日矣。”《续高僧传》卷一五《灵润传》，第541—542页。

入住弘福寺有关。

（二）《智首碑》建立事业是吕才事件发生后，智首门下趁此机会为了宣示自己教派存在而企图的。通过资助人张世贵与撰写人许敬宗的高贵身份，《智首碑》的建立拉近智首门下（道宣等）与高宗、武后的距离，这是道宣被选为西明寺上座的一因。

（三）选拔入住西明寺高僧的关键人物是最初对玄奘翻译的新唯识经论提出批判的灵润。他重视戒定慧三学，西明寺僧职的人选也很大程度反映他的意愿，智首门下的道宣与道世在西明寺同心协力积极推广戒律、禅观、忏悔礼佛等实践，[①]顺理成章地恢复重视戒律和禅观等修行实践的原弘福寺道风。玄奘反而无法顺利进行翻译事业，只好向皇帝坚决要求离开西明寺。

（四）通过道宣极力支持灵润的事实，可以更清楚地了解道宣反对玄奘及其门下推广的教学。唐初的武德、贞观年间，佛教面临与道教间的激烈论争，以及皇帝的强力压制，可说是佛教的受难期。贞观十九年，玄奘归国后带来的冲击力，不仅仅改变了佛教的颓劣，其译经事业精湛，对于护法所做的巨大贡献，道宣给予了高度评价。但是，道宣并非双手赞成、毫无保留地支持玄奘的。对玄奘门下的新唯识教学，道宣同意灵润之说，采取了批判的立场。道宣是弘福寺上座智首律师的第一弟子，四分律学的权威高僧，秉持着玄奘归国前弘福寺重视戒律和禅观等修行实践的学风，又与灵润站在同一立场，这才是道宣被荐举为西明寺上座的原因，而非由于玄奘的支持。

---

① 道宣的著作除了《四分律行事钞》《四分律删补随机羯磨》《四分律删定僧戒本》等戒律类，《续高僧传》《广弘明集》《集神州三宝感通录》等史学、护法、感应类，还有关于禅观的《净心诫观法》。道世的著作有《法苑珠林》（668）、《诸经要集》（659）、《善恶业报论》、《信福论》共二十三卷，《大小乘禅门观》及《大乘观》共十一卷，《受戒仪式》《礼佛仪式》共六卷，《四分律讨要》五卷，《四分律尼钞》五卷，《金刚经集注》三卷，一共一百五十三卷，大多是实践性很强的著作。

征稿简约

一、《魏晋南北朝史研究》是由中国社会科学院古代史研究所魏晋南北朝史研究室主办的专业性学术刊物。本集刊的论文以魏晋南北朝史领域的研究为主，时段可上溯秦汉，下及隋唐，空间范围亦可跨越地区国别，呈现更广阔地域背景下的宏观考察。既可以有对具体文献和史事的考据，也可以有对魏晋南北朝史、中古史学科建设的理论思考。只要坚持正确的学术导向，内容充实，文字洗练，具有一定的深度和广度，均欢迎赐稿至weijinhistory@163.com，并在邮件标题栏中注明“《魏晋南北朝史研究》投稿”。

二、本刊提倡严谨、求真的学风，坚持“百花齐放，百家争鸣”的方针，坚持相互尊重的自由讨论。本刊发表的文章均不代表本刊意见，由作者文责自负。

三、本刊只接受首发投稿。已在正式出版物和网络上刊发者，均不视为首发。

四、来稿须严格遵守学术规范，严禁剽窃、抄袭，反对一稿多投。来稿请提交Word与PDF格式电子稿各一份。注释采用本刊体例，详见各期内文；引用文献、版本信息均须核对无误。如获得省部级及以上项目基金资助，可在首页页下注明，格式如：本成果得到×××项目（项目编号：×××）资助。项目资助标注不超过两项。文中涉及的图片，需插入正文对应位置，并另附注明序号、名称、出处的高清图片电子版（图片大小应在3M以上），并确保无版权争议。

五、本刊实行双向匿名专家审稿制度，择优录用。稿件中请勿出现作者个人信息。有关作者真实姓名（发表时笔名听便）、工作单位、职称或职务、通讯地址、邮政编码、电话号码和电子邮箱，请另纸提供，以便联系。

六、本刊对刊登的稿件拥有信息网络传播权、转授权和为期两年的专有版权。作者如有异议和特殊要求，请于投稿时声明。

七、本刊不以任何形式收取编辑费、审稿费、版面费等费用。收稿后逾2个月未作答复，作者可自行处理。稿件正式刊印后，将呈送稿费并赠送样刊两本及电子版抽印本。

《魏晋南北朝史研究》编辑部